幼儿园文案撰写规范与技巧

刘敏 等 著

中国轻工业出版社

图书在版编目(CIP)数据

幼儿园文案撰写规范与技巧/刘敏等著. —北京：中国轻工业出版社，2019.4（2023.8重印）

ISBN 978-7-5184-2236-4

Ⅰ.①幼… Ⅱ.①刘… Ⅲ.①幼教人员-教案（教育）-写作 Ⅳ.①G615

中国版本图书馆CIP数据核字（2018）第264777号

责任编辑：王慧超　张天怡
策划编辑：高　君　　　责任终审：杜文勇
责任校对：刘志颖　　　责任监印：吴维斌

出版发行：中国轻工业出版社（北京东长安街6号，邮编：100740）
印　　刷：三河市鑫金马印装有限公司
经　　销：各地新华书店
版　　次：2023年8月第1版第5次印刷
开　　本：710×1000　1/16　印张：19.75
字　　数：195千字
书　　号：ISBN 978-7-5184-2236-4　定价：52.00元
读者热线：010-65181109，65262933
发行电话：010-85119832　传真：010-85113293
网　　址：http://www.chlip.com.cn　http://www.wqedu.com
电子信箱：1012305542@qq.com
如发现图书残缺请拨打读者热线联系调换
180393Y1X101ZBW

编者名单

刘 敏　甘雪涛　朱昌渝　杜思思　向 艳
陈 丹　杜星梅　罗兴华　周予行　段 蓉

前　　言

在幼儿园，从班级活动室、教师办公室到档案室，从园务公开栏到班级家园栏，我们在很多地方都可以看到大量的文本材料，这些资料或供阅读、或供填写……事实上，这些文本材料是幼儿园教师和管理者付出很多心血完成的，其内容与幼儿园各项工作息息相关，是幼儿园教师和管理者在日常工作中必须完成的专业写作，我们将其称为"幼儿园文案"。

教师职前培训多针对教育活动方案的撰写，但因幼儿园教育的整合性与复杂性，从入职开始，幼儿园教师和管理者需要应对各种类型的文案写作。比如：关于保教工作的、关于班级管理的、关于教科研工作的、关于家长工作的……各种文案写作，让幼儿园教师和管理者应接不暇。

对于新手教师而言，案头工作通常会耗费较多的时间和精力，必须尽快熟悉并了解幼儿园文案的种类、基本的写作要求等。那么，具体怎么做呢？新手教师可以多找机会，观摩有经验的教师设计和组织的比较经典的活动，观察并记录下他们的语言、行为、与幼儿互动的技巧，在其中寻找自己可以模仿、借鉴的经验。在日常工作中，要坚持做一些摘要笔记、随笔案例，用简短的文字记录自己在工作中真实的心得体会。这些都能帮助新手教师整理自己的收获、感悟和思路，更客观地进行个人反思。在这些点滴的积累中，不断丰富经验，增进对幼儿、对活动、对教育的理解。当然，除了"记"和"写"，幼儿教师还应该多反思和改进，如定期翻看阅读笔记、比较观察记录中幼儿的行为变化等，就会在专业上获得提高。

对于有经验的幼儿园教师和管理者来说，需要形成较为系统的文案资料库，以便随时查阅，创造性地使用各类资料。

本书对幼儿园教师和管理者需要撰写的各类文案进行了梳理，主要包括园务工作计划、保教工作计划、班务工作计划、幼儿园课题研究方案与研究报告、幼儿园园本教研方案、幼儿园教育活动设计、观察记录、教育随笔、教育反思、家长工作类文案等。全书由四川省成都市教育科学研究院刘敏老师整体架构，召集有经验的教研员和教师进行研讨，对各类文案进行了归纳总结。全书共分为十个章节，第一章由四川省成都市第十三幼儿园甘雪涛老师撰写，第二章由四川省成都市成华区教育科学研究院朱昌渝老师撰写，第三章由四川省成都市第二十四幼儿园杜思思老师撰写，第四章由四川省成都市成华区教育科学研究院朱昌渝老师撰写，第五章由四川省成都市锦江区教师进修学校向艳老师、四川省直属机关东府幼儿园易新老师和四川省成都市第一幼儿园杨尹老师共同撰写，第六章由四川省成都市金牛区教育研究培训中心陈丹老师撰写，第七章由四川省成都市第十三幼儿园甘雪涛老师、杜星梅老师共同撰写，第八章由四川省成都市青白江区教育研究培训中心罗兴华老师撰写，第九章由金苹果学前教育研究中心周予行老师撰写，第十章由湖南省长沙市雨花区教育科学研究所段蓉老师撰写。全书由刘敏审改并统一定稿。

在写作本书的过程中，我们得到了诸多帮助，感谢为本书提供文案材料的所有教师；感谢"万千教育"的高君编辑，由于她细致的工作，才使本书更加完善，并顺利出版！

这本书汇聚了幼儿园教师和管理者在撰写文案的过程中积累的经验与心得感悟，书中收集的大量来自一线的真实文案，是集体智慧的结晶，供老师们参考借鉴。我们努力让这本书更趋完善，但由于水平有限，难免会有不妥之处，敬请读者和同行、专家批评指正。

本书编写组
2018 年 12 月

目 录

第一章　幼儿园文案写作概述 / 001

第一节　什么是幼儿园文案写作 / 001
一、幼儿园文案写作的内涵 / 001
二、幼儿园文案写作的特点 / 007

第二节　为什么要进行幼儿园文案写作 / 014
一、有利于指导幼儿园日常工作有序开展 / 014
二、有利于提升教师的写作能力和思考能力 / 019
三、有利于梳理经验，提升教师的专业能力 / 020
四、有利于对教师工作进行专业指导 / 020

第三节　怎样写好幼儿园文案 / 021
一、文案写作中的常见问题 / 021
二、写好文案的应对策略 / 022

第二章　幼儿园园务工作计划与总结 / 027

第一节　幼儿园园务工作计划 / 027
一、幼儿园园务工作计划的内涵与特点 / 027
二、幼儿园园务工作计划的写作要点与示例 / 028

第二节　幼儿园园务工作总结 / 045
一、幼儿园园务工作总结的内涵与特点 / 046
二、幼儿园园务工作总结的写作要点与示例 / 046

第三章　幼儿园保教工作计划与总结 / 063

第一节　幼儿园保教工作计划 / 063
　　一、幼儿园保教工作计划的内涵与特点 / 063
　　二、幼儿园保教工作计划的写作要点与示例 / 065
第二节　幼儿园保教工作总结 / 071
　　一、幼儿园保教工作总结的内涵与特点 / 071
　　二、幼儿园保教工作总结的写作要点与示例 / 072

第四章　幼儿园班务工作计划与总结 / 083

第一节　幼儿园班务工作计划 / 083
　　一、幼儿园班务工作计划的内涵与特点 / 083
　　二、幼儿园班务工作计划的写作要点与示例 / 084
第二节　幼儿园班务工作总结 / 093
　　一、幼儿园班务工作总结的内涵与特点 / 093
　　二、幼儿园班务工作总结的写作要点与示例 / 093

第五章　幼儿园课题研究方案与研究报告 / 099

第一节　幼儿园课题研究方案 / 099
　　一、幼儿园课题研究方案的内涵与特点 / 099
　　二、幼儿园课题研究方案的基本结构 / 101
　　三、幼儿园课题研究方案的写作要点与示例 / 103
第二节　幼儿园课题研究报告 / 126
　　一、幼儿园课题研究报告的内涵 / 126
　　二、幼儿园课题研究报告的基本结构 / 127
　　三、幼儿园课题研究报告的写作要点与示例 / 138

第六章　幼儿园园本教研方案 / 143

一、幼儿园园本教研方案的内涵与特点 / 146

二、幼儿园园本教研方案的写作要点与示例 / 150

第七章　幼儿园教育活动设计 / 167

第一节　幼儿园半日活动设计 / 167

一、幼儿园半日活动的内涵与特点 / 168

二、幼儿园半日活动设计的写作要点与示例 / 169

三、幼儿园半日活动反思 / 180

第二节　幼儿园集体教学活动设计 / 181

一、幼儿园集体教学活动的内涵与特点 / 182

二、幼儿园集体教学活动设计的写作要点与示例 / 184

三、幼儿园集体教学活动反思 / 196

第三节　幼儿园游戏活动设计 / 198

一、幼儿园游戏活动的内涵与特点 / 199

二、幼儿园游戏活动设计的写作要点与示例 / 200

三、幼儿园游戏活动反思 / 209

第四节　幼儿园户外活动设计 / 210

一、幼儿园户外活动的内涵与特点 / 211

二、幼儿园户外体育教学活动设计的写作要点与示例 / 215

三、幼儿园户外体育教学活动反思 / 224

第八章　幼儿园观察记录写作 / 227

第一节　教育现场的观察 / 227

一、观察的内涵 / 227

二、观察的内容 / 229

三、观察的误区 / 233

　第二节　观察的记录和整理 / 237

　　一、观察记录的意义与方法 / 237

　　二、观察记录的写作要点与示例 / 246

第九章　教育随笔与教育反思 / 257

　第一节　教育随笔 / 257

　　一、教育随笔的内涵与特点 / 257

　　二、教育随笔的写作要点与示例 / 260

　第二节　教育反思 / 264

　　一、教育反思的内涵与特点 / 265

　　二、教育反思的写作要点与示例 / 267

第十章　家长工作类文案 / 273

　第一节　家长会方案 / 273

　　一、家长会的类别与组织形式 / 273

　　二、家长会方案的内涵与特点 / 275

　　三、家长会方案的写作要点与示例 / 276

　第二节　家长开放日方案 / 289

　　一、家长开放日的类别与组织形式 / 289

　　二、家长开放日方案的内涵与特点 / 290

　　三、家长开放日方案的写作要点与示例 / 291

第一章
幼儿园文案写作概述

文案写作是幼儿园教师和管理者的日常工作之一,也是大多数幼儿园教师和管理者较为头疼和苦恼的工作。他们或不清楚文案写作的内涵和意义,或不明白为什么要写这么多文案,或不知道如何写好文案。本章将对以上问题一一进行解答。

第一节 什么是幼儿园文案写作

提到"文案写作",可能大多数人想到的是"广告文案""办公室文案",怎么幼儿园也有文案写作?幼儿园文案写作是指什么,它有哪些特点呢?

一、幼儿园文案写作的内涵

幼儿园文案写作是指幼儿园教师和管理者在一定的教育理念的指引下,运用书面语言能动反映教育教学生活、传递相关信息的过程,是一种熟练运用语言文字,准确表达含义、构制"辞采篇章"的技能或技巧,是交流思想、倾诉情感、传播教育教学经验的工具和手段。[1] 幼儿园教师和管理者需要写作的文案纷繁多样,主要包括各类计划与总结、课题研究方案与研究报告、园

---

[1] 叶润平. 应用写作 [M]. 合肥:合肥工业大学出版社,2005:1.

本教研方案、教育活动设计、观察记录、教育随笔与教育反思、家长工作类文案等。此类文案体现了幼儿园教师和管理者对工作的规划与设想，以及他们对于教育教学的记录、归纳与总结等，其内容主要来源于幼儿园教育教学和幼儿园管理的实践与思考，具有较强的操作性和现实意义。

在以上列举的文案类型中，除课题研究方案与研究报告之外，其他几类文案均属于工作类文案，而非严格意义上的学术性文章，其内容和观点较少依赖学术性文献资料，其行文风格言简意赅，通俗易懂，也是幼儿园教师较擅长的文案写作类型。而课题研究方案与研究报告的学术性更强，有更为严格的学术论文要求，对行文内容和观点的逻辑性要求更高，因此也是幼儿园教师较难掌握的一种文案写作类型。通常，课题研究方案与研究报告由幼儿园分管科研和课题研究的业务园长或科研部工作人员负责撰写。

总之，无论哪种类型的文案写作，都需要教师"言之有理，言之有物"，切忌空谈。比如，下面这篇教学反思文案就存在比较典型的"空谈"现象。

文案1：大班语言活动"小马过河"教学反思

开展"小马过河"活动，目的是让幼儿知道有些事情必须自己尝试才知道，而不能仅仅听他人的一面之词。在活动过程中，我先向幼儿提出了问题："小马听了老牛和小松鼠的话后，是怎么做的？如果你是小马，你会怎么做？"幼儿相互讨论了一会儿，各自交流了意见。随后，我告诉幼儿这个故事讲了一个道理，那就是：遇事要多动脑筋，自己多去尝试，不能一味地听别人的意见。

通过本次教学活动，我发现教师的教育机智非常重要。我们应该为幼儿提供更多的思考空间，同时也要对幼儿进行适当的引导，而不是一味地把教师的想法强加给幼儿。

以上这篇教学反思文案呈现的内容，既没有说明教学活动达成的效果，也没有说明通过这次教学活动，教师应该做哪些方面的调整，仅仅提到要"为幼儿提供更多的思考空间，同时也要对幼儿进行适当的引导"。那么，在集体教学活动中，可以通过哪些教学流程设计或者教学方法为幼儿提供更多的思考空间呢？怎样的引导才算是适当的呢？文案中均没有详细介绍。如此大而化之的教学反思，并不能很好地达到"通过教学反思"调整教师教学行为和提高教师执教水平的目的。

而文案2这篇教学反思不仅以教学方法为切入点，呈现了"如何突破教学难点"，而且详细地呈现了教师在执教过程中的问题，如语速、师幼互动、音乐素养等方面。这样的教学反思能够帮助教师有针对性地总结经验，优化自身的教学行为，从而提高教学能力。

文案2：小班语言活动"小鸭找朋友"教学反思

"小鸭找朋友"这个故事是幼儿比较熟悉的，内容和情节也比较简单，因此在设计教学目标时，我没有把学习这个故事作为教学的重点和难点，而把能根据故事情节，大胆运用语言、动作表现故事中小动物的对话，体会小鸭找到朋友的快乐之情作为教学的重点和难点。从教学效果来看，已经突破了教学重点和难点。下面我说说自己在这节课中运用了哪些方法来达到教学目的，突破教学难点。

（1）运用情景教学法。我设置了小鸭在池塘边找朋友的情景，让愿意尝试的幼儿上台表演故事中的对话，体会小鸭找朋友时的心情。因为是亲身体验，所以幼儿能完全沉浸其中，帮助幼儿把抽象转换为形象。在故事中，幼儿也能够体会到小鸭找到朋友的快乐。

（2）在教学中充分尊重幼儿的主体地位。我设计了很多问题，比如："小鸭是怎么去找朋友的？""小鸭遇到小动物是怎么说的？""它做了什么？""找到朋友以后，小鸭的心情怎样？"把问题抛给幼儿，给幼儿足够的时间进行思考。我只是充当幼儿的引导者。

（3）通过"演一演"加深幼儿对故事的理解和把握。幼儿大多很兴奋，都想上台尝试表演。因此，我请幼儿先思考一下自己想演哪个角色。这样给了幼儿一段思考的时间，有助于幼儿更好地把握自己所要演的角色。这个环节不仅能够锻炼幼儿的语言表达能力，而且能够锻炼幼儿的表现能力。

在故事表演教学活动中，我发现自己还有很多不足之处。

（1）说话时语速过快，声音有些小，幼儿听得不是很清楚。要是能再慢点、声音大点，幼儿会更喜欢。

（2）我的故事表演素养有待提高。在与幼儿共同表演的过程中，我的情感投入不够，感觉自己没完全放开，影响幼儿参与故事表演的投入状态。

（3）在"演一演"这个环节，肯定和鼓励幼儿做得不够。在今后的教学中，我会不断反思、总结，提高自己的教学水平。

当然，幼儿园教师写作的文案类型不同，其写作要求和写作规范也不同。即便是同一种文案，不同地区或幼儿园的要求也不一样，写出的文案差异也较大。比如，有的幼儿园管理比较规范，对于本园的文案写作有详细的写作要求和具体的模板，便于幼儿园教师掌握文案写作的要点。而有的幼儿园或因为管理者自身文案写作能力不强，或因为管理者不重视文案写作，或因为新园管理者不清楚如何规范教师的文案写作等，导致教师连日常的教育教学类文案写作都没有掌握，以致影响教学活动的质量，从而影响幼儿的发展。

因此，文案写作是幼儿园教师和管理者，尤其是优秀的幼儿园教师需要掌握的一门专业技能。在写作文案的过程中，幼儿园教师和管理者一方面厘清了思路，另一方面内化了对于某些教育现象的深刻认识和思考。

比如，下面这篇晨间游戏的案例分析，不仅呈现了教师观察皓月折五角星的整个过程，而且呈现了教师对皓月在活动过程中折纸能力、学习品质和社会交往等方面的深刻分析，并提出教师针对此类活动观察指导的重点。

文案3：为什么五角星的"角"不一样[1]

【案例观察】

晨间活动时间到了，4岁多的皓月手拿剪纸笑着对我说："甘老师，看！""哇，你剪的五角星啊！""是的。""五角星的五个角剪得大小、长短

---

[1] 本文案由四川省成都市第十三幼儿园甘雪涛老师提供。

都一样。真能干！谁教你剪的啊？"我问道。"熊妈。"皓月语气坚定地说。过了一会儿，皓月问："甘老师，你会剪五角星吗？""我不会呀。""我教你嘛。"皓月高兴地说。"好啊！"于是，我跟随皓月来到了他的座位旁。

  他重新拿了一张广告纸，一边折纸，一边说："甘老师，先将纸沿对角线对折。"皓月停顿了一会儿，补充道："就像折花瓣那样折，然后把多余的纸剪掉。""嗯，好的，我明白了。""甘老师，你看我有没有对齐啊？""还有一点没对齐，你可以试着让两条对折边重合。"皓月按照我的建议做，果然对齐了。接着，皓月说："然后这样将纸按三等分折好。"虽然他说的是三等分，但是折的时候并不是对等的。这时候，我并没有提醒他。

  折好以后，皓月拿着剪刀问："怎么剪啊？""你想想，熊妈是怎么教你的。"皓月拿着剪刀，在纸上找了几处位置，还不时回头看看我。我说："嗯，就是这个位置，你试着剪下去。"皓月用力剪下去，还说："这个纸有点厚。""没关系的，你还是把它剪掉了啊！"我看着皓月的眼睛说："快打开纸看看吧！"皓月小心翼翼地将纸打开，皱着眉头说："怎么五个角不一样啊？""是啊，我也发现了。这是怎么回事呢？"皓月拿着"奇怪"的五角星看了看，也不知道怎么办。

  我说："可能是我们折的时候没有对齐。要不，我们折回去看看，好吗？""好！""可是，怎么折回去啊？"皓月问。"皓月，看，这里是不是有折痕，你试试看是否能沿着折痕折回去。"我边说边给他示范。皓月很快就折好了。我再次提示："皓月，我们看看对折的三等分是不是一样大、一样长。""看，甘老师，这里有两个边！"皓月指着"平角"的边说。"嗯，对啦！可能因为这两个角折的时候太短了，没有剪到。现在怎么办呢？"皓月拿着折纸，并没有动。"要不我们试一下，将这个地方剪成尖尖的，看能不能剪成五角星？""好！"皓月拿着剪刀，比画了一下说："在这里剪吗？""对的。"皓月用力剪了下去。"现在我们再打开看看吧。"皓月轻轻地打开折纸一看，高兴地说："甘老师，看，五角星。""哇，这次真的又剪成了五个角都一样的五角星。原来要让五角星的每个角都一样，折的时候三等分都要对齐。

是吗？""是的。"

【案例分析】

从这个案例中可以看出以下内容。

（1）皓月知道剪五角星的基本方法——"对角线对折""三等分折"，但是他所掌握的方法还不够牢固，尤其对于剪好一个五角星的关键步骤——"三等分边要对齐"这个技能的掌握还不是很熟练，需要加强练习。另外，如何将打开的折纸"折回去"，对于皓月来说也是一个难点。这和幼儿的思维有关，因为4岁多的幼儿以具象思维为主，缺乏可逆性和相对性。

（2）皓月主动教老师剪五角星，说明他在社会性方面表现积极、主动和热心。而且在遇到困难的时候，他能听取老师的意见，一步步解决问题，说明他善于倾听和主动尝试。但是，皓月主动发现问题和解决问题的能力还有待进一步提高。因为遇到"剪"和"折回去"这两个问题时，他都用"眼神"向老师求助。

（3）在这个案例中，我发现皓月在剪纸中存在的问题后，并没有立即向他提出来，而是允许皓月去尝试、去犯错。这种做法考虑到幼儿是在不断"试误"的过程中慢慢积累经验和学习的。在这个过程中，我在皓月遇到问题时，通过"提问"引导他发现问题。但是，我的引导有些着急，给予皓月主动思考和解决问题的时间不够。

【案例反思】

通过这个案例，我发现幼儿园晨间活动是幼儿进行个别化学习的重要时段。在这段时间，幼儿可以尝试剪不同的动物和人物或者玩区角游戏。同时，这段时间也可以看出不同幼儿的发展水平。教师可以根据平时的观察，重点指导能力较差或者主动向教师求助的幼儿，主要在于发现他们在技能掌握方面存在的问题。比如，皓月平时是一个"话不多，但心里很明白的孩子"，但他的注意力持续时间比较短，老师需要通过"提问"使他专注于所做的事情。此外，对于幼儿的指导不能太着急，应该给予幼儿充足的时间去思考。即使这次不能解决问题，只要他能想到一两种方法进行尝试也是好的。

二、幼儿园文案写作的特点

如前文所言，幼儿园教师和管理者需要写作的文案类型多样，但无论何种类型的文案，达到优秀标准的文案都具有以下特点。

1. 突出实践

幼儿园教师和管理者所写的文案内容源于幼儿园工作实践，因此优秀的文案需要体现出对幼儿园工作实践的具体指导、计划或归纳总结。计划类文案应凸显对幼儿园工作实践的指导性和计划性，为日后开展工作指明方向。比如，在制订园务工作计划时，园长应在详细、具体地分析幼儿园现实情况的基础上，厘清本学期开展园务工作的思路、主要工作内容、具体工作措施和详细的工作安排等。

总结类文案应突出对已经完成的教学、管理实践的经验梳理和总结，重点在于描述"做了什么""怎么做的""效果如何"。比如，在进行班务工作总结时，教师需结合本班、本学期的教学实践活动，着重描述班级活动的开展情况，以及这些活动达成的效果。观察记录、教育反思、教育论文等强调教师对教学实践活动的思考，重点描述教师深入教学一线的真实感受、真实经历和真实想法。

课题研究类文案强调教育教学实践中的真问题，通过实践研究找到真实的、有效的解决办法。比如，"中班角色游戏中幼儿告状行为应对策略""大班夹子建构游戏行为解读与支持"等问题是幼儿园真实存在的，具有较强的实践价值。因此，幼儿园文案总的特点是"源于实践而又高于实践"，它不仅是对实践现象的简单描述，还需要对实践现象进行前瞻性的规划、设计、分析和归纳。

"伴幼同行，促幼发展"班务工作总结[1]

一学期紧张而繁忙的工作即将结束。回顾这一学期的工作，回顾和幼儿相处的每一天，其中既有辛勤付出的汗水，也有成功欣慰的快乐。陶行知说："培养教育人和种花木一样，首先要认识花木的特点，区别不同情况给予施

---

[1] 本文案由四川省成都市第十三幼儿园甘雪涛老师提供。

肥、浇水和培养教育，这叫'因材施教'。"幼儿是独特的人，是发展中的人，教师只有学会教，幼儿才能学会学。我们要以幼儿的一切为出发点，陪伴幼儿，促进其发展。

一、开展形式多样的主题活动，丰富幼儿对剪纸的感知体验

1. 循序渐进开展主题活动，促进幼儿各方面的发展。

根据幼儿的发展特点和发展要求，我将本学期主题确定为"一剪钟情"，每月的月主题分别是"剪纸叙情""剪纸传情""剪纸生情"，三个主题各有侧重点，以承前启后的顺序逐步开展。比如，"剪纸叙情"主题侧重语言领域，目的在于丰富幼儿剪纸的题材和相关内容，因此开展了"胖娃骑白马""王婆婆卖茶"等川西童谣故事和中秋故事活动。"剪纸传情"主题侧重社会领域，结合10月份国庆节、重阳节，传达出幼儿对祖国、老人的热爱之情。尤其是关于王二小英雄故事和儿歌的学习，充分激发了幼儿对小英雄的崇敬之情。"剪纸生情"主题侧重艺术和科学领域，通过探索剪纸皮影（这里指的是用剪纸做成的皮影）的制作过程和方法，激发了幼儿对各种工具材料的探索兴趣。同时，在探索和操作的过程中，培养幼儿的小组合作能力。健康领域的内容贯穿于整学期的主题活动之中，并结合季节、天气等现实情况开展相应的活动，如"认识雾霾""流鼻血怎么办"等。通过一学期的学习，幼儿不仅积累了丰富的词汇和传统文化故事，而且初步形成了自主解决问题的能力，尤其是小组合作能力有明显的提高。在剪纸艺术方面，幼儿创造性地运用剪纸作品表达生活经验和故事的能力明显增强了，且能尝试自主制作剪纸皮影。

2. 在区域活动中延伸主题活动，拓展了幼儿的学习和生活经验。

我们班的主题活动不仅包括集体教学活动，而且包括区域活动，以丰富幼儿的学习和生活经验。比如，在巧手工作坊，我们根据主题开展的进程，投放了不同的剪纸样品或作品，引导或激发幼儿进一步进行个性化表达。比如，在开展"剪纸传情"这个主题时，我们在巧手工作坊投放了幼儿剪的、与生活场景相关的作品。这些作品主要表达的是幼儿与父母在一起的美好、幸福时光。在学习各种童谣故事之后，投放幼儿小组合作的剪纸童谣[1]材料。在开展"剪纸生情"这个主题时，我们投放了制作皮影的各种工具、材料，以便幼儿操作。此外，在书吧也投放了各种童谣故事书，丰富幼儿的剪纸内容和表达方式。

3. 主题活动之外的生成活动，拓展幼儿的认知和经验。

在开展班级活动时，除了实践预设的主题活动以外，我们还会根据幼儿的经验和兴趣生成一些活动，以拓展幼儿的认知和经验。比如，在"剪纸生情"主题活动中，有一段时间玉玉和几个幼儿总喜欢挠我的痒痒。因此，我们开展了"乱挠痒痒的章鱼"绘本活动。讲完这个故事后，我发现幼儿对海底的动物非常感兴趣，加上他们缺乏相应的经验，于是生成了"海底的动物""各种各样的鱼"等活动，丰富了幼儿对于海洋动物的初步认识。在"剪纸叙情"主题活动中，班上个别幼儿对科学区的磁贴非常感兴趣，因此生成了"好玩的磁贴"集体活动。在"剪纸生情"主题活动中，我们结合新年文化周的生肖文化，生成了"十二生肖"活动，丰富了幼儿对于生肖的认识。然后进一步结合我们班做的生肖兔灯笼，生成了"狡兔三窟"集体活动，在区角活动中也开展了相应的剪纸活动。

本学期通过开展多种形式的主题活动，既确保了幼儿获得预设主题活动目标的相关发展，同时又以不同形式延伸和拓展了幼儿的经验，开拓了幼儿的视野。

二、在温馨民主的氛围中培养幼儿良好的学习品质

1. 培养幼儿良好的注意力及倾听习惯。

大班上学期是幼儿语言发展的关键时期，因此我们给予幼儿充足的时间，让幼儿自由表达。但是，部分幼儿因为急于表达自己的观点，喜欢插嘴、接话，不能认真地倾听他人讲述。我们知道，倾听是幼儿接触社会、接收信息的重要手段之一，是幼儿感知和理解语言的行为表现，也是幼儿应该学习的

---

[1] 剪纸童谣，是指用剪纸来表现童谣的内容。

一种好习惯。因此，在讲述的过程中，我们会有意识地引导幼儿做讲文明、懂礼貌的听众，不随意打断别人说话，不随便接话和插话，能举手表达自己的想法，以培养幼儿的倾听能力。

2. 培养幼儿的小组合作意识和能力。

结合幼儿的发展特点，这学期的目标之一是培养幼儿的合作意识和能力。因此，日常生活中要求幼儿首先要有小组意识。在生活环节中，对各小组幼儿的行为提出要求，进行奖励，让幼儿懂得不能因为个人的行为而影响小组。在集体教学活动和游戏活动中，通过小组协商、小组长的带领和讨论等多种合作游戏，让幼儿感受合作的重要意义以及合作的乐趣。经过一学期的学习，我能够感觉到幼儿小组合作的能力明显增强了，尤其是小组长的领导与组织能力有了大幅度的提升。

三、一日生活常抓安全工作，为幼儿健康成长保驾护航

1. 安全教育贯穿幼儿的日常生活。

幼儿的安全工作是幼儿园工作中的首要工作，也是其他一切工作的基础。幼儿的自我保护能力差，安全防范意识弱，缺乏相应的自我保护能力和一定的安全知识，因此我园定期对幼儿进行防震、消防演练，让幼儿学会逃生、避免伤害。我们也给幼儿上安全教育课，如用电的安全、防止溺水等。同时，利用一日生活环节开展安全教育。比如：在外出到操场进行户外活动时，提醒幼儿上下楼梯不推不挤、不嬉戏打闹；在喝水时，提醒幼儿安全喝水，饮水的速度不宜过快，以免呛着。

2. 坚持每周开展安全教育日活动、每月开展健康教育主题活动。

我们坚持"安全第一、预防为主"方针，切实做好幼儿的安全工作，综合消除校园安全隐患，防患于未然，以保障幼儿健康成长。比如，幼儿园每周都有安全教育活动以及安全晨会，在生动直观的活动中，让幼儿学习安全知识和技能。本学期开展的安全教育活动有"乘坐电梯小妙招""雷雨天气，安全出行""对冷冻食品说'不'"等。各月开展的健康教育主题活动有"保护牙齿""预防流感我知道""情绪不好怎么办"等。通过这些安全教育活动

和健康教育主题活动，幼儿学会了简单的保护身体的方法和心理健康知识。

一学期转瞬即逝，陪伴幼儿成长的过程既充满了欢声笑语，也充满了各种挑战和新奇。但无论如何，我始终相信幼儿是发展中的个体，是不断变化的个体。在某种程度上，幼儿是成人之师，他们对未知事物的探索兴趣尤其值得成人学习。我愿意尽己之力，为幼儿的进一步发展提供支持。

2. 注重经验

幼儿园文案写作的主体是教师或者管理者，而他们进行文案写作主要为了满足幼儿园日常工作的需要。每所幼儿园都有自己对各类文案写作的要求和规范，通常，幼儿园教师和管理者会结合自身工作的实践经验进行写作。首先，从文案写作的形式来看，注重运用经验。比如，同样是观察记录，不同幼儿园结合自身经验写出的文案内容很不一样。有的幼儿园采取常规的表格形式（见表1.1），记录教师观察到的教育现象或者幼儿的教育行为等；有的幼儿园借用一定的载体或者理论进行观察记录，比如，借用"学习故事"的形式，明确教师观察的要点和分析观察内容的重点。学习故事通过记录"发生了什么""学习什么""教师的关注、理解和回应策略""下一步该怎么做"四个方面，帮助教师有效、快速、有重点地记录观察信息。

表1.1 幼儿午睡行为观察记录表

姓名	晨晨	年龄	3.5岁
班级	小一班	性别	男
喜好	爱玩	性格	活泼好动、爱捣蛋
观察地点	小一班午睡室	时间	中午12:00—12:30
幼儿的表现	午睡时间到了，小朋友们陆续上了小床。晨晨没有上床，还在调皮捣蛋，把小朋友们的鞋子弄得乱七八糟。我没有马上制止他的行为，而是对小朋友们说："孩子们，你们已经长大了，我相信你们都会自己睡午觉了，请大家抓紧时间休息吧。"然后，我转过身对晨晨说："晨晨是我们班小朋友的大哥哥，有礼貌，爱劳动，还会帮老师收拾玩具，睡觉一定也很好。"我的话音刚落，只见小朋友们一个个都自己盖好被子，准备睡觉。晨晨小朋友也上床盖好被子，做好睡觉的样子。不一会儿，小朋友们都进入了梦乡，睡得可香了。		

（续表）

其他幼儿的表现	晨晨把其他小朋友的鞋子弄得乱七八糟时，一些小朋友开始向我告状，也有一些小朋友跟着起哄。
幼儿行为评价	晨晨小朋友聪明、活泼、讨人喜爱，可每天的午睡总让老师操心。在午睡前、小便后，他总不能马上安静下来，不是在床上闹，就是和邻床的小朋友说话，老师的教育效果收效甚微。今天他表现不错，因为孩子愿意听好听的话，总认为自己长大了。
幼儿行为干预	教师以赏识为主，对幼儿多鼓励，以帮助幼儿好好午睡。
干预后的表现	晨晨小朋友也上床盖好被子，做好睡觉的样子。不一会儿，小朋友们都进入了梦乡，睡得可香了。
幼儿指导策略	针对幼儿的行为问题，制定相关的指导策略。 指导目标：培养幼儿良好的午睡习惯。 步骤一：教师以赏识为主，对幼儿多鼓励，以帮助幼儿好好午睡。 步骤二：家长除了多表扬、鼓励幼儿以外，在周六、周日也要坚持让幼儿午睡，帮助幼儿养成良好的午睡习惯。 预期效果：幼儿总爱得到表扬，其效果比批评要好很多。

其次，从文案写作的内容来看，主要呈现的是幼儿园教师或管理者对教学实践经验的梳理或再现。比如，教育随笔，注重呈现教师亲历教育现场后的所思所想，而这些思考有的是重组已有经验，有的是对已有经验的质疑、分析、调适，从而产生新的认识性经验。而课题研究方案和课题研究报告在呈现教学实践经验方面与其他的文案写作方式有所不同。因为课题研究注重在实践中探究、实验、总结、提炼，呈现的是对教学实践经验进行了"深度加工"的内容，而且在行文方面其学术规范的要求会更高。但是，幼儿园文案写作无论形式还是内容，都受到幼儿园教师和管理者自身教育实践经验的影响。

3. 凸显细节

幼儿园文案具有较强的实践特点，尤其是计划类文案，特别强调可操作性。因此，优秀的文案要通过"凸显细节"体现其质量。这样的细节体现在很多方面，如文案内容结构的完整性、观念理念的科学性、思路逻辑的严谨性、遣词用句的准确性和行文排版的规范性等。比如，最为常见的集体教学活动设计的写作，看起来篇幅不长，但要写好却非易事。因为教师需要选择适宜的教学内容，确定恰当的教学目标，选择合适的教学手段，设计科学的教学流程。

此外，如何将教学目标贯穿于教学活动中、如何通过严谨的教学流程设计达成教学目标等，这些考验的不仅是幼儿教师自身的教育观念和对儿童年龄特点的把握，而且是幼儿教师自身的教育实践智慧。再如，家长会文案写作，幼儿教师需要在文案中明确开家长会的目的、时间、地点、内容，以及开家长会所需的物质材料准备（音响、计算机、话筒等）、场地准备、人员安排、家长入园路线（尤其是新生家长）等。文案中的每个细节是否考虑得周全，都会对家长会的效果产生一定的影响。细节决定成败，优秀的文案也体现在"细微之处"。

中班户外活动教学方案

活动名称：走独木桥

活动目标：

1. 增强平衡能力。
2. 提高动作的协调性和灵活性。

活动过程：

1. 分两队进行比赛，看哪组幼儿最先到达终点。
2. 大孩子分两组进行比赛，增加难度。比如，头顶器械，双手打开，在走的过程中要保证器械不能掉在地上。如果器械掉在地上，幼儿要从头再来。

按照常规的户外活动教学流程，其活动过程应包括热身活动、集体活动、分散活动、放松活动等几个环节。但上述户外活动教学方案中的"活动过程"仅仅呈现了集体活动环节，缺少其他几个环节的内容。而且一个完整的教学方案应包括活动目标、活动准备、活动重难点、活动过程。该文案缺乏活动准备和活动重难点，结构不完整。

第二节　为什么要进行幼儿园文案写作

幼儿园的文案工作繁多，有的教师或者管理者不明白文案写作的意义和价值，常常敷衍了事，以完成文案的数量为目标，而不重视文案写作的质量。那么，幼儿园教师为什么要进行文案写作呢？

一、有利于指导幼儿园日常工作有序开展

幼儿园的工作千头万绪，每个人都承担着众多的工作任务。为了提高幼儿园管理的效率，推动各项日常工作有序开展，幼儿园教师和管理者有必要进行文案写作。在文案写作的过程中，幼儿园教师和管理者可以对工作任务进行详细而周密的思考、设计和总结，确保日常工作实施的质量和效果，也为下一阶段工作的开展提供了参考依据。比如，学期科研计划文案，一方面可以明确学期科研工作的重点和实施措施，另一方面可以厘清研究的思路和方向，有利于集中科研组成员的力量，有针对性地开展研究工作。而科研工作总结文案，可以梳理研究所取得的成果和存在的问题，为下一步的科研工作提供思路和奠定基础。

"以问题为导向，以研究促发展"科研工作总结[1]

一、工作思路

（一）以"问题"为导向纵深推进科研工作开展

结合课题实施的年度目标和重点，推进课题实施。本学期的课题研究主要是落实皮影课程方案，细化各课题项目的具体研究内容，以科研例会为抓手，研讨每个项目组存在的问题，并讨论解决问题的办法，纵深推进科研工作开展。比如，针对家长剧团中"部分家长参与工作不积极"的问题，课题组成员商讨通过"激励机制""给予幼儿荣誉感"等措施，提高家长在剧团活

---

[1] 本文案由四川省成都市第十三幼儿园甘雪涛老师提供。

动中的积极性和参与感。

（二）以研究促进教师专业发展

幼儿园教师的专业发展路径有很多条，其中一条是参与课题研究工作。通过参与课题研究，促使自身改变和调整思维方式。同时在研究中学习更多的教育理论知识和研究方法，更为重要的是，以研究的思维和视角开展工作，可以不断尝试教学方式、方法的创新，从而提升教师的专业能力，促进教师专业水平的提高。

二、主要工作内容

（一）以科研例会制度为抓手——找问题，研方法

上学期的科研总结提出，科研管理需要从制度上保障研究的时间和质量。因此，这学期从开学初严格按照例会要求，召开科研会。一方面以会代培，提升参研教师的理论水平；另一方面以研促思，厘清各课题项目的研究思路。

1. 以会代培，提升参研教师的理论水平。

本学期共开展两次以会代培类科研会。3月份开展了一次学习"重庆活和[1]"课程，并向大家详细介绍了皮影课程方案，从宏观层面厘清教师对皮影课题研究的思路和方向。针对江苏省教育科学研究院毛曙阳、浙江师范大学秦元东等专家的指导，我园于5月18日开展了一次理论学习，进一步了解"陈鹤琴教育理论"和"瑞吉欧教育理论"，最后认为皮影课程以"陈鹤琴教育理论"为理论基础更适合。同时课程的目标也调整为"培养具有民族自信、世界眼光的现代中国人"。其中，"民族自信"是指：通过感知、学习、理解、运用川西传统文化，增强对川西传统文化的自豪感、自信心。"现代中国人"是指：健康的体魄、创造的能力、服务的精神、合作的态度、世界的眼光。

2. 以研促思，厘清各课题项目的研究思路。

根据皮影课程实施的路径，共分为五个研究项目，包括儿童剧团、家长

---

[1] 重庆活和，是重庆南坪实验幼儿园开设的园本课程。"活"指幼儿与教师发展的内在活力；"和"指幼儿和教师在人与环境的关系中和谐发展的状态。"重庆活和"课程凸显活力儿童、活力教师双主体，最终实现和而不同的发展。

剧团、教师剧团、大串门活动、皮影节等大型活动。通过课题组成员的集体智慧碰撞和共同研究，我们厘清了每个项目的研究重点，明确了课题研究的方向。比如，针对儿童剧团，大班聚焦于剧团表演活动，中班聚焦于木偶剧、影子剧等表演活动的内容与组织形式探索。家长剧团和教师剧团聚焦于剧团管理与剧团表演内容的探索。大串门活动主要聚焦于梳理大串门活动的意义、区域划分、内容形式、组织方式等。

3. 调查先行，充分了解家长对皮影课程建构的认识。

本学期初，为了充分了解家长对幼儿园皮影课程建构的认识，调动家长参与皮影剧团的积极性，三个年级组分别对本班家长开展调查研究。通过调查发现，家长普遍认同并支持幼儿园开展皮影活动，认为这不仅传承了传统文化，而且家长剧团活动可以增加亲子互动，与幼儿共同了解和学习皮影的制作、表演等方法。

（二）以重大活动为契机——培养师资，展示成果，提升能力

本学期有首届四川省幼儿园课程质量提升帮扶行动推进研讨会和中国学前教育年会两次大型活动，我园皆承担了现场观摩活动。以此为契机，一方面培养参研教师，另一方面展示课题研究成果，借助专家力量指导课题研究。

1. 以首届四川省幼儿园课程质量提升帮扶行动推进研讨会为契机，培养参研教师。

课题组成员汪雪梅、王兴艳等承担现场展示活动。汪雪梅老师在这次活动中不断思考、调整活动设计，对皮影剧团活动有了更深入的了解。王兴艳老师也详细介绍了班本"影子课程"的实施和思考。同时，幼儿园课题组其他老师聆听了来园专家的指导意见，明确皮影课程的研究思路和方向，以及课题研究需要进一步探讨的问题。

2. 以中国学前教育年会为契机，展示课题研究成果。

2018年6月12日，我园作为中国学前教育年会的接待观摩园，从环境创设、皮影活动设计、专题交流等方面展示了幼儿园课程研究的阶段性成果。①环境创设方面，以历史发展的视角，打造了皮影体验馆，展示了幼儿园皮

影活动的历程和不同种类的皮影表现形式。②皮影活动设计方面，涵盖小、中、大三个年龄段不同形式的皮影活动内容，体验幼儿园皮影课程设计的系统性及多元性，也展示了教师在皮影课程建构过程中的创新性。在专题交流中，体现了教师对皮影课程实施的理解、经验的梳理与总结，也展示了教师在研究中的思考。

3. 以小专题成果交流为契机，提升年轻教师的专题研究能力。

本学期各小专题进入总结梳理成果阶段，同时结合区教育科学研究院小专题交流会，大年级组和小年级组积极申报参与此次交流。两个年级组鼓励年轻教师参与小专题结题报告撰写，并给予他们机会和平台参与专题交流。这对他们来说既是机会也是挑战。在这个过程中，年轻教师正是通过不断摸索、思考和学习来提升专题研究能力。

三、工作成效

（一）课题研究成果展示获得好评

在两次全国性课题研究成果展示中，我园的皮影活动得到来园专家和老师的赞赏。比如四川师范大学彭俊英老师肯定我园坚持研究川西民间文化，培养民族自信的儿童的教育理念，且对于在课题研究中培养年轻教师的做法表示赞赏。华东师范大学柳倩老师肯定了提供活动的三位老师所展现出来的"儿童视角"，同时也提出教育不仅需要儿童视角，也需要国家视角和成人视角。

（二）课题组工作有序推进，完成多项研究工作

1. 执行科研例会制度，本学期共召开科研例会和研讨会8次。其中2次是以会代培，交流并学习相关理论和优秀经验。

2. 课题组研究人员承担9次观摩课；9人次参与分享交流。

3. 教师皮影剧团和家长皮影剧团共表演2次，大四班儿童皮影剧团参与双林社区第一届文化艺术节表演。

4. 共开展大串门活动2次。

5. 共完成6篇课题研究项目相关专题的总结。收集有教学故事类：《三

只蝴蝶》《狼大叔的红焖鸡》《小壁虎上学》《王子死了》；绘本类：《纸袋公主》《咕噜牛》《三只小猪》《藏在哪里？》《最奇妙的蛋》；影视类：《汪汪队之人鱼狗》《汪汪队之火山救援》《萌鸡小队》《葫芦娃之大战蛇精》《西游记之三打白骨精》；童谣类：《小熊过桥》《胖娃上成都》《唐僧骑马叮那个咚》；音乐类：《变脸》。还有小班剪纸活动内容，如剪纸、团纸的"妹妹的头发""好吃的面条""狮子毛毛""小花帽"；剪直线的"长长的小蛇""成都一根面"等。

6. 完成3篇调研报告。

7. 课题组成员发挥引领辐射作用，参与4次外出指导，共计19人次。

8. 参与教师剧团活动的老师积累经验，并用于指导本班幼儿开展皮影活动。

（三）小专题研究成果

1. 一篇小专题研究成果获得中国学前教育研究会论文评选三等奖。

2. 两项小专题研究成果参与区小专题成果交流。

3. 三次故事教学观摩活动受到家长好评。

4. 三个小专题已经完成结题报告撰写，一个继续研究。

（四）其他工作

8篇论文参与区优秀教改论文评选，其中5篇论文被推选参与市级论文评选；4篇论文获得中国学前教育研究会年会论文评选三等奖。

四、工作问题及思考

（一）科研工作中的问题

1. 课程设计与教师指导：结合专家的指导，在接下来的活动设计中要体现课程的养成性和启蒙性，更多地挖掘家长资源，让其参与到幼儿园课程建构中。注重深度挖掘课程的价值，从"多维度"促进幼儿发展。在教师指导方面，要学会"虚实相生"。

2. 教师剧团存在的问题：时间仓促，效果欠佳；现成资源较少，选材范围过广。

3. 儿童剧团存在的问题：幼儿参与度不均衡；剧团之间差异较大，活动开展的步调不一致；指偶活动的功能狭隘。

4. 小专题研究中核心人物固化或缺乏，造成专题研究中提炼成果困难，研究过程中对经验的梳理不够及时和精练。

（二）下学期科研工作思考

1. 继续坚持"问题导向"、自下而上的课程建构思路，及时发现教师实施课程中的问题，依托科研例会，课题组成员及时提出问题解决策略，推进课题向纵深发展，关注课题研究中的课程资源搜集、课程内容及组织形式、教师指导策略。

2. 以"课程专委会"年会为契机，邀请专家对皮影课程系统建构和实施路径进行把关。

3. 小专题依旧坚持"尊重研究人员成果"的原则，尝试新老搭配和对口指导相结合，激发年轻教师参与小专题研究的积极性，并给予愿意学习和研究的老师有针对性的指导。

二、有利于提升教师的写作能力和思考能力

在幼儿园里，有的教师善于讲故事，能够将幼儿感兴趣的一个个小故事讲得栩栩如生；有的教师擅长做事情，愿意在环境创设、教玩具制作上花上几小时。可是一提到写作，很多教师都表示"不愿意写""不会写""太费脑子""能说出来，但要写出来太难了"。为什么幼儿园教师对"文案写作"如此抗拒？因为他们觉得自己在文案写作中，"厘不清思路""写了很多流水账，却没写出什么东西""不知道如何下笔""各种烦琐的事情太多，没有时间系统思考和写作"等，长此以往，就形成了文案写作的"消极心理暗示"。

其实，文案写作能够锻炼幼儿园教师和管理者的写作能力和思考能力。因为要想写好一篇文案，幼儿园教师和管理者不仅需要用心构思文案的结构，将所说的口头语言转化为书面语言，还要对所做的事情进行"理性思考""深刻分析""周密考虑"等。为了让文案具有"可读性"，幼儿园教师和管理者在写作过程中需要遣词用句、推敲上下文的逻辑和关系等。当然，文案写作

能力的提升并非一蹴而就的事情。幼儿园教师只有长期坚持理性的思考，积极写作，才能逐渐提升写作能力和思考能力。

三、有利于梳理经验，提升教师的专业能力

苏联教育家苏霍姆林斯基曾说："如果你想让教师的劳动能够给教师带来乐趣，使得天天上课不至于变成一种单调乏味的义务，那你就应该引导每一位教师走上从事研究的这条幸福的道路上来。"确实如此。如果幼儿园教师和管理者善于观察和反思，愿意像研究者一样勤于记录、思考和写作，那么就会在看似平淡的工作中激发创造的活力。因为正是在记录、写作的过程中，幼儿园教师和管理者才能对自己的教学实践进行分析、深度思考和规划，提炼自身在教育活动中的经验，从而提升专业能力。比如，某园的王老师积极探索班本课程的实施，并详细记录课程实施中幼儿的表现，梳理实施课程的思路和经验。在两年的时间里，她不仅写了多篇论文并在评选中获奖，还将班本课程实施的思考、活动方案、环境创设等资料整理成册，形成书籍出版。在这两年中，王老师在对课程的思考和实施的过程中逐渐形成了自己独特的见解，专业能力明显得到提升。

四、有利于对教师工作进行专业指导

幼儿园的文案写作大多指向日常工作，常常记录着教师对日常工作的思考和做法。对于管理者而言，通过查看教师撰写的文案材料一方面可以了解教师对某项工作的想法和态度，从而对文案中需要进行修改的地方进行专业指导；另一方面可以判断其专业水平，从而对其进行专业态度、专业能力、专业技巧等方面的指导。比如，某园教师的教案于每周四交到教养主任处，由教养主任进行查阅和批改。在批改教案中，教养主任需要从活动目标、活动内容、活动过程等方面进行全面的审阅。对教案中所呈现的不适宜的目标或者教学过程等，教养主任将与教师进行一对一的交流和指导。此外，幼儿园教师和同事之间、幼儿园教师和家长之间，可以借助文案材料进行一定的

沟通和交流。在沟通、交流、分享的过程中，一方面可以学习他人优秀的教育经验和做法，共同提高；另一方面可以反思自身的不足之处，进而调整和优化自身的教育行为。

第三节　怎样写好幼儿园文案

幼儿园教师和管理者在忙碌的工作之余进行写作会面临很多挑战。比如，时间、空间、心态、能力等无不影响着其顺利地、高质量地完成文案写作。但是，文案写作又是幼儿园教师和管理者必须完成的工作任务和工作内容，那么，如何有效地利用时间，较为高效地写好文案呢？

一、文案写作中的常见问题

幼儿园教师和管理者在日常工作中时常抱怨文案写作存在的问题，这些问题主要表现在哪些方面呢？

1. 文案写作时间紧且时间的利用率低

关于文案写作，无论幼儿园教师还是管理者都面临一些现实问题。幼儿园教师每天要在有限的工作时间内完成繁重的保育、教育等工作，文案写作通常都在工作之余完成。因此，在文案写作方面常常出现以下现象：其一，事情多，工作杂，没有时间专心写作。很多时候，幼儿园教师或管理者刚刚厘清写作思路，准备下笔写，却因临时的会议或其他各种事情而耽搁。等到再次提笔时，又得重新梳理一遍思路。其二，写作的文案多、任务重，但写作时间安排得不合理。尤其是到学期末时，教师需要提交的文案有本学期各种总结（班务总结、家长工作总结、个人总结）和各种计划（下学期班务计划、家长工作计划、主题活动计划、养殖计划等），此外，还有各种幼儿发展评估等文案资料和平时的文案材料（观察记录、家访记录表等），需要花费大量时间和精力来完成。有的教师不会合理、有效地安排时间，平时该完成的文案没有及时完成，到了期末就会手忙脚乱或者敷衍了事。有的教师甚至认为"离截止时间还早，等到最后再赶也不迟"，长此以往，严重影响了文案的写作质量。

2. 对文案写作抱有消极态度

幼儿园教师和管理者都各有所长，但喜欢且擅长写文案的却不是很多。曾有一位综合能力很强的教师说："我宁愿干两天具体的事务，也不愿意写两小时的文案。"还有的教师认为："平时写的这些材料都是当作档案资料束之高阁，又没人看，写那么认真干吗？"也有教师表示："幼儿园老师会说、会唱、会跳就行了，像写文案这样费脑子的事情不是必须做的。"如此种种对待文案写作的消极态度，不利于幼儿园教师和管理者进行文案写作。

3. 缺乏写好文案的能力和技巧

幼儿园教师和管理者需要写作的文案种类很多，而每一种文案都有一定的格式、规范和要求。因此，要写好各类文案，对幼儿园教师和管理者的要求是很高的。尤其是新手教师和管理者，他们刚开始写某类文案时可能并不清楚文案写作的格式和规范，不清楚要写什么，也不知道如何在文案中清楚地表达内容等。有的教师表示："已经绞尽脑汁了，1小时只憋出了两三百字。"也有的教师无奈地说："我本来是想写……可是写完后才发现，想表达的没讲述清楚，写了一堆废话……"由此可见，部分幼儿园教师和管理者缺乏文案写作的能力和技巧。

二、写好文案的应对策略

面对文案写作的问题，幼儿园教师和管理者可以采取哪些措施提高文案写作的效率和质量呢？

1. 合理利用时间，提高写作效率

文案写作是笔头上的功夫，需要耗费一定的时间和精力才能完成。匆匆忙忙"赶"出来的文案难免有考虑不周之处。因此，幼儿园教师需要合理安排写作的时间，为修改、调整文案留足余地。首先，耗时较短的文案"及时写"。比如，每周的教育活动计划、观察记录写起来较为容易，耗时较少，那么幼儿园教师可以利用中午守午睡的时间和坐班的时间及时进行写作。其次，耗时较多的文案"分步写"。比如，教育随笔、教育论文等需要花费较多时间进行写作，幼儿园教师可以利用平时零碎的时间"打腹稿"或者在大脑里初步思考写作的思路，并及时将思路记下来。再如，在日常教学活动中，教师需要及时搜集、整理写作教育随笔或教育论文需要的案例，然后利用"整块"时间集中写作全文。最后，文案太多，"计划着写"。俗话说，"凡事预则立，不预则废。"对于文案写作亦是如此。幼儿园教师和管理者每个月需要写作的文案较多，需要提前计划，规划好各种文案写作的时间安排和完成进度。

2. 树立良好心态，变"要我写作"为"我要写作"

对于幼儿园教师和管理者而言，要想写好文案，提高自身的写作能力，首先需要调整好心态，消除对文案写作的消极心理，比如"写作只是完成任务""幼儿园教师又不是作家，哪能写那么多东西"等。幼儿园教师和管理者要从内心深处认为，文案写作是帮助自身厘清工作思路、梳理工作经验、总结教育实践中的收获、提高自身思考能力的一种方式。简而言之，就是变"要我写作"为"我要写作"，调动写作的主观能动性。自己愿意做的事情，才能做得开心，才愿意全身心地投入进去，尝试做出理想的效果。幼儿园教师和管理者要让自己成为一个"主动的思考者和学习者"，如此，才能在专业发展这条道路上走得更远。同时，优秀的文案也能够为自身的教育经历增光添彩，比如，优秀的教育论文、教育反思、教学活动设计可以参加各种评选和比赛，为自己的专业实力"加码"。

3. 有意识地提高写作能力，掌握写作技巧

文案写作能力的提高是一个循序渐进的过程，文案写作技巧也需要在平时的写作中多加练习和巩固才能习得。因此，幼儿园教师和管理者要在日常工作中有意识地锻炼自身的文案写作能力，掌握有益的写作技巧。

（1）培养科学的观察意识，掌握科学的观察方法

按理说，作为实践工作者，幼儿园教师和管理者有大量的机会和条件观察教育一线生动而有趣的教育现象。但是对于某些幼儿园教师而言，很多时候是"看见了"而未"观察到"。"看见"有可能是有意识的，也有可能是无意识的，而"观察"则不同于日常生活中表层的"看"，它既需要观察者的感官参与来有效地获取信息，同时还需要准确地进行判断与评价，是观察者感官与思维相结合的认识过程。[1]意大利幼儿教育家蒙台梭利非常重视对儿童的观察，她认为，"教师是儿童活动的观察者和指导者""幼儿教师应是一位观察者，她必须以科学家的精神，运用科学的方法去观察和研究儿童，揭示儿童的内心世界，发现童年的秘密。但教育科学的观察不同于一般科学，它的对象不是物而是人，是富有情感和有思想的活生生的人，特别是活泼好动的儿童，其目的是激发儿童的生命力、培养和发展个性，使之成为适应现代社会和科学技术发展的独立自主的人"[2]。因此，教师如果在日常工作中养成了科学观察的习惯，久而久之就能搜集到丰富的案例和有价值的教育现象或者问题，为日后的文案写作积累素材。

此外，幼儿园教师和管理者还需了解常见的观察方法，为观察后的记录做好准备。

①叙事/自由描述，即观察单个儿童或一群儿童，并记录下看到的情景。这要求观察者安静地坐着，尽可能不引起幼儿丝毫的注意。

②检查清单，可用于记录单个儿童或儿童团体的活动，要求预先做好准备工作，先考虑清楚想从儿童身上揭示什么（见表1.2）。

③时间抽样观察法，即在整个时间段内，每隔一段时间做一次记录，其记录形式由一系列的书面记录构成。观察的时间间隔及每次观察的时间长度，通常根据整个记录的时间进行安排。比如，想了解一个幼儿是否能够在听故

---

[1] 江艳. 幼儿教师观察能力和指导策略的特点及关系研究[D]. 沈阳：沈阳师范大学，2017.

[2] 蒙台梭利. 蒙台梭利幼儿教育科学方法[M]. 任代文，译. 北京：人民教育出版社，2001：23-24.

事的时间里集中注意力，可以计划每隔 1 分钟看一下这个幼儿，并记录他在做什么。

④追踪观察法，是在很长一段时间之内追踪一个儿童，观察其在哪些地方、做了些什么。在实施该观察法之前，教师应该预先规划好观察儿童的场地，可以用描述性的叙述或者图表（见表 1.2）记录观察结果。[1]

表 1.2　检查清单样表

活动	Sam	Liam	Susan	Shanaz	Willian
单脚站立 3 秒	√	√	√	√	×
在固定地方双脚跳	√	√	√	√	√
单脚跳	×	×	√	×	√
踢球	√	√	√	√	√
抓住大皮球	×	√	×	√	√
骑三轮踏板车	√	√	√	√	√

（2）养成及时记录的好习惯

要想写好文案，仅仅观察到素材和掌握观察方法是远远不够的。如果幼儿园教师和管理者在日常繁忙的工作中不及时记录，那么无论是幼儿的行为表现，还是教师自身的"灵光乍现"，很容易被日常工作中的各种琐事"淹没"。因此，在日常工作中可以采用一些方便、快捷的方式记录。首先，选用便捷的记录工具，如便于携带的便签纸和笔、手机里的记事本应用程序；有条件的可以选用录音笔；必要时也可以用手机、摄像机等进行记录。其次，明确记录分工。对于班级教师而言，由于班上幼儿人数较多，一位教师很难同时记录多个幼儿的行为表现。因此，班级的主配班教师可以分工合作，明确各自的记录内容，并及时沟通交流和整理记录的内容。长此以往，教师在记录的过程中也培养了写作能力。

---

[1] 莎曼，等. 观察儿童·实践操作指南：第 3 版［M］. 单敏月，王晓平，译. 上海：华东师范大学出版社，2008：4.

4. 勤于阅读，养成良好的写作习惯

关于阅读的意义不胜枚举，如"读书破万卷，下笔如有神""读万卷书，行万里路"。那么，在知识更新如此迅速的时代，作为一名教育工作者，幼儿园教师和管理者更需要通过不断阅读，充实自己。在阅读经典名著、优秀文献、前沿理论书籍的过程中，教师可以丰富自身的理论素养，提高理论水平，从而让自己的文案写作不仅能够呈现鲜活的案例，而且能够生发深刻的思考和认识。目前，幼儿园教师和管理者可以选择阅读的途径多种多样，既有"短平快"的微信公众号推送的文章，也有各种方便快捷的电子书籍和期刊，还有传统的纸质书籍。幼儿园教师和管理者可以根据自身的需要，有针对性地选择优质的素材进行阅读。同时，在阅读的过程中不断思考，与专家或优秀的同行进行思想的交流与碰撞，一方面可以学习、借鉴他人的宝贵经验和做法，另一方面可以反思自己的教育实践，调整或重组自身的教育经验。

幼儿园教师和管理者在阅读的过程中，除了注重知识、经验的获得以外，还需要用心感悟、学习优秀文章和书籍的写作思路。由于教育对象的特殊性，幼儿园教师和管理者在日常教育教学中的言行更多体现的是感性思维和发散性思维，而文案写作则常常需要幼儿园教师和管理者改变固有的思维方式，采用理性的和系统的思维进行描述、记录、分析等。因此，幼儿园教师和管理者需要明确文案写作对自身思维方式的挑战，同时有意识地培养理性、系统的写作思维模式，并学习和参照不同文案的写作规范，在日积月累中养成良好的写作习惯和思维习惯。

第二章

幼儿园园务工作计划与总结

园务工作计划和总结是一所幼儿园一学期（或一年）整体管理工作的开始和结束，也是幼儿园管理过程的重要组成部分。一份好的园务工作计划和总结可以影响整个幼儿园工作的开展，但是，在实际工作中，许多教师和管理者并不清楚园务工作计划和总结的内涵，或不知道如何写好园务工作计划和总结。因此，本章将对以上问题一一进行解答。

第一节　幼儿园园务工作计划

每到新学期（学年）开始，为了幼儿园各项工作健康、有序地开展，都需要制订各种工作计划，其中，园务工作计划有助于一所幼儿园系统地工作，具有强有力的组织指导和引领作用。一份好的园务工作计划，可以让全体教职工从组织的前景规划中受到鼓舞，明确自己的任务职责和努力的方向。那么，怎样才能写好一份幼儿园园务工作计划呢？我们有必要首先了解幼儿园园务计划的内涵和特点。

一、幼儿园园务工作计划的内涵与特点

要想写好幼儿园园务工作计划，首先必须弄清楚其内涵与特点。

1. 幼儿园园务工作计划的内涵

幼儿园园务工作计划，即幼儿园工作计划，它是由园长初步考虑，再经全园教职工共同讨论、选择和确定目标、分析条件、合理安排资源，进而制定出具体实施措施、执行计划的起止日期和完成时限，使行为趋向于目标的管理活动的行动纲领和方案。

2. 幼儿园园务工作计划的特点

幼儿园园务工作计划是园长统筹、全园教职工共同参与制订的计划，可以让管理者全面掌握幼儿园情况，心中有蓝图，明确发展前景，让全体教职工明确自己的任务、职责和努力的方向。一般具有方向正确，符合园情；全面完整，重点突出；分工落实，可操作性强；要求明确，便于检查等特点。"方向正确，符合园情"是指幼儿园园务工作计划的指导思想要符合国家的教育方针和地方的教育政策，要符合社会主义核心价值取向。同时要考虑幼儿园的实际情况，切忌盲目照搬、模仿别园的工作计划，拿来就用；"全面完整，重点突出"是指每份幼儿园园务工作计划都应包括幼儿园各方面的工作，并且凸显幼儿园某一阶段的工作重点，切忌没有主次，没有重点，眉毛胡子一把抓；"分工落实，可操作性强；要求明确，便于检查"是指幼儿园园务工作计划需要将工作目标及要求、工作进程、检查时间，以及责任科室或负责人等一一落到实处，同时，对幼儿园的主要工作分月列出，一目了然，使计划易操作、易落实、有的放矢。

二、幼儿园园务工作计划的写作要点与示例

关于幼儿园园务工作计划，幼儿园教师和管理者需要掌握以下写作要点。

1. 把握好制订园务工作计划的根据

计划是设计和安排未来的行为。制订园务工作计划首先要选择和确定目标、规定任务，在对幼儿园环境条件等基本情况做出分析的基础上，合理安排幼儿园资源，进而制定出具体的行动方案。

幼儿园园务工作计划的制订，通常需要考虑以下几方面内容。

上级文件、上级会议等精神。包括国家或地方的、全局性的、具有长期指导作用的教育方针政策，如《幼儿园教育指导纲要（试行）》《3—6岁儿童学习与发展指南》《中共中央国务院关于学前教育深化改革规范发展的若干意见》《新时代幼儿园教师职业行为十项准则》等，以及上级行政和业务部门提出的近期指导要求等，如区教育局每年的教育工作要点。

　　本园实际情况。本园上一阶段的工作状况，包括已取得的成绩和存在的问题，即原有的工作基础，同时要认真分析本园各方面的实际条件，如人力、物力及财力状况，以及实现工作任务的其他主客观条件。还需兼顾幼儿园的发展规划（三年或五年发展规划）、园长办园思想及新一年的工作思路，以及各部门下一步的工作安排等。

　　理论研究的相关信息。包括教育理论、国内外幼教改革和研究动态、信息等，如当前国内外学前教育课程的改革动态、普惠性学前教育、信息化教育等信息。

　　2. 掌握园务工作计划的内容和格式

　　园务工作计划是幼儿园运用较多的计划，包括较长期的3年和5年发展规划、年度和学期工作计划、每月工作计划等。教师应依据本园的实际情况，确定工作任务，写出有针对性的、切实可行的幼儿园园务工作计划，其内容一般包括以下几方面。

　　幼儿园基本情况分析。要分析幼儿园各个部门的工作现状，充分了解下一步工作的基础、依据、优势等。同时也要分析问题和不足。幼儿园基本情况分析要突出重点，针对性强，抓住关键问题，切忌平均用力。

　　指导思想。在一定时期内（如1年），园长在工作中所提倡的占主导地位的思想。办园指导思想既要体现依法治教和上级的指示精神，又要结合本园实际，简明扼要地反映园长办园的意图、工作思路，还要落实到教育对象的发展上。

　　幼儿园本阶段工作的目标和任务。这是园务计划的灵魂，要回答幼儿园在一段时间内"做什么"，包括总的工作目标和任务与各方面具体的目标和任

务。应根据需要与可能,确定在一定时间内应完成的任务和达到的要求。任务和要求应该具体明确,有的还要有明确的数量、质量和时间要求。必要时再将各项指标定质、定量分解,以求让总目标、总任务更加具体化、明确化。

工作的方法、步骤和措施。这是回答"怎么做"。在明确了工作任务之后,还需要根据主客观条件,确定工作的方法和步骤,采取必要的措施与策略,以保证完成工作任务。这是有关计划可操作性的关键一环。所谓有办法、有措施,就是对完成计划需动员哪些力量、创造哪些条件、排除哪些困难、采取哪些手段等心中有数。这既需要熟悉实际工作,又需要有预见性,而关键在于有实事求是的精神。时限与工作步骤有先后、主次、缓急之分,进程又有一定的阶段性,因此要针对具体情况,事先规划好操作的步骤、各项工作的完成时限及责任人。这样才能做到职责明确、操作有序、执行无误。

工作日程安排或逐月重大工作项目安排。幼儿园园务工作计划的写法各有不同,从形式上一般包括:文件式计划,分为目标、要求、措施、步骤等环节,写作严谨具体,内容重大并有一定篇幅;条文式计划,以列出任务为主,较少涉及措施、步骤等;表格式计划,通常用于项目较多又具共性的内容,有时辅以适当的文字说明,使计划简洁明了(见表2.1和表2.2)。

表2.1　×××幼儿园办园规划

(____年____月—____年____月)

总体目标						
分类目标		实施步骤				
类别	目录	第一阶段 (×年×月— ×年×月)		第二阶段 (×年×月— ×年×月)		第三阶段 (×年×月— ×年×月)
		目标		目标		目标
		措施		措施		措施
		目标		目标		目标
		措施		措施		措施

（续表）

类别	目录	第一阶段 （×年×月— ×年×月）		第二阶段 （×年×月— ×年×月）		第三阶段 （×年×月— ×年×月）	
		目标		目标		目标	
		措施		措施		措施	

注：此表中的类别或工作项目可以依次下延，也可横向排列。

制定日期：_____

执笔人：_____

表2.2　×××幼儿园工作计划（_____学年，第_____学期）

学期总目标	分类	各项工作分目标	措施	完成日期	负责人

3. 掌握园务工作计划的写作格式

园务工作计划的写作格式一般包括标题、正文、落款和附件几个部分。

标题。 标题包括四个部分：计划单位的名称、计划时限、计划内容摘要和计划名称（即园务工作计划）。计划单位名称要用规范的称呼。计划时限要具体写明，一般时限不明显的可以省略。计划内容摘要和计划名称要标明计划所针对的问题，确切地使用名称，如《××幼儿园××年园务工作计划（讨论稿）》。若所制订的计划还需要讨论定稿或经上级批准，则应该在标题的后面或下方用括号加注"草案""初稿""讨论稿""征求意见稿"等字样。如《××幼儿园××年园务工作计划（讨论稿）》。

正文。 正文是计划的主体部分，包括：①前言。主要点明对幼儿园基本情况的说明分析和制订园务计划的指导思想。也可视情况将基本情况分析和指导思想分为两个部分进行阐述。前言文字力求简明，以讲清制订本计划的必要性、执行计划的可行性为要，应力戒套话、空话；②工作目标、任务、要求、措施、步骤等，主要回答"做什么"和"怎么做"。

落款。制订计划的日期、执笔人等。在正文右下方署名、署时即可。

附件。正文以外需要说明、补充、提交的内容等，如每月工作安排等。

4. 园务工作计划示例

幼儿园园务工作计划[1]

（2018年9月—2019年2月）

自去年9月实施"一园两区"管理以来，幼儿园各项管理水平进一步提升，两个园区的文化建设、教师发展、后勤管理、幼儿成长有更明显的特色。由于本学期有三名教师离职（两名教师到民办园担任园长、一名教师创业）、两名教师生产，又增加了4名新教师和3名新保育员，为教师培训、教育教学带来了一定的困难。另外，幼儿园新园区部分用地将建设地震监测站，因此需要重新规划；幼儿园临聘人员控制数不足和校园文化建设花费较大导致经费短缺……这些工作需要在本学期不断实践、总结经验，在管理人员缺乏的情况下很好地完成工作。为了进一步促进幼儿园发展成为有品质、有内涵、有特色的幼儿园，全园教职工将继续携手前行，在管理、保教、安全、后勤等方面进行更精细化的管理，进一步促进幼儿、教师、家长及幼儿园的发展。

一、指导思想

以《幼儿园教育指导纲要（试行）》《3—6岁儿童学习与发展指南》《幼儿园工作规程》精神为准绳，以教育局2018—2019年度工作目标规范管理，坚持走"精细化管理"的幼儿园发展之路，立足常规工作，培养务实的作风，树立发展的意识，探索创新机制，坚持以教师的专业化成长保障幼儿的发展，坚持家园共育的理念，丰富幼儿教育资源，全力推进规范化管理的发展思路，整合教科研，建构科学优化的保教过程，提升幼儿园的办园水平。

二、具体目标

本学期我园将继续根据成都市一级幼儿园的各项标准不断完善，做好

---

[1] 本文案来自四川省成都市双流区胜利幼儿园。

"一园两区"的管理工作,加强安全工作,规范各项管理,完善制度,提高保教质量,探索办园特色,增强服务意识,营造平等、合作、奉献、创新的良好园风。

1. 完善各项管理制度,提升整体管理水平。通过进一步修订和完善各项制度和明确岗位职责,继续运用OA办公系统进行现代化网络办公,发挥各部门、各班级的力量,落实各项工作;运用分层(行政、年级组和班级)管理微信公众号信息的方式,提升微信公众号的宣传力;采取多元考评和调整工资制度,调动全园教师工作的积极性,开展一轮中层干部培训,提升管理水平,为幼儿园的可持续发展奠定坚实的基础。

2. 细化保教管理工作,促进幼儿全面发展。通过进一步细化保教工作中的细则和流程,扎实开展基础课程、运动课程、创意课程、节日课程、博物馆课程等,形成符合我园地域特色和班级幼儿特点的园本课程。通过丰富多彩的活动,家园合作共育,培养多元发展的阳光宝贝。大力开展大区角活动和功能室活动,有效利用幼儿园各种场地,让幼儿在自然、自由、快乐、丰富的环境中发展。

3. 加强队伍管理精细化,促进教师专业成长。提升中层管理队伍的执行力,引领教师继续以园本培训和科研工作为依托,通过自主研修、小组教研、同伴合作以及分层园本研修等方式,促进教师专业能力的提升;以外出培训为契机,通过参加国家级、省级、市级等不同层级的活动,了解幼教前沿信息,学习先进的幼教理念;以多种比赛为平台,通过早操比赛、生活活动比赛、教师技能比赛三项评比活动,激发教师内在的动力,助推教师的专业成长;开展师德培训和师德大讨论等活动,激发教师热爱幼儿教育的激情,提升教师的专业性。

4. 做好家长共育工作,提升家园互动成效。切实开展家长会、家长开放日、家长培训、家委会、家园互动活动,完善家园联系册、幼儿成长档案,增强家长对幼儿园各项活动的了解,丰富家长的育儿知识,进一步提升家长的育儿经验。继续大力开展家长义工活动,引入更多家长资源,开展家长助教、制作手工等活动，倡导家长共同创设新园户外挑战区的环境，以开学典礼、中秋节、国庆节、阳光体育节、民俗节为契机开展亲子活动，共促幼儿成长。

5. 开展课题研究工作，初步形成课题成果。继续开展科研活动，把教研和科研有效结合起来，做好市级课题深入研究的工作，收集整理已形成的成果，做好班级小课题研究的工作，提升教师科研工作能力和素养，促进教师反思能力和写作能力的提高。

6. 创设两园校园文化，凸显亲近自然特色。全园教职工继续创设新园户外创意区、户外挑战区，完善教师书吧、幼儿阅览室、快乐小厨房、舒适休闲区的软装工作，启动幼儿博物馆设计工作；根据幼儿年龄特点，调整和美化老园的大区角和楼道楼梯，创设优美、整洁、绿化、富有特色的教育环境和人文环境，为幼儿参与多种游戏提供良好的环境和丰富的材料，促进幼儿健康快乐地发展。

三、具体内容及实施措施

（一）完善各项管理制度，提升整体管理水平

1. 完善各项制度，明确人员职责。

根据教育局精细化管理的要求，将精细化管理落实在各项工作中，进一步完善后勤管理制度、保教管理制度、人事聘用制度、工资职级制度、财务管理制度等，做到每个岗位定人、定责、定考核机制；拟定中层干部部门值班制度，做到假期中每个部门有人管，各项任务有人落实；做好"流程化"的管理程序，形成各项办事流程；规范幼儿园财务和财产登记档案，特别是食堂台账及出入库档案、用具等的管理，使幼儿园的各项工作有效地开展。

2. 完善工资改革，提升职工待遇。

根据我区职级制改革方案，为进一步激励教职工不断提升学历水平，本学期调整临聘教职工基本工资体系，激励教职工不断学习，提升专业能力和学历水平，促进幼儿园教职工整体水平的提升。根据幼儿园上期考核中存在的问题，自下而上再次修改各岗位评估细则，完善考核机制，推出优秀教师，以点带面，真正达到提高教师积极性的目的。

3. 开展一轮培训，积累管理方法。

行政管理干部是幼儿园管理中的中坚力量，为了进一步转变每位管理人员的观念，提高管理水平，本学期将开展系列培训，让大家明确管理方法，同时坚持每天写工作日志，做到"今日事、今日毕"，提高工作效率，另外做到每周进行工作汇报、每月进行反思总结等，园长定期检查、记录和提出建议，不断提高全园的管理水平。

4. 实施微信分层管理，更好地展示幼儿园活动。

在上学期的工作中，因微信公众号的内容较多，行政力量不足，导致行政人员出现加班加点制作但效果不理想的状况。在本学期，我们将职责划分到各年级组和班级，并作为考核和奖励的一项内容，从而有效地进行任务分担，活动内容也会更加深入。

(二) 细化保教工作，均衡幼儿发展

1. 保教配合，做好常规工作，全面提高保教质量。

① 加大检查力度，确保各班常规工作的正常开展，落实保教工作，有效完成保教目标。

- 保教部门进一步完善常规检查制度，让检查方式更加科学合理。
- 完成每月常规文案检查，做好检查记录，对教师的半日活动加强指导，尤其是半日活动中常规教育的指导。本学期将加强班级常规检查，并作为期末考核的依据。
- 卫生保健部门、教学部门、教科研部门定期召开工作例会，反馈工作情况，指出存在的问题，总结经验，提出更高的要求。各部门之间分工合作、有效沟通。

② 切实抓好幼儿的保育工作，保障幼儿身体健康发展。

- 加强幼儿生活各环节的管理，学期初是培养幼儿良好生活习惯的关键期。重点开展盥洗习惯和进餐习惯的培养。
- 加强晨午检工作和带药服药管理工作，避免传染病带入幼儿园。指导班级教师做好幼儿晨午检，发现异常情况及时汇报和处理。

- 科学配餐，均衡营养：根据不同季节食材的供应情况，合理安排每周食谱。

③ 做好常规教育教学工作。

- 认真开展班级区角游戏活动，在活动中丰富幼儿的游戏经验，促进幼儿各方面能力的发展。特别是中大班幼儿的综合能力、动手操作能力与社会适应能力等。
- 大力开展"木趣"课程，切实有效地开展活动，逐步形成各大区域活动课程。
- 加强教师的观察记录写作能力，让观察幼儿成为教师的一种本能。
- 加大幼儿体育锻炼的力度，增强幼儿自我保护能力的培养。
- 开展好教师读书活动，提升教师自身的素养。

2. 深入开展基础课程和特色课程相结合的主题教育活动，在活动中锻炼幼儿的综合能力。

我园课程始终以《幼儿园教育指导纲要（试行）》《3—6岁儿童学习与发展指南》《幼儿园工作规程》为指导，以五大领域基础课程为本，加强园本课程建设，形成园本课程体系。

① 做好五大领域基础课程。

各班继续以《幼儿园教育指导纲要（试行）》《3—6岁儿童学习与发展指南》为指导，积极开展五大领域基础课程主题教育，促进幼儿多元发展。

② 加强各班班级特色课程融入。

各班利用家园联系栏，积极向家长宣传班级特色课程的内容和要求。各班在每月的第一周更换家园联系栏的内容，保教组定期进行检查和指导。

③ 有效开展节日课程。

小班组：亲子伴读活动

帮助家长了解幼儿在园小便、洗手、喝水、进餐、游戏等环节，增进家园沟通，促进家长积极配合幼儿园各项工作。让幼儿在家长的陪同下，更快熟悉幼儿园环境及半日流程，提高幼儿的适应性。

> **中班组：中秋节**
>
> 家长在活动中充分、直观地了解幼儿园的工作，感受亲情，提升家长的教育理念，转变家长的教育行为，在活动中体验节日的氛围，感受亲情的暖意。
>
> **大班组：幼小衔接**
>
> （1）创设心理氛围。注意为幼儿创设良好的心理氛围、融洽的师生关系、愉快的学习气氛，让幼儿在文明、安全、和谐、愉快、充满爱与尊重的精神环境中生活，这对幼儿的发展将起到不容忽视的作用。
>
> （2）创设心理环境。教学环境是很重要的学习环境，注意改变活动室的布局，将集中围坐式的环境改为小组排队式的环境，让幼儿在幼儿园里感受到小学班级式教学环境，促进幼儿身心的发展。
>
> **园级活动：**
>
> （1）中大班"故事大王"比赛：通过比赛，让幼儿大胆地展示自我，促进幼儿语言表达能力及表演能力的发展。
>
> （2）阳光体育节：通过活动，增进亲子感情，培养幼儿爱运动、会运动的良好习惯。
>
> （3）12月民俗节：本学期，幼儿园将开展首届民俗节。通过活动的开展，让幼儿更加了解我国的传统节日习俗，了解民间艺术的魅力。

（三）加强队伍管理精细化，促进教师专业成长

1. 加强师德培训，将理念内化为行动。

本学期，我们将继续加强师德培训，鼓励教师在日常教学实践中全面落实幼儿园教师专业标准——"热爱学前教育事业，具有职业理想，践行社会主义核心价值体系，履行教师职业道德规范。关爱幼儿，尊重幼儿人格，富有爱心、责任心、耐心和细心；为人师表，教书育人，自尊自律，做幼儿健康成长的启蒙者和引路人"。

2. 参加各类培训，转变教师观念，拓宽教师视野。

（1）培训学习：通过园级培训，深入学习《幼儿园教育指导纲要（试行）》《3—6岁儿童学习与发展指南》《幼儿园工作规程》，理论联系实践，科学实施教育教学工作。通过邀请幼教专家到幼儿园进行专业指导，推动教师

专业化发展，促进教师教育教学能力进一步提高。通过外出培训，建立和完善教师继续教育培训的保障和激励机制。积极创设教师专业发展的学习途径，提高教师专业素养和教育教学水平。本学期将继续保障教师外出学习机制，让更多的教师能走出去，开阔视野，学习新的幼教知识。

（2）网络学习：充分发挥网络优势，鼓励教师上网学习，获取信息；利用好幼儿园QQ讨论群，要求各教研组每周上传一个讨论话题，让全体教师参与讨论。

（3）读书学习：继续组织全园教师开展读一本好书活动，鼓励教师读好书，好读书，并做好读书笔记，开展读书分享活动。

（4）集体研讨：定时举办园内教研活动，解决教育教学中的关键问题，促进教师专业素养的提高。

（5）师徒结对：每月师、徒互听对方教学活动1—2节，结合教师已有的经验，进一步讨论、反思、提升，认真做好记录和小结，学期末师徒要进行总结。

3．规范教研制度，扎实开展教研活动。

本学期，保教组将改变过去的教研形式，希望教研活动能够更加活泼，形式更加多样，让教师们在轻松的氛围中开展教研活动，提升教研能力，讨论教研内容，解决教研问题。

教研组	工作重点
语言组	以优秀绘本教学为媒介，尝试整理出富有情趣性、体现新观念、具有操作互动性、方法简便易行的绘本阅读案例（适合小、中、大班幼儿）。 将早期阅读融入各区域活动中，积极创设活动环境，有目的地投放区域材料，提高案例研究的深度。 继续通过现场观摩绘本教学活动（采用互动式教与学的形式），帮助教师发展成为研究型教师而努力。 发挥每一位组员参与教育教学、教研的热情，提升教师教育教学的计划意识、成效意识。

（续表）

教研组	工作重点
科学组	开展将自然材料融入美术教育的实践活动，深入研究活动实施过程中出现的新问题、新情况，寻找解决问题的对策。把学到的知识运用到美术教育教学活动中，开展教研活动，更新教师的教育观念，提高教师的美术教学能力，促进科学教研组教师的个人专业成长，提升幼儿园美术教育的质量。
游戏组	幼儿依据原有经验，在与环境的互动中建构自己的经验，体现自主的、个别的、差异化的学习特征。围绕"班级特色活动融入区角"进行研究，其中材料投放与幼儿游戏为研究重点。 ①打造具有班级特色的区角环境，能结合班级的特色课程投放相应的材料。 ②通过集体教研、实践操作、案例分享等形式，提高教师的观察与指导，真正实现特色课程融入区角活动中。
环创组	本学期的班级墙面布置要求各班教师大胆创新，能根据本班幼儿的年龄特点，结合班级开展的主题活动，并随着季节的变化，创设与教育相吻合的环境。各班教师要有让幼儿参与环境创设的意识，认识到幼儿园环境的教育性不仅蕴含在环境之中，而且蕴含在环境创设的过程中。以往，幼儿园环境创设常常较多地由教师包办，即使有幼儿参与，也仅限于将幼儿的作品拿来作为环境的点缀。本学期，教师应将幼儿参与环境创设融入课程，以便有针对性地对幼儿进行教育。教师由单纯的知识传授者变成了观察者、倾听者、合作者、决策者，幼儿由单纯的倾听者变成了计划者、参与者。 为使幼儿园的每一块墙壁、每一个角落都与幼儿产生交流作用，要求每班至少提供5个以上的活动区（包含语言区）。在环境创设和投放材料时，要想有效地利用环境促进幼儿的发展，引导幼儿与环境相互作用，我们必须对每一个活动、每一种材料所蕴含的教育价值有所了解，将收集材料和创设环境的过程作为幼儿的学习过程。在集体讨论决定了区角布置或墙饰的内容后，我们应和幼儿一起准备材料并进行设计制作。要给幼儿自主选择和使用材料的机会，支持、启发和引导幼儿与环境相互作用。无论是师幼共同准备和创设的环境材料，还是教师根据教育目标和内容提供的环境材料，我们都应支持和鼓励幼儿进行探究和操作活动。在指导幼儿进行探究和操作活动时，我们要改变以往的"检查者"的角色，把注意力从"检查玩具是否掉了、东西是否乱了、幼儿是否发生矛盾了"等问题，转移到幼儿的探究和操作活动上来，关注幼儿的兴趣和需求，正确判断幼儿的发展水平，引导幼儿向更高的水平发展。

（续表）

教研组	工作重点
小班组	加强班级常规管理，提高教育教学质量。做好"新小班适应性"教育的研究。从认识身边的动物朋友开始，从小培养幼儿保护、爱护小动物的意识。 本学期将结合我园具体工作安排，根据小班幼儿的年龄特点与实际情况，有目的、有计划地做好教育教学工作。在工作中发挥各自的优势，互帮互学，共同进步。关注年轻教师的专业成长，关注幼儿与教师之间的互动，激励年轻教师不断进步。丰富幼儿的游戏活动，深入开展园本课程研究，结合小班幼儿的年龄特点，强化一日管理。在一日生活中，培养幼儿良好的生活习惯、行为习惯，引导幼儿学习简单的安全知识，形成初步的安全意识。
中班组	本学期，中班组将结合我园乡土自然的特色，开展中班的特色活动。采取多种形式进行研讨和教研，做到扎实教研。继续加强对《3—6岁儿童学习与发展指南》的学习，领会其指引方向，提高自身的教育理念。对幼儿发展评价的操作过程进行交流、反思和调整。在日常教学、学习交流中，相互合作、相互学习。围绕教研组学习与活动的重点，展开讨论。根据当前中班幼儿的能力、特点、需要，制定适宜幼儿的活动常规，确保幼儿的安全。做好家长工作，日常生活中加强与家长的联系，调动家长的积极性，使全体家长参与到班级的各项活动中来。
大班组	加强理论学习，提高教师自身的理论水平。努力提高教师的专业素质。开展各种活动，促进教研质量的提高。开展特色课程，做好幼小衔接的准备工作。

4. 分层培训。

（1）骨干教师培训：重点指导新的骨干教师，加强理论学习。

（2）新教师培训：本学期将针对半日活动其他环节的组织，对新教师展开培训：户外活动的组织、区域游戏中的有效组织等，让每位新教师都能熟悉幼儿园半日活动的流程及各个环节的组织方式。

（3）班主任培训：本学期的重点培训内容是班级的管理工作及家长工作，在培训中采取"老带新"的方式。

（4）名师工作室：采用理论与实践相结合的方式，开展语言活动核心经验学习。

（5）全园培训：加强教师师德培训和纲领性文件的理论学习。

（四）开展课题研究工作，初步形成课题成果

我园将继续做好市级课题《乡土自然材料在幼儿体育活动中的开发和运用研究》，具体要做好以下工作。

1. 分工统计测试数据，并撰写课题研究报告。

为了更准确地统计出幼儿的体质测试数据，课题研究人员分工合作，共同完成数据的统计，然后课题组长根据统计的数据结果进行数据分析，并撰写课题研究报告，最终邀请专家对课题研究报告的内容进行指导，并及时进行修改。

2. 根据新园的混龄游戏情况适时调整。

针对新园每周一次的混龄游戏，教师要根据幼儿的游戏区域进行调整，对幼儿的游戏情况进行指导，保证幼儿对游戏区域的兴趣。

3. 组织课题组成员参与幼儿个案观察表的讨论、修改、完善，形成幼儿个案观察集。

在运用乡土自然材料开展幼儿体育活动的过程中，我园形成了幼儿个案观察表，再现了幼儿在体育活动中的真实情况，也体现了教师的指导过程。因此，需要对幼儿个案观察表进行初步筛选，然后进行修改、打磨，最终呈现出幼儿个案观察集。

4. 开展相关培训，提升教师的整体研究水平。

（1）理论培训。有针对性地开展相关培训，例如：对新教师进行以"科学观察与有效指导幼儿体育活动"为主题的培训；对成熟教师进行写作、开阔思路等方面的培训。

（2）信息技能培训。教师在收集过程性资料时，除了常用的照片、PPT 等形式，还可以通过爱剪辑视频、VCR 等方式呈现，既可以丰富材料的表现形式，又可以提升教师熟练掌握各种视频软件的能力。

（五）做好家长共育工作，提升家园互动成效

1. 以各项常规工作为抓手，营造家园合作常态化的氛围。

采用多种形式，组织丰富多彩的活动，提高家园合作的质量，这既是社

会发展对幼儿园提出的客观要求，也是幼儿园自身发展的内部需求。因此，我园将继续做好以往的家长宣传栏、宝宝成长册、亲子活动等常规工作，并尝试在以下方面有所发展：通过电话、微信、约谈以及接送孩子时的交谈等，与家长架起情感的桥梁，进一步做好家园沟通与合作。

2. 以现代媒体和通信设备为载体，提高家庭教育的科学性。

（1）网络宣传平台。为了确保通过网络全面深入地开展家长工作，优化家庭教育与幼儿园教育，达成"双赢"的目的，家长可以借助网络平台了解更多信息。

（2）网络内容丰富。各班教师可以通过现代媒体和各种通信设备，及时公布幼儿园和班级重大的活动信息，让家长了解幼儿园和班级的园所动态、班级动态、幼儿发展等情况。我们应积极回应或引导家长积极参与网络讨论，围绕家长的"心声"，请家长、老师跟帖，各抒己见，从而充分发挥网络的信息传递及互动功能。

3. 以家委会、家长义工及特色活动为基石，开创家长进园的新局面。

（1）家委会活动。本学期，我园将重新评选家委会成员，根据实际情况召开一两次家委会会议，让家长参与到幼儿园管理中。

（2）家长义工活动。本学期，我园将继续充实家长义工队伍，丰富家长义工活动，让家长们进一步深入到幼儿园教育过程中。本学期，我园将充分利用家长学校、家长开放日、家长课堂等途径，切实提高家长工作的实效性。

（3）丰富多彩的亲子活动。开展各种形式的亲子互动活动，拉近家园距离，增进亲子感情，如小班入园活动、中班中秋节活动、大班国庆节活动、阳光体育月及民俗节活动等。

4. 以家长和社区资源为补充，形成三位一体新合力。

（1）利用社区资源，拓展教育外延。本学期，我园尝试进行幼儿社区实践，鼓励教师在确保幼儿安全的前提下，以班级为单位，挖掘和聘请基地单位有专长的人员，结合幼儿园课程，参与到幼儿园的教学中。与此同时，我们应充分利用节日，带领幼儿走向社会，体验民间文化习俗。

（2）重视社区早教，拓展指导阵地。婴幼儿早期教育是基础教育的基础，是牵系千家万户的头等大事。因此，本学期，我园将从家长的需求和婴幼儿发展的需要出发，创新指导的内容和形式，提高家教指导效果；充分利用幼儿园现有的教师和财物资源，为社区早教事业服务，确保每学期为社区0—3岁婴幼儿及其家长开展早教指导活动，提高家长对0—3岁婴幼儿教育的重视程度。

（3）发放家长评园调查表，了解家园，一起促进幼儿园的发展。

（六）创设两园校园文化，凸显亲近自然的特色

1. 打造与优化园内环境，实施分区域、分班级管理。教师按照特长，分管各个区域。

（1）老园：制作花箱，把花草租赁改为种植，并定期护理。更换走廊墙壁上的手指画，更换楼梯上的展板内容，以幼儿养殖活动为主，添加幼儿作品，形成师幼互动的良好合作关系，彰显本园特色。

（2）新园：规划新园走廊、楼道文化，带领老师们定期更换创意区的内容，规划各功能室，彰显亲近自然、探索创新、乐于生活的办园理念。

2. 班级环境文化建设。

各班要为幼儿创设温馨舒适的生活环境、与课程相适应的学习环境以及内容丰富且材料充足的活动区，使幼儿在玩中获得发展。小班班级温馨童趣，中大班班级文化韵味浓厚，注重颜色、风格的协调统一。

3. 区角的布置。

本学期我园将围绕新的区域进行区角材料的投放，丰富幼儿的活动材料，力求把大区角创设得更加丰富，深受幼儿喜爱。对新园各功能室进行打造。

4. 家园联系栏。

本学期要求各班根据自身的特点及幼儿的实际情况，做好每周一次的家园联系栏工作，真正发挥它的教育价值。通过家园联系栏，让家长接触科学的育儿知识、了解幼儿在幼儿园的表现。

（七）细化后勤管理，增强服务水平

1. 严格执行园内安全卫生管理制度，把安全工作放在首要位置，通过跟

班指导和不定期检查等形式，扎实抓好后勤人员的安全卫生意识，层层签订责任状，全面落实安全责任制。明确安全工作是幼儿园的工作重点之一，是确保幼儿园保教工作正常有序进行的基础和保障。

2. 围绕《中小学幼儿园安全管理办法》《中小学公共安全教育指导纲要》等文件，有针对性地对师幼进行安全知识培训，并将安全教育纳入幼儿园教育教学计划中。

3. 对食堂工作人员进行食品卫生制度、卫生消毒制度等方面的知识培训，就幼儿的膳食口味、花样和质量进行量化考核，并通过练兵比赛，提高食堂工作人员的实际操作技能。

4. 科学管理物品，发挥园内储存物品的最大使用率，配合幼儿园开展的各项活动，及时提供所需材料，做好财产的清理、登记、归放工作。

5. 加强门卫管理和幼儿接送安全。门卫人员严守岗位，按时关锁园门，做好外来人员的登记和询问工作，未经允许禁止入园。

6. 规范物品的采购制度，做好幼儿园财务管理工作，实行"园长一支笔制度"，每月按时公布幼儿伙食账目。

四、每月重点工作安排

××幼儿园××年—××年每月重点工作安排

月份	工作项目	工作内容	责任单位	责任人	备注
九月	安全工作	1. 全体教职工安全工作会。 2. 全体教职工安全教育培训。 3. 全体教职工层层签订安全责任书，幼儿园与家长签订安全责任书。 4. 开学第一周为安全宣传周，各班开展幼儿安全常规教育。 5. 做好食品安全管理工作，严把食品质量关和卫生关，做好食品原材料的索证工作。 6. 开展地震疏散应急演练。 7. 完成安全标准化考评验收工作。	后勤安全组	×××	

（续表）

月份	工作项目	工作内容	责任单位	责任人	备注
九月	保健工作	1. 开学前卫生检查与整改，对保健医生、保育组、食堂工作进行培训等，加强新保育员的指导。 2. 做好新生体检情况、健康情况调查以及预防接种查验统计与分析工作，在开学前第一周内完成，并根据体检情况采取相应的防治措施。 3. 做好卫生保健及保育工作，检查和补充保健室药品。 4. 九月健康教育主题活动——口腔保健宣传教育活动、健康小卫士童话剧活动（大班参加）。 5. 做好省级卫生单位验收准备。	保健室	×××	
	保教工作	1. 组织教师学习各类规章制度，开展不同层次的教师培训，做好各项开学准备工作。 2. 安抚小班幼儿的情绪，规范班级常规，做好新生家长会工作。 3. 各年级组完成早操编排，并有序开展班级活动、大区角活动、教研活动等。 4. 召开学期初家长会和家委会会议。 5. 各年级组围绕开学典礼、教师节、国庆节、中秋季等开展主题活动。 6. 开展中大班"故事大王"比赛。	保教组	×××	
十月	……	……			
	……	……			
	……	……			

第二节 幼儿园园务工作总结

每一学期（学年）结束，意味着一个管理过程或一个周期的完成，幼儿园需要对一学期工作的全过程进行回顾，即对计划、实施和检查做出总的分析与评价,对工作过程及其结果做质和量的评价,以总结经验教训,探讨工作规律,并为下一学期(学年)制订计划提供依据,这就需要认真撰写幼儿园园务工作总结。那么,怎样才能写一份幼儿园园务工作总结呢?下面就从幼儿园园务工作总结的内涵和特点,以及写作要点来进行解答。

一、幼儿园园务工作总结的内涵与特点

要想写好幼儿园园务工作总结,首先必须弄清楚其内涵与特点。

1. 幼儿园园务工作总结的内涵

幼儿园园务工作总结,是对过去某一时期幼儿园整体工作情况(包括成绩、经验和存在的问题)的总体回顾、评价、分析和研究,也就是看看幼儿园在这段时期取得了哪些成绩、存在哪些缺点和不足、在哪些方面有待提高。

幼儿园园务工作总结按照内容可以分为综合总结和专题总结。综合总结又称全面总结,它是对某一时期各项工作的全面回顾和检查,进而总结经验与教训。专题总结是对某项工作或某方面问题进行专项总结,尤以总结推广成功经验为多见。按照时间可以分为年度总结、半年总结、季度总结等。

2. 幼儿园园务工作总结的特点

园务工作总结与园务工作计划是相辅相成的,要以园务工作计划为依据。第一,具有全面性,但不能平均用力,要有重点,突出亮点;第二,要有客观性,不同的幼儿园因每一阶段的工作内容不同,其园务工作总结也不同,对过去工作的回顾和评价要以事实为依据;第三,具有典型性,即不能只罗列事情,需要分析、总结经验,寻找一般的、本质的规律,以指导将来的工作。

二、幼儿园园务工作总结的写作要点与示例

关于幼儿园园务工作总结,幼儿园教师和管理者需要掌握以下写作要点。

1. 做好撰写园务工作总结前的准备

总结幼儿园工作情况是幼儿园的一项重要工作,是增强全体教职工凝聚力的一种必要手段,必须认真对待。有人说,"要想总结写得好,必须总结做

得好；要想总结做得好，必须工作做得好，立场观点对头。"这是撰写工作总结的经验之谈。好的总结是在做好总结工作的基础上写出来的，更是大家在实际中干出来的。究竟怎样才能写好幼儿园园务工作总结呢？从总体上说，在正式执笔撰写幼儿园园务工作总结前，应该做好以下工作。

要发动全体教职工，自下而上做总结。总结过程中能量化的要量化，把定性分析和定量分析结合起来考察，从客观事实出发，防止感情用事，以免使总结流于形式。比如，在幼儿园园务工作总结中，用数据和事实来说明工作的完成情况和有效性，让人更加信服。

要对管理工作的全貌有较充分的了解。幼儿园园务工作总结是对幼儿园整体工作的评价过程。要写好一所幼儿园的园务工作总结，必须充分考察各个部门的工作资料。起码要掌握四个方面的内容：准确掌握在该阶段内做了哪些主要工作，哪些工作做得较好，哪些工作做得一般，哪些工作做得较差；详细了解该阶段工作所面临的背景情况、遇到的问题，解决这些矛盾和问题采取了什么办法和措施，有什么成效和经验教训；能够清楚地说明工作成效、经验教训的典型事例、准确的数据；查找当前工作中存在的问题及其原因等。这样才能使工作成绩、问题及原因更加明了，使总结的内容全面、准确，真正起到增强幼儿园工作预见性与自觉性的作用。

草拟园务工作总结的写作提纲。一篇好的园务工作总结，必须有一份清晰明了的写作提纲。根据上级文件的要求，以幼儿园园务工作计划为依据，对照工作结果，先打一个园务工作总结的腹稿，罗列出写作提纲。需要注意的是，提纲不能冗长杂乱，要按照基本逻辑顺序进行梳理。

2. 正确把握园务工作总结的结构形式及内容

（1）标题

文件式标题，一般由单位名称、时限、内容、文种名称构成。如《××幼儿园××年园务工作总结》。

文章式标题，以单行标题概括主要内容或基本观点，不出现总结字样，但对总结内容有提示作用。例如，某幼儿园教师培训的专题总结《幼儿园队伍建设的实践探索》。

双行式标题，即分别以文章式标题和文件式标题为正副标题，正标题揭示观点或概括内容，副标题点明单位、时限、性质和总结种类。例如，《回归教育本源，实现研培增效——2017年度××幼儿园工作总结》。

（2）正文

前言部分一般介绍工作背景、基本概况等，也可交代总结主旨并做出基本评价。开头力求简洁，开宗明义。

主体部分应包括主要工作内容、成绩及评价、经验体会、问题或教训等。这些内容是总结的核心部分，可按纵式结构或横式结构撰写。所谓纵式结构，即按照主体内容从所做的工作、方法、成绩、经验、教训等逐层展开。所谓横式结构，即按照材料的逻辑关系，将其分成若干部分，标序加题，逐一来写。

结尾部分作为总结的结束语可以归纳主题、指出努力方向、提出改进意见或表决心等，要求言简意赅。

前言部分。这是总结的开头部分，又叫前言或小引，用来交代总结的缘由，或对总结的内容、范围、目的做限定，对所做的工作或过程做扼要的概述、评估。这部分文字篇幅不宜过长，只做概括说明即可，不展开分析、评议。

主体部分。在第一部分概述情况之后展开分述，一般阐述一学期（或一年）幼儿园工作的做法、经验、体会、成绩与问题等，可以用小标题分别阐明。若是专题性的总结，也可以提炼出几条经验，以起到醒目、明了的作用。运用这种方法要注意各部分之间的关系。各部分既有相对的独立性，又有密切的内在联系，使之形成合力，共同说明问题。

结尾部分。它是根据已经取得的成绩和新形势、新任务的要求，提出今后的设想、打算，成为新一年制订计划的依据。内容包括应如何发扬优点、克服存在的问题、明确今后的努力方向。也可以展望未来，制定新的奋斗目标。

（3）落款

撰写总结的日期和执笔人等。在正文右下方署名、署时即可。

（4）附件

正文以外需要说明、补充、提交的内容等，如××年度××培训情况统计。

3. 写好园务工作总结应注意的问题

善于抓重点。园务工作总结涉及幼儿园工作的方方面面，但不能不分主次、轻重，必须抓住重点。什么是重点？它是指工作中取得的主要成绩、发现的主要问题或探索出来的客观规律。在写作的过程中不要分散笔墨，兼收并蓄。

写得有特色。特色，是用于区别事物的属性。不同幼儿园，所取得的成绩各异。同一所幼儿园今年的总结与往年也应该不同。若幼儿园园务工作总结几年下来内容都差不多，只是换了某些数字，那么这样的总结更多的是应付的表现，不仅谈不上有特色，而且缺少实用价值。

重视观点与材料统一。幼儿园园务工作总结中的经验体会是从实际工作中，也就是从大量事实材料中提炼出来的。经验体会一旦形成，又要选择必要的材料予以说明，这样经验体会才能"立"起来，具有实用价值。这就是观点与材料的统一。一定要实事求是，不夸大成绩，更不能弄虚作假，要选材得体，详略适宜，同时条理要清楚，让人一目了然。

注意语言的准确、简明。幼儿园园务工作总结的文字要想做到判断明确，就必须用词准确、用例确凿、评断不含糊。简明则要求在阐述观点时，做到概括与具体相结合，要言不烦，切忌笼统、累赘，做到文字朴实，简洁明了。

4. 园务工作总结示例

××年××幼儿园园务工作总结[1]

从去年正式实施"一园两区"管理模式以来，通过大家的不断摸索和团

---

[1] 本文案来自四川省成都市双流区胜利幼儿园。

结奋进,在各级领导、专家的关心和指导下,在全园教职工的共同努力下,幼儿园的各项工作都取得了成绩:党务工作有很大进步,校园文化建设初见成效,课程开展丰富多彩,膳食工作特色明显,家长工作扎实有效。为了进一步促进幼儿园发展成一所有品质、有内涵、有特色的幼儿园,现对我园管理、保教、安全、后勤等各方面工作进行简要总结。

一、建立现代办公体系,提高行政管理能力

1. 运用OA办公系统,提高管理效率。

本学期幼儿园运用OA现代办公系统,实现无纸化办公。一学期以来,共办理文件一百余份,节约打印纸张1000余张。同时,实现文件查阅、下发、落实等功能,在后台进行记录,便于工作的落实。

2. 完善各项制度,明确人员职责。

根据教育局精细化管理的要求,我园将精细化管理落实在各项工作中,进一步完善各项制度和岗位人员的职责,做到每个岗位定人、定责、定考核机制。本学期重新修订了行政人员岗位职责5份、财务制度3条、保教制度8条、安全管理制度5条、人事制度2条;拟定中层干部部门值班制度,做到假期中每个部门有人管,各项教育局任务有人落实;做好"流程化"的管理程序,形成各项办事流程;规范幼儿园财务档案,特别是食堂台账及出入库档案、用具等的管理,使各项工作更加规范。

3. 完善工资改革,提升职工待遇。

为进一步激发教职工的工作热情,从上学期开始,调整临聘教职工基本工资体系,增加名师工作室导师经费,调整学历奖励制度,激励教职工不断学习,提升专业能力和学历水平,促进幼儿园教职工整体水平的提高。另外,为促进新入园教师专业能力的提升,星级工资考核从一学年改为一学期,缩短教师的成长过程,全方位促进教师在学历提升、职称评定、基本素质、教学能力等方面的发展。同时,根据幼儿园上学期考核中存在的问题,自下而上再次修改各岗位评估细则,完善考核机制,推出优秀教师,以点带面,真正达到提高教师积极性的目的。

4. 加强常规检查，扎实做好保教工作。

建立和完善各类检查表册，促使各项工作都能及时、高质量地完成，并将检查情况与期末考核挂钩。本学年各部门上交资料及时、完整，但个别资料缺乏深度，质量不高。

5. 行政管理干部撰写工作日志，提升行政管理水平。

行政管理干部每天坚持写工作日志，做到"今日事、今日毕"，提高工作效率，另外做到每周进行工作汇报、每月进行反思总结等。园长定期检查、记录和提出建议，不断提高全园管理水平。

二、细化保教管理工作，促进幼儿全面发展

（一）保护孩子生命安全，促进孩子健康发展

在本学期，幼儿园引入第三方专业安全服务机构，参与幼儿园安全管理工作，积极开展"安全校园"示范校安全标准化创建工作。充分发挥幼儿园安全教育主阵地的作用，积极开展多样化的安全教育，推进安全教育进校园、进课堂、进家庭、进社区；不发生较大安全责任事故，严格控制一般事故，各类安全责任事故伤亡人数为0。

（1）教职工和幼儿重大意外伤害事故、食堂中毒事故、传染病事故发生率均为0。

（2）教职工安全教育培训率为100%，幼儿安全教育活动开展率100%。

（3）新生幼儿入园体检率为100%，年度体检率为100%，教职工定期体检率为100%。

（4）安全教育平台完成率达100%，平台移动版使用率达100%，安全教育专题完成率达100%。

（5）安全应急演练报送完成率达100%，安全隐患排查治理上报完成率达100%。

（二）认真做好保健工作，提升保育工作水平

幼儿的生命健康是幼儿园工作的重要方面，在这学期的工作中，为了让卫生保健工作做到精细化，我们通过组织每周学习、每月座谈、每月分析、

每期听取意见等，让每一个后勤员工理解后勤管理精细化的观念，并在工作中保证日日清、周周清、月月清，让所有工作做到极致，为全园各项工作做好充分的保障。为了不断完善各项制度和工作流程，我园先后重新修订和完善了保健管理制度、食堂管理制度工作流程等，并组织后勤相关人员进行学习，让各岗位的人员明确自己的职责和任务，明晰管理的流程。

另外，我们开展了"幼儿园是我家，美化环境靠大家"的每周大扫除活动，幼儿在活动中不仅学会了如何与同伴协商分工、如何使用劳动工具、如何记录劳动过程，而且尝试通过多种途径解决问题。同时，我们对消毒进行了"三改变"：一改培训模式，通过播放正确的消毒方法的视频，让保育员边观察、边模仿、边操作；通过播放保育员在消毒工作中的视频，让保育员边讨论、边思考、边分析。二改消毒工具，增加消毒量杯，让消毒浓度更准确；增加消毒喷壶，让消毒液喷洒更均匀；增加消毒网，让消毒材料更易区分。三改检查方式，从每周一次到每日一次，从行政检查到班级教师参与检查，从单一评价到多元评价。这样做提高了保育员的消毒水平，降低了传染病的发病率，为幼儿园营造了安全健康的环境。

在膳食管理方面，我们对幼儿膳食工作进行了改进和创新，创设了幼儿喜爱的、独特的进餐形式。

1．"我的巧手面"。在吃面食的时候，中大班的幼儿自主选择调料，变成小厨师，亲手调制出属于自己的美味面条，体验自我服务的乐趣。

2．"快乐自助餐"。我园每月开展一次室内分班自助餐活动，每学期开展一次年级组大型联合自助餐活动。通过改变进餐环境，提供不同品种的食材，改换不同的餐具，增加和家长共同进餐等方式，让幼儿体验自助用餐的愉悦氛围，在自我选择中培养对各种食物的喜爱，让每个幼儿能"在生活中学会动手，在动手中体验快乐"。

3．"家长食谱秀"。由家长和宝贝亲自制作菜肴，并拍好制作照片并写出制作过程，最后由美食小组和班级幼儿评选出营养、健康、美味的食谱，用于幼儿园食谱推荐。此项活动不仅培养了幼儿制作食物的兴趣，而且增进了亲子间的感情。

4. "糕点创意坊"。为了让幼儿享受下午茶带来的快乐，我园美食组成员研制出了各种适合幼儿口味的糕点，如杧果糯米糍、蔓越莓饼干等。自制的糕点不仅健康美味，而且经济环保，更体现了所有后勤人员对幼儿的浓浓爱意。

（三）做好常规工作，全面提高保教水平

保教工作是幼儿园工作的生命线，优质的保教质量是幼儿园赖以生存的前提。本学期的保教工作顺利开展并取得了较好的成绩。

1. 加强常规工作管理督导。

为了更好地执行保教管理制度，进一步了解班级教师的常规工作，保教管理人员坚持每天下班检查，采取不定时、不定环节的方式检查。根据检查中出现的问题，及时与当班教师进行交流沟通，确保一日活动中的每一个环节都规范、有效。

为了进一步提升教师有效组织半日活动的能力，保教管理人员坚持深入班级，追踪教师的半日活动组织，要求每位老师每学期至少追踪一个半日活动、新教师每月追踪一个半日活动。活动结束后，保教管理人员都会与当班教师对该半日活动的优缺点进行面对面的交流，提出改进办法，这也是我园保教管理的常规活动。这样的活动便于骨干教师及成熟教师深入思考半日活动的有效组织，便于新教师和年轻教师更快地掌握半日活动的组织策略。

2. 开展丰富的活动，促进幼儿的发展。

（1）快乐游戏，让幼儿快乐成长。老园区开展小班混班游戏，解决了游戏区域幼儿人数多的问题，同时也保证了每个幼儿每周都能玩到各个区域。通过一学期的实践，老师们觉得这个方法非常好。新园的中大班则开展混龄游戏，即每周四开展运动区游戏、每周五开展创意区游戏。游戏时，中大班的幼儿自由选择区域，老师则到各个区域进行指导。在游戏中，幼儿要学会自己动手摆放器械和材料，游戏结束时要合作收拾整理区域内的游戏器械和材料。

（2）魅力"啦啦操"，展示幼儿风采。"啦啦操"作为一种阳光、自信、快乐的体育活动，不仅能提高幼儿对体育活动的兴趣，增强幼儿的体育锻炼意识，还能培养幼儿的团队合作精神，展示我园幼儿的风采。本学期，幼儿和指导教师在训练时都非常认真和辛苦，且在比赛中取得了非常好的成绩。

（3）劳动课程，体验收获的快乐。幼儿园种植园是幼儿参加劳动的重要场所。本学期，各个班级都按照学期初的计划，认真开展了种植活动。在种植过程中，老师注重幼儿的亲手操作，自主实践，让幼儿在劳动中感受快乐，感悟生命。幼儿在除草、浇水、施肥中呵护幼苗，观察植物的生长变化，并将这个过程记录了下来。

（4）社团活动，激发幼儿的兴趣。本学期，幼儿园在中大班开展了社团活动，包括幼儿绘画班、幼儿武术班、幼儿英语班、幼儿口语班、幼儿围棋班五个社团。通过一学期的学习，这些社团活动受到家长和幼儿的喜欢。

（5）植树节活动，种下一棵成长树。为了让幼儿树立从小爱护花木、保护环境的意识，体会与父母共同劳动的乐趣，在植树节到来之际，我们开展了以"今天种下一棵树，明年收获满园春"为主题的全园植树活动。幼儿和家长一起拿着工具和树苗，纷纷行动起来。

（6）"小善大爱"献爱心，一起努力为巴塘。为了积极响应"双巴同心一家亲"的计划，为巴塘的发展尽一份绵薄之力，我园举办了"双巴同心一家亲——胜利幼儿园'小善大爱'义卖献爱心"主题活动。在此次主题活动中，幼儿深入了解了巴塘，感受了藏族的文化和风土人情；与巴塘小朋友进行了视频连线；自画邀请函并呈送给爱心人士；亲子自制手工作品，进行义卖捐赠等。

三、加强队伍管理精细化，促进教师的专业成长

（一）选派教师外出学习

外出学习是开阔教师视野、增长教师见识的一种最有效、最实用的方法。本学期，幼儿园除了积极参加上级主管部门要求的各级各类培训外，还积极主动选派教师参加省市级以上的各类培训。我们分别到杭州、镇江、深

圳、扬州参加全国幼儿教师培训活动，还到四川省甘孜藏族自治州巴塘县参加"双流区对口支援巴塘名师蹲点活动"。外出学习覆盖全园教师，让全体教师都有机会走出去，开拓自己的眼界，学习新的知识，然后将其运用到自己的教育教学工作中。

（二）以比赛为平台，提升教师的专业技能

为了进一步提升教师的专业技能，本学期开展了教师绘画基本功比赛。老师们利用休息时间，认真准备，精心设计，一幅幅栩栩如生的绘画作品让家长和幼儿赞不绝口。本次技能比赛不仅提高了教师的绘画水平，而且让家长看到了幼儿园教师的风采。

（三）双巴一家亲，相互交流，共同学习

在为期一周的跟岗研修学习期间，幼儿园向四川省甘孜藏族自治州巴塘县幼儿园的同行们全面开放：班级教师日常活动观摩、幼儿园各项活动观摩、幼儿园常规教研活动、教师示范活动观摩等。这次跟岗研修活动向同人展现了我园教师的各项专业技能，同时，对我园教师也是一次专业技能的提升。

（四）分层培训，促进教师专业素养

1. 全园培训。

幼儿园根据教师在日常工作中遇到的问题和需要解决的困惑，每月开展一次全园培训活动。培训活动既有关于教育教学方面的内容，也有关于法律法规的相关内容，同时还有师德培训，让教师在提升自身专业技能的同时，规范执教，科学育儿。

2. 名师工作室。

本学期，幼儿园成立了首个以一线教师命名的名师工作室。名师工作室开展了数学核心经验的研究，通过研究，学员们对组织数学活动的组织策略有了更深入的了解。

3. 新教师培训。

新教师的成长是幼儿园教师培训的一项重要工作。本学期，幼儿园新入职教师较多，为了能让她们尽快适应幼儿园的工作，在开学初，幼儿园组织全体新教师一起学习了《幼儿园一日活动常规要求》和《幼儿园保教常规细则》。通过前期的学习，新教师对幼儿园一日活动流程有了初步的了解。接着，保教组组织教师进行集中学习。通过一系列的培训活动，新教师们能更好、更快地进入教师职业角色。同时，每位新教师还和骨干教师结对，在平时工作中能够得到骨干教师手把手的指导。

4．骨干教师培训。

骨干教师是幼儿园的中坚力量，骨干教师的专业提升也是幼儿园教师培训工作的重点之一。本学期，幼儿园继续采取每月集中培训与交流分享的形式，对骨干教师进行专业提升。

（五）扎实开展教研工作，抓好常规研究提升

1．备课教研组活动。

（1）语言组：组织教师认真学习《学前儿童语言学习与发展核心经验》，同时，就如何开展早期阅读"共读"活动的相关内容进行了培训。培训让教师了解了"共读"活动开展的三个环节，对开展"共读"活动有了更清晰的认识，便于教师结合本班幼儿的年龄特点开展"共读"活动。

（2）科学组：开学初，科学组结合本园实际情况，制订了将竹、木、石等乡土自然材料融入美术教学活动的工作计划，并尽可能地按计划开展了丰富多彩的活动。本学期，科学组成员以稳重、灵活、认真、扎实的工作态度，面对教学工作，加强学习，不断提高业务素质，收获颇多。

2．年级教研组活动。

（1）小班组：本学期，小班组不断探讨环境教育的问题，努力创设与教学课程紧密结合的环境，着重体现了幼儿的全面参与性。各班做了细致的调整，提供了诸多乡土自然材料、废旧材料，并且与教学主题相结合开展活动。活动后及时展示幼儿的作品，并注重发挥幼儿的主体性，请幼儿利用区域活动完成的手工作品布置教室。

（2）中班组：在这学期，各班创设了具有班级特色的活动区角。中班的主题墙饰和幼儿直接互动起来，让幼儿成为墙饰的主人。从主题活动的生成

到活动的开展，都让每位幼儿积极地参与其中，让幼儿真正成为主题活动的主人，最后将幼儿学习的过程呈现在主题墙饰中。

在完成各项活动的同时，每班都按照计划开展教育教学活动，认真做好日常教学工作。在每次讨论中，大家都畅所欲言，积极发表自己的见解，充分展示自己的能力，讨论气氛活跃，充分发挥了集体备课、一课多研的作用。在活动的选材方面，注重材料来源于幼儿的生活、兴趣与需要。活动的内容与幼儿的生活经历密切相关，同时关注幼儿的发展需要。

（3）大班组：有效开展幼小衔接，促进幼儿养成良好的学习习惯。整个幼儿期的学习都是为了幼儿进入小学做准备，而大班下学期的学习更为重要。因此，幼儿需要在这个学期掌握各项知识和能力，如学习习惯和兴趣的培养、健康的身体和心理、作息时间的调整和适应、认知能力、思维、情感等诸多方面。各班教师能根据大班幼儿的年龄特点和发展水平，设计适合幼儿的主题活动，丰富幼儿的知识面，培养幼儿对小学生活的喜爱和憧憬，变好奇为动力，从而更加努力地学习。

3. 兴趣教研组活动。

游戏组：全园开展益智区环境创设活动，进行了教学环境的创设。全园就如何真正促进幼儿的发展、教师在开展主题教学中如何优化主题环境、如何让环境与幼儿对话，如何让幼儿做环境的主人等理论知识进行了培训。游戏组全体成员到各个班进行参观学习，交流意见。

4. 环创组活动。

本学年，环创组依托家乡特色资源、季节变化与节气相结合的活动，以幼儿的参与为主线，充分利用空间，创设了一幅幅富有情趣、立体多样的画面，让幼儿在其中受到美的熏陶，真正使幼儿感受到幼儿园是礼貌的校园、生活的校园、孩子的乐园。幼儿园的环境创设应与教育任务、资料相结合，注重发挥、塑造幼儿的"三性"，要使幼儿园的环境和活动材料充分发挥教育作用，体现教育的价值，激发幼儿的创造性。

四、开展课题研究工作，培养教师成果意识

1. 环境创设指导。

我园的市级课题主要研究乡土自然材料在幼儿体育活动中的开发和运用，因此在幼儿园的环境创设及运动区的创设方面，我们进行了细致、周全的思考。例如，定期检查和更新运用乡土自然材料制作的体育器械和玩具，及时检查体育器械的安全性和牢固性，定时更换"四趣"材料架的标记，整理并分类摆放体育器械。

2. 有条不紊地收集并归纳整理市级课题的过程性资料。

本学期，教师增强了收集课题研究资料的意识，经常带着手机将幼儿在户外活动中的精彩瞬间抓拍下来，撰写的幼儿观察记录也有了较大的提高，知道如何观察与指导幼儿的游戏，并给予有效的回应。

3. 整理了优质幼儿个案观察表。

市级课题研究持续了将近两年，在整个研究过程中，老师们积累了大量的幼儿个案观察表，初筛出了以幼儿基本动作水平（跨跳2例、平衡5例、投掷3例、协调性与灵活性11例）和学习品质（15例）为主题的幼儿个案观察表。后期还会请相关教师对这些个案进行修改，最终形成市级课题的优质幼儿个案观察集。

4. 开展了2018年度全园幼儿国民体质测试（第三次）。

为了了解幼儿目前的体质情况，我园于6月份开展了幼儿国民体质测试（抽样测试），对全园小班（10名男孩、10名女孩）、中班（15名男孩、15名女孩）、大班（15名男孩、15名女孩）共计80名幼儿进行了身高、体重、10米折返跑、坐位体前屈、网球掷远、走平衡木、双脚连续跳、立定跳远的相关测试。经过全体教师的努力，所有测试工作已结束。由于临近期末，所有测试数据还未整理出来，暂时无法撰写课题研究报告。

五、做好家长共育工作，提升家园互动成效

家长工作是幼儿教育工作的一项重要内容，对待家长，我们始终秉持平等是基础、沟通是桥梁、参与是行动的原则，树立全心全意为幼儿服务、为家长服务的思想，在行动上体现一切为了幼儿，一切为了家长。

1. 以各项常规基础工作为抓手，营造家园合作常态化氛围。

继续发挥《家园联系栏》和《卫生保健宣传栏》的宣传作用，通过电话、微信、约谈以及接送孩子时的交谈等，与家长架起情感的桥梁，取得家园沟通与合作的机会。

2. 以家委会和家长义工队伍为基石，开创家长进园新局面。

本学期我园开展了多次家委会活动。3月，邀请各班家长代表共同策划"小善大爱"义卖活动。4月，邀请家委会成员入园参加学期初家委会，了解幼儿的生活学习状况及营养与膳食知识。6月，邀请家委会成员参加我园举办的以"营养健康"为主题的厨艺大赛。此外，我园继续充实了家长义工队伍，丰富家长义工活动。

3. 以家长会、家长讲座和特色活动为契机，寻找亲子互动新形式。

（1）以家长会为契机，搭建家园合作的桥梁。家长会除了让家长了解班级工作的基本情况，了解自己孩子在群体中的表现以及幼儿园的发展状况外，更为重要的是，让更多家长了解各年龄段幼儿的年龄特点、教育方法和教育目标。本学期，我园召开了两次新生家长会、学期初家长会及学期末家长会。通过与家长进一步沟通和交流，帮助家长深入了解幼儿园，让家长懂得怎样和教师主动配合，取得教育的一致性。

（2）开展有针对性的家庭教育讲座，提高家长的育儿水平。为了更好地提高农村家长科学育儿的意识，提升幼儿园家园配合的质量，我园开展了"儿童急救知识培训""加强消防安全培训，提高消防安全意识"等家庭教育讲座，从养育、安全的角度，让家长学习不一样的育儿知识与预防措施。

（3）开展多形式的亲子互动活动，拉近家园距离，增进亲子感情。本学期，我园开展了多种形式的亲子互动活动，例如：小中班的亲子春游活动、大班的图书馆亲子活动、大班毕业典礼等，拉近了家园距离，增进了亲子感情。

4. 发放《家长评园调查表》，家园共同促进幼儿的发展。

为了更好地提高我园的教育、保育质量，进一步促进师资队伍的建设，全面掌握家长对我园教师工作和幼儿园发展的意见和建议，我园在学期末向家长发放了《家长评园调查表》《师德调查表》等并及时做出分析和反馈，收集家长的意见和看法，制定出有效的解决措施，以更好地促进幼儿园的发展。

5. 走进社区，促进幼儿园与社区之间的互动。

为了丰富幼儿社区活动的经验，进一步促进幼儿园与社区之间的互动，综合利用社区资源向家长宣传我园办园理念和0—3岁科学育儿知识，我园开展了"走进社区，关注0—3岁宝宝成长"社区活动。此活动不仅让社区家长获得了宝贵的育儿经验、保健知识，也对我园的办园理念、招生情况有了进一步的了解。

六、创设新园校园文化，凸显亲近自然特色

在本学年工作中，新园和老园把握各自的布局风格及幼儿的年龄特点，以亲近自然、探索创新、乐于生活的办园理念为核心，创设了优美的校园环境，充分发挥育人的功能，逐步形成和谐健康、特色鲜明的校园文化。

1. 制度文化建设。

我园进一步完善了各项规章制度，以人为核心，体现人本与科学相融的管理思想，让规章制度成为大家认可、自觉遵守的制度。注重激发教师的主体意识，增强教师的自我管理能力。引导教师用"六心"创造一个"关爱、信任、平等、快乐"的学习型团队，以"星级"标准严格要求自己。发放亮点卡，用亮点卡激励教师教育教学能力的提升，促进教师扎实完成各项任务，力争不断总结创新，营造"文化育人"的园所氛围。

2. 精神文化建设。

我园紧紧围绕亲近自然、探索创新、乐于生活的办园理念，努力营造良好的育人氛围，积极开展丰富多彩、健康向上的校园文化活动，提倡师生牢记办园宗旨，激励师生爱园兴园，敬业乐学，促进幼儿园的建设。从幼儿园的教育实际出发，精心设计、组织开展内容丰富、形式新颖、具有吸引力和

教育意义的校园文化活动。充分结合传统节日，坚持与时俱进地开展主题教育活动，并且邀请家长参与，真正地体现家园互动。

3. 物质文化建设。

老园：制作花箱，把花草租赁改为种植，并定期护理。根据幼儿发展的需要布置墙面，遵循幼儿绘画作品和教师手工作品相结合的原则，形成师幼互动的良好合作关系，彰显本园特色。

新园：进一步完善户外游戏区域环境，在全园家长和幼儿的努力下，后院"花果山"一片绿意盎然，彰显亲近自然、探索创新、乐于生活的办园理念。

4. 班级环境文化建设。

各班为幼儿创设了温馨舒适的生活环境、与课程相适应的学习环境以及内容丰富且材料充足的活动区，使幼儿在玩中求发展。小班班级温馨童趣，中大班班级韵味浓厚，注重颜色、风格的协调统一。

七、细化后勤管理，增强服务水平

（1）严格执行园内安全卫生管理制度，把安全工作放在首要位置，通过跟班指导和不定期检查等形式，扎实抓好后勤人员的安全卫生意识，层层签订责任状，全面落实安全责任制。明确安全工作是幼儿园的工作重点之一，是确保幼儿园保教工作正常有序进行的基础和保障。

（2）围绕《中小学幼儿园安全管理办法》《中小学公共安全教育指导纲要》等文件，有针对性地对师幼进行安全知识培训，并将安全教育纳入幼儿园教育教学计划中。

（3）对食堂工作人员进行食品卫生制度、卫生消毒制度等方面的知识培训，就幼儿的膳食口味、花样和质量进行量化考核，并通过各种比赛，提高食堂工作人员的实际操作技能。

（4）科学管理物品，发挥园内储存物品的最大使用率，配合幼儿园开展的各项活动，及时提供所需材料，做好财产的清理、登记、归放工作。

（5）加强门卫管理和幼儿接送安全。门卫人员严守岗位，按时关锁园门，做好外来人员的登记和询问工作，未经允许禁止入园。

（6）规范物品的采购制度，做好幼儿园财务管理工作，实行"园长一支笔制度"，每月按时公布幼儿伙食账目。

八、未来的工作重点

回顾这一学年的工作，幼儿园取得了不错的成绩，在以下几方面还可以进一步提升。

1. 新教师不断增多，做好提升教师专业水平的工作。

2. 做好新生班级、幼儿、家长的各项工作，确保幼儿尽快适应幼儿园。

3. 不断丰富新园的校园文化建设，为幼儿提供自然、开放、挑战、富有教育意义的环境。

4. 管理人员缺乏，有效分配管理人员，做好各项细节管理。

5. 做好市级课题的深入推进工作。

6. 继续完成幼儿园队伍建设和课程建设的成果梳理工作。

第三章

幼儿园保教工作计划与总结

"保教并重"是幼儿园教育的根本原则，幼教工作者应坚持做到"保中有教""教中有保"。为了保障幼儿园教育"保教并重"理念落实到具体的工作中，学期初，幼儿园在制订学期工作计划时应充分体现保育与教育相结合的观点，将保育工作与教育工作紧密地结合起来，形成幼儿园学期保教工作计划；学期末，幼儿园还应对整学期的保教工作进行总结，既对整个学期的保教工作进行回顾与总结，也为新学期保教工作的计划做好准备。本章对如何撰写规范、科学的幼儿园保教工作计划与总结提出了具体、可操作的建议。

第一节 幼儿园保教工作计划

"凡事预则立，不预则废。"为了更好地开展幼儿园保教工作，学期初，撰写一份合理、规范、针对性强的幼儿园保教工作计划尤为重要。

一、幼儿园保教工作计划的内涵与特点

什么是幼儿园保教工作计划？一份好的幼儿园保教工作计划有什么样的特点呢？在制订幼儿园保教工作计划时我们应该注意哪些方面……这些都是幼儿教师在梳理园所保教工作计划时经常面对的问题，掌握幼儿园保教工作计划的内涵与特点，是解决以上问题的基础。

1. 幼儿园保教工作计划的内涵

幼儿园教育对象的年龄特点与教育任务,促使幼儿园必须遵循"保教并重"的根本原则,坚持"保教合一",在各项工作中做到"保中有教""教中有保"。

"保中有教,就是保育中含有教育。保育为了保护幼儿不受伤害,而且要培养幼儿积极的态度和良好的行为,要对幼儿进行健康教育,向他们介绍健康的知识,让他们认识到健康的重要性,并学会保护身体的简单措施。教中有保,这就意味着教育要含有保育。教育不仅是为了让幼儿学到系统知识,开发幼儿的潜能,而且要保护幼儿生理和心理的健康,让幼儿遵守作息时间。"[1]

因此,幼儿园保教工作计划要在对幼儿园保教工作基本情况进行了解与分析的基础上,梳理出当前保教工作存在的主要问题,并结合幼儿园办园宗旨与发展需求,明确学期保教工作主要目标——该目标既反映学期教育工作重点,也反映学期保育工作重点,保教合一,相辅相成。在此基础上,幼儿园整合多方资源,通过合理安排教学工作、加强教师队伍建设、科学组织园本研训、优化家园合作途径等方式,将学期保教工作目标进行分解,同时对幼儿园每月的保教工作重点内容进行清单式的呈现,通过具体而生动的活动将工作落到实处,最终达成目标。

2. 幼儿园保教工作计划的特点

通过对幼儿园保教工作计划的理论观点与实践经验进行分析,我们可以概括出幼儿园保教工作计划具有以下特点。

(1) 系统性

幼儿园保教工作计划不是将本学期保教工作的目标、举措、具体安排等事项进行简单的罗列,而是从幼儿园保教工作的实际情况出发,为了更好地实行幼儿园办园理念,持续地达成幼儿园的教育目标,对现阶段保教工作最

---

[1] 刘瑛东. 保教结合原则在幼儿园中的实施现状及分析 [J]. 文教资料, 2017 (8): 144-161.

为迫切的问题进行梳理,并根据时间、场地、活动、人力、物力等各项资源的具体情况,提炼出本学期保教工作的重点,形成一系列切实可行的举措,并将学期目标融入各个月的具体活动中。这种以问题为导向,从现阶段幼儿园保教工作存在的实际问题出发,通过学期保教工作目标的拟定与分解,依托切实可行的举措解决问题的思路,是科学而系统的,值得幼教工作者互相借鉴并持续保持。

(2)针对性

幼儿园保教工作计划中的情况分析、学期目标、具体举措、月工作重点等基本要素息息相关,环环相扣,具有非常强的针对性。学期保教工作情况分析是针对当前幼儿园保教工作的具体情况,特别是存在的亮点与问题进行梳理的;学期目标是针对当前幼儿园保教工作亟待解决的问题进行提炼的;具体举措是结合园所实际情况进行选择的;月工作重点是针对各项保教工作举措,依据幼儿园活动开展惯例进行安排的。上述几大要素都不是无源之水、无本之木,是针对当前幼儿园保教工作的现状与需求进行梳理与描述的,具有极强的针对性。

(3)操作性

幼儿园保教工作计划的情况分析既要分析当前保教工作开展的情况,又要对以往的保教工作举措及其成效进行梳理,将核心问题提炼为具体且易于评价的学期目标,并把操作效果好的举措迁移到本学期的保教工作中来,为制定有序、有效的每月具体工作安排提供思路。幼儿园保教工作计划的操作性不仅体现在基于现实情况,便于落实安排,还体现在对以往优秀做法的梳理与迁移、学期目标的确定与调整、主要举措的分解与落实等方面。

二、幼儿园保教工作计划的写作要点与示例

幼儿园保教工作计划内涵丰富、意义重大,那么如何撰写一份系统完整、易于操作且具有针对性的幼儿园保教工作计划呢?

1. 幼儿园保教工作计划的写作要点

（1）要素齐备

幼儿园保教工作计划应该结合幼儿园的实际情况与需求进行撰写，受幼儿园内外各类资源的影响。不过总体而言，幼儿园保教工作计划应具备以下基本要素：指导思想、现状分析、学期目标、主要措施和具体安排。

① 指导思想：指引幼儿园开展保教工作的基本方向，提纲挈领地描述园所发展的主要思路。

② 现状分析：梳理当前幼儿园保教工作的客观现状，对当前的情况与亟待解决的问题进行分析与归纳。

③ 学期目标：以指导思想为抓手，以当前现状为依据，围绕促进幼儿身心和谐健康发展这一核心，提出幼儿园本学期保育工作和教育工作的主要任务。

④ 主要措施：将目标分解到各项切实可行的策略中，通过合理安排教学工作、加强教师队伍建设、科学组织园本研训、优化家园合作途径等方式，逐步达成学期总目标。

⑤ 具体安排：进一步明确不同的时间节点与相应的工作，使举措的落实看得见、易执行。

（2）措施全面

幼儿园保教工作是幼儿园教育的核心，影响着幼儿园教育、教学质量与幼儿发展的各个方面，因此为了达成学期保教工作目标，学期保教工作主要措施应该尽量全面而有重点，主要包含园本课程建设、教育教学工作、师资队伍建设、园本研训工作、家园协作等方面内容，与幼儿园、幼儿教师、幼儿、幼儿家长甚至社区等多个方面紧密相连，联合多方资源，开展丰富而有重点的活动，不断促进幼儿园保教工作的开展与保教质量的提升。

2. 幼儿园保教工作计划示例

2018—2019 学年上学期教学工作计划[1]

一、指导思想

以《3—6 岁儿童学习与发展指南》为依据，认真贯彻、落实、执行《幼儿园教育指导纲要（试行）》精神，围绕区教育局、区教师进修学校的工作目标，以教师的专业成长为本，结合园本课程建设，依托小专题研究和常规，立足教育教学实践，加强教学规范，夯实教学基础，不断提高保教质量。

二、现状分析

幼儿园开办已经进入第四年，两所新园开办在即，总园面临一级园申报前的准备工作。幼儿园的基本教学常规已经建立，社团活动、户外混龄区域游戏活动的教学特色逐步凸显；部分教师团队趋于成熟，基本能独当一面承担工作；教科研工作开始走向正轨，为后期的课题申报做好了准备。

但根据实际情况，园所目前还有以下问题亟待解决。

（1）园所课程体系基本框架搭建完毕，课程的内容、形式、组织与实施有待进一步探索与梳理，园所教师的课程理解有待进一步提升，课程实施过程性资料收集整理不足。

（2）教育教学工作管理精细化不足，各类文案资料有待进一步规范，各项工作内容与要求有待进一步明确与落实。

（3）师资队伍建设有待进一步加强，强调保教结合。师德、师风教育常抓不懈，完善教师分层、分类培养制度，开展更具多元化、多样化的专业理论与实践经验的学习，培养教师的专业视角与幼儿视角，不断增强教师教学反思与研究的能力。

（4）家园沟通效率有限，家园合作质量有待进一步提高。在进一步优化现有家园沟通内容与方式的基础上，增加家园沟通的频率与效率，增进与家长日常沟通的情感维系。扩大园所教育活动内容的宣传，丰富其他可行的家

---

[1] 本文案来自四川省成都市第二十四幼儿园。

园沟通形式。

三、学期目标

（1）在实践中不断梳理园所课程体系并优化课程方案。

（2）通过培训、教研、实践等形式，增强教师的课程理解能力，引导教师做好课程实施过程性资料的收集与整理工作。

（3）细化各项工作的要求，并将月度考核与教学巡班、行政巡班、行政重点指导等形式相结合，提升考核实效，推进管理精细化进程。

（4）进一步优化教师分层培养制度，结合项目组活动、核心组教研、师徒结对等形式，根据教师能力水平与发展需求，提供更有针对性的学习机会，全面促进教师发展。

（5）进一步推进教研与科研工作的开展，申报并初步开展区级课题研究，尝试以小专题研究的形式开展常规教研与专题教研。提高教师查找、分析与综述相关文献的能力，增强教师研究经验总结的针对性与行文的逻辑性。

（6）不断优化现有家园沟通的内容与形式，增加家园沟通的频率。通过家园栏、家长会、开放日、幼儿观察记录、晨接晚送、互联网、家长进课堂、升旗仪式等形式，做好班级家园工作的计划、记录与总结，探索其他可行的家园沟通形式，提高家园合作的质量。

四、主要措施

（一）加强园所课程建设与理解

1. 完善园本课程体系，撰写园本课程组织实施方案。

2. 加强课程过程性资料的收集、整理，完善园本课程资源。

在原社团、体能课程资源梳理的基础上，进一步梳理户外混龄体能课程、安全课程、健康教育课程的计划和资源包，初步形成适合我园特色的园本课程体系。

3. 增强教师对园本课程的理解。

（二）规范教学行为，提升管理精细化

1. 细化并明确各项工作的内容与要求。

2. 提高每月考核的针对性与实效性。

进一步明确教师各岗位职责，加强学习，严格考勤，做到考评有依据。每月设立一项重点考评项目，培训在先，考评在后，让教师的工作重点和自我提升有方向。

3. 责任到人的行政包班制度。

继续实施行政人员包班制度，晨间活动、集体教学活动、室内游戏时间定时巡查，并结合随机抽查，提高一日生活的有效性和规范性。

（三）提升教师的专业素养与能力

1. 师德为先。

加强教师师德培养，学法规、看案例、研问题，让师德警钟长鸣，并尽可能将各种违规行为消灭在萌芽状态。

2. 完善教师分层培养制度。

将教师分为新进教师、一般教师和骨干教师，制定相关的分类标准及各层次教师的学习任务，分层培养。新进教师培养重点以一日生活环节组织和常规学习为主；一般教师培养重点为带班能力和专业知识；骨干教师除常规培养外，还要努力提高其研究能力。

师徒结对，骨干教师带新教师，并承担一定的培训任务，在培训他人的基础上提升自我学习、归纳和表达的能力。同时针对不同层次的教师，提供相应的外出学习机会。

3. 任务培养模式。

除常规的大型活动项目制、园区环境创设项目制之外，将园本课程资源的修改、调整也以项目制的形式发放。鼓励教师主动承担任务，锻炼和提升综合能力。

4. 研培一体。

提升教师的教研意识与能力，发挥教师参与教研的主动性；提升教师查找、分析与综述相关文献的能力，增强教师研究经验总结的针对性与行文的逻辑性；以研促培，研培结合，提高教师学习的有效性。

（四）优化家园沟通，提高合作质量

1. 优化教师家园沟通理念。

拟定下学期对教师开展家长工作的培训，如何做好日常家长工作、家长工作危机应对流程等。

2. 优化日常家园沟通。

将更新班级网页、制作幼儿成长档案纳入教师日常考评内容。利用家长来园的机会开展亲子活动，有条件的班级可以开展家长进课堂活动，增进与家长的情感联系。利用电话、面谈、网络等多种方式增进与家长的沟通和交流。

3. 丰富家长学校活动。

开展有针对性的家长学校，如爷爷奶奶课堂、幼小衔接专题讲座等，加强对家长的教育指导。

4. 梳理应急处理方案。

制定特殊事件的应急处理方案，加强对相关人员的培训，完善家长工作的管理。

五、具体工作安排

9月：双常规恢复；社团活动恢复；户外混龄区域游戏活动恢复；区课题与区小专题开题；上学期区小专题成果评选；早操初评……

10月：幼儿园课程质量提升推进会（区级）；早操评选；秋季运动会；班级环创评选……

11月：幼儿园课程质量提升推进会（国家级）；优秀户外活动评选启动会（区级）；集体教学活动教案说看评；家长开放日……

12月：优秀户外活动评选（园级）；集体教学活动组织说看评；筹备新年庆祝活动；年度目标考核……

1月：整理学期资料，梳理学期总结，做好下学期的开学准备工作。

第二节 幼儿园保教工作总结

为了更好地梳理幼儿园学期保教工作的开展情况，了解学期保教工作目标的达成情况、举措的有效程度、具体安排的落实情况、新阶段保教工作的特点及问题等，学期末，幼儿园应对整学期保教工作进行总结，既对整个学期的保教工作进行回顾与总结，也为新学期保教工作的计划做好准备。

一、幼儿园保教工作总结的内涵与特点

什么是幼儿园保教工作总结？一份好的幼儿园保教工作总结具有什么样的特点呢？在撰写幼儿园保教工作总结时，我们应该注意哪些方面……这些都是幼儿园教师在梳理园所保教工作总结时经常遇到的问题，掌握幼儿园保教工作总结的内涵与特点是解决以上问题的基础。

1. 幼儿园保教工作总结的内涵

幼儿园保教工作总结，指幼儿园在开展一学期保教工作之后，对本学期保教工作开展情况进行回顾与梳理，对保教工作目标的达成情况进行分析与评价，总结本学期保教工作取得的成绩，检查工作中所采取措施的适宜性与有效性，并反思学期保教工作存在的主要问题，为下学期保教工作开展提供分析与借鉴的依据。

幼儿园保教工作总结不仅能帮助幼教工作者加深对保教工作系统而全面的认识，总结保教工作的主要特点与常见问题，而且能通过"计划—实践—反思—再计划—再实践—再反思"的闭环管理思路，不断总结开展幼儿园保教工作切实可行的途径，在积累认识与经验的过程中梳理出一系列实践策略。

2. 幼儿园保教工作总结的特点

通过对幼儿园保教工作总结相关的实践经验进行梳理与分析，我们可以概括出幼儿园保教工作总结有如下几个特点。

（1）针对学期初保教工作计划实行情况的总结与反思

幼儿园保教工作总结不是对园所本学期开展的所有保教工作进行简单的

回顾或成果的罗列，也不是对现阶段保教工作存在的问题的直接阐述。幼儿园保教工作总结是基于对学期初保教工作计划制订背景的充分了解，通过梳理计划中具体举措的实践情况，记录有效的做法与策略，分析成效不明显的方法及可能的原因，对当前保教工作取得的成绩进行总结，检验计划中学期目标的达成情况，并且对仍未解决或新出现的保教工作问题进行描述，是一次针对学期保教工作计划各个方面的回顾与反思。

（2）为下学期保教工作计划的制订提供现实依据与策略支持

幼儿园保教工作总结不仅是对学期初保教工作计划的整体回顾与梳理，也为制订下学期保教工作计划提供现实依据和策略支持。幼儿园保教工作总结对当前保教工作存在的主要问题进行罗列与分析，更新学期初园所保教工作的基本情况，形成新的保教工作开展背景，为新学期保教工作计划提供依据。同时，幼儿园保教工作总结还通过梳理有效的策略、分析不适宜的举措等方式，将优秀的做法进行整理，为新学期开展保教工作提供策略支持。

总的来说，幼儿园保教工作总结既是一学期保教工作暂时告一段落的"结尾"，也是新学期开展保教工作的"开端"，为今后开展保教工作指引方向，提供途径。

二、幼儿园保教工作总结的写作要点与示例

幼儿园保教工作总结内涵丰富、意义重大，那么如何撰写一份"承上启下"且系统的幼儿园保教工作总结呢？

1. 幼儿园保教工作总结的写作要点

（1）梳理全面且系统

幼儿园保教工作总结是对学期保教工作的整体梳理与评价，主要包括学期初的保教工作背景与目标、学期中的主要举措与成效、学期末的保教现状与问题，要求对学期保教工作重点目标、措施及经验、存在的问题及后续工作思路进行全面的梳理，得出对学期保教工作科学、系统的认识。

(2)注重反思与引领

幼儿园保教工作总结既要概括学期保教工作开展的具体情况，也要归纳当前保教工作存在的主要问题。这就要求幼儿园保教工作总结仔细反思学期保教工作思路、评价学期目标达成情况、检测主要举措落实情况及成效，也要求总结梳理出切实可行的措施、已经完成的主要任务及当前亟待解决的发展问题，为新学期保教工作开展提炼主要目标做准备，为主要措施的选择和具体工作的安排提供借鉴。

2. 幼儿园保教工作总结示例

幼儿园2016—2017学年下学期保教工作总结[1]

本学期依据全园保教工作计划，在保教工作中继续贯彻落实《幼儿园教育指导纲要（试行）》《3—6岁儿童学习与发展指南》精神，结合本园实际情况，在不断学习和推进中前行。学期末至，回顾一学期的工作，现总结如下。

一、学期重点目标

（1）明晰课程理念，以特色教育为抓手，开展园本课程研究，初步尝试建立完整的园本课程体系，增强课程实施的有效性。

（2）优化师资建设，积极构建学习型、研究型的专业教师团队。

（3）保教常规工作注重特色教育在日常工作中的渗透及落实，完善保教常规工作规范化运行机制及评价体系。

（4）夯实家长学校的工作基础，围绕园本特色教育，形成家园联动一体化教育体系。将亲子阅读和家风建设工作做细、做实，逐步建立专业的家教授课服务团队。

二、具体措施及经验

（一）教师队伍建设

1. 加强师德建设，强调知行合一，做好教育的保障工作。

为了加强师德建设，我园以培训促进发展，以活动增强意识，以规范加

---

[1] 本文案来自内蒙古自治区鄂尔多斯市东胜区第二幼儿园。

强管理，强调教育态度、教育智慧与师德修养在日常的知行合一。通过各层级教师师德培训、师德演讲、教师读书分享等活动，让教师心中时时树师德。

在合格教师的师德演讲比赛中，一个个真实感人的故事、一点点成长的印迹，诠释了师德、师风的真谛。在日常，我们严格按照师德日常督查考核机制，开展督查考核，使良好的师德规范转化为教师的自觉行为和良好的人格品质。通过这一系列活动，老师们明白了师德是责任、是奉献、是教育工作者的魂，要坚持，更要坚守。面对工作的高要求，老师们从不抱怨，总是能高质量地完成任务；为了让环境能和幼儿更好地对话，老师们持续创设良好的学习环境，经常加班加点；在集体利益面前，老师们总是能顾全大局，有集体荣誉感……这些形成了一所幼儿园优良的传统，让师德真正成为了教育的保障。

2. 层级培训构建稳固的三角梯队。

作为一所老园，我园既有专业素质高、示范辐射作用大的骨干教师和业务娴熟的中层教师，也有刚踏入工作岗位的新教师。在多年的发展和培养中，我园形成了稳固的教师三角梯队。近几年，在教师队伍建设方面，我园将培养目标放在了各层级教师的专业化发展上，而教师专业程度的高低、专业成长的快慢往往取决于其发展的空间和平台，还有教师内在的动力和相互促进的程度。面对不同层级的教师，结合教师的自我提升计划，我们"量身定做"了不同的专业成长平台。

（1）骨干教师成为优化教师梯队建设的推动力。

本学期，我们继续鼓励名师、优秀骨干教师、骨干教师在原有工作的基础上结合自身的特点和兴趣，自主选择研究内容，并以师徒结对的方式带领年轻教师进行研究，在提升自身的同时，起到示范、引领作用。刘冬霞老师的小组合作教学很好地培养了幼儿的团队意识，让幼儿在小组合作中建立了关爱他人、互帮互助的团队意识；王瑜老师通过自主研究科学区材料投放，在材料的科学性、丰富性、层次性上都给大家带来很大的启发；贾义霞老师对传统文化中剪纸的研究很好地体现在了班级环境上……通过骨干教师自主研究以及研究成果的整理和推广，有效地推动了各项保教工作的开展。

在与民办园的结对帮扶工作中，我园11位区级骨干教师与××幼儿园16位青年教师签订了师徒结对协议，依据结对园青年教师的发展需求，"师傅们"分别从班级管理、教育教学、家长工作等方面给予了有针对性的指导与帮带，有效地提高了她们的专业水平。

（2）合格教师、新教师以培训促提高。

赛、训、研三位一体的培训模式，让合格教师和新教师在骨干教师的引领下通过青年教师基本功赛、舞蹈社团、教学研讨、读书分享、新教师提升课、视导课等活动提升了技能，促进了各层级教师的专业化发展。在六一活动中，舞蹈社团的藏族舞《阿兰·甘镯》、古典舞《粉墨》给大家带来视觉享受的同时，也展示了老师们快速提升的技能。2017年6月，我园承担了教育局16位新教师的实习管理工作，由我园骨干教师和班主任一对一指导，通过听评课指导、日常实践、撰写实习笔记等方式，对每位新教师进行了岗前培训，最大限度地帮助她们顺利走上新的工作岗位。

3.《3—6岁儿童学习与发展指南》培训促进教师的专业化发展。

结合园本早期阅读特色教育，我园面向全体教师开展了题为"让幼儿的语言学习看得见——做有效教育"的专题培训。通过培训，大家对语言领域幼儿发展目标中的倾听、表达、阅读、书写四个方面有了全面细致的了解，明晰了如何结合语言领域中幼儿学习与发展的目标开展早期阅读活动。

4. 外出培训，专家进园，推动内需，促进教师队伍发展。

外出培训是促进教师提升的有效手段，是教师培训的常规措施。例如，本学期，园级领导和教师共计4人赴包头参加了游戏化区角活动研讨会，带回很多前沿的教育教学理念；在地区培训中，6人参加了"幼儿园运动游戏教育教学实战特训营""幼儿数学科学游戏化交流会"的学习。

（二）以特色教育为轴，进行初步的园本特色课程研究与实践

1. 制定方案，明确方向。

2017年3月，我园围绕"以儿童发展为本，为孩子一生的幸福奠基"的

办园宗旨和"书香启智，礼仪育德"的办园理念，从本园实际状况和幼儿的实际需要出发，正式启动了园本课程建设工作，大家共同研讨制定了《××幼儿园园本课程实施方案（试行）》，核心思想是将中华传统美德教育中的仁、义、礼、智、信等内容融入课程，促进幼儿情感、态度、认知、能力等多方面综合素质的协调发展。

为了让园本课程实施方案更好地服务于教师，被教师理解，从而指导教育实践，我园及时组织教师研讨交流，让教师了解课程实施方案的指导思想、课程理念、课程目标、课程结构与内容、课程实施，并结合具体案例让教师围绕核心建构主题内容。以大班主题活动"中国汉字"为例，鼓励教师从五大领域集体活动、环境创设、个别化学习、实践活动、家园共育等方面，思考教育教学活动的内容。大家集思广益、群策群力，热烈的研讨氛围体现了教师参与园本课程建设的积极性。随后，我们以问卷调查的方式，了解全园教师对园本课程实施方案的意见和建议，对合理的建议予以采纳。大家齐心合力的团队精神，将成为建设园本课程的不竭动力。

2. 开展园本课程主题活动建构研讨会，将课程实施方案付诸实践。

在园本课程建设的过程中，我们充分考虑教师的层次性。保教处牵头，以名师、区级骨干教师为引领，组织集体备课。通过认真研读《3—6岁儿童学习与发展指南》和"各年龄段幼儿礼仪培养目标""各年龄段幼儿早期阅读培养目标"，参考现有教材，充分考虑幼儿的生活经验以及地区性、园本性、系统性等特点，集体研讨确定主题内容和主题核心经验、五大领域及特色教育目标。例如：大班主题"我要上学了"，是在刘冬霞老师的引领下，根据幼儿的发展现状和需求生成的一系列教育教学活动。这些活动的开展为幼儿升入小学奠定了坚实的基础。又如，结合"书香·礼韵"园所文化，教师策划在四月份举办"阅读节"活动，提出了一系列行之有效的建议。这些建议的提出，表明教师能够立足园本课程建设，站在幼儿发展的角度，积极营造文明、和谐、关爱的教育氛围，让幼儿在体验、游戏中快乐地成长。

3. 开展主题背景下个别化学习教研活动。

随着主题活动的进一步开展,如何投放与主题相关的区域材料成为教师关注的问题。由此,我们组织开展了主题背景下个别化学习观摩研讨交流活动,引导教师关注幼儿与材料的互动,把握区域活动的关键点。活动将参观汇报、培训、观摩研讨相结合,让教师学习运用白描式记录方法,记录幼儿的学习故事,并尝试现场运用,使大家对于直观记录幼儿在区域活动中的表现有了基本的了解。在集中研讨环节,大家针对主题背景下区域活动中投放材料的丰富性、操作性、层次性和幼儿与材料的互动情况进行交流,分享了材料投放的方法以及过程中存在的问题。大家各抒己见,畅谈了经验和困惑,对于集体备课中要制订详细的区域活动计划、投放材料时做到资源共享等意见达成了共识。

4. 课题研究内容生活化,注重幼儿的实践体验。

课题研究内容生活化,注重幼儿的实践体验,让幼儿在实践中学礼、懂礼、用礼,达到知行合一。中班组的教师与家长联合开展幼儿做客、待客活动,成为最受孩子们喜爱的实践活动之一,也得到了家长们的大力支持。

2017年3月,随着礼仪实践馆的启用,教师们和孩子们将这里当成了共同的家,一起制作美食,一起招待客人,还邀请爸爸妈妈来做客,来当助教,体验幼儿园生活的温馨与快乐。在美食制作活动中,教师们追随园本课程建设的脚步,有意识地根据民族文化、传统文化和幼儿的年龄特点,组织幼儿制作传统美食,如:中五班教师、家长助教和幼儿一起制作糖葫芦;大一班教师、大二班教师、家长助教和幼儿一起熬奶茶,用蒙古套餐招待客人;端午节期间,中、大班教师联合家长助教,教幼儿制作粽子、凉糕,并邀请小班幼儿品尝,营造了浓厚的节日氛围。

5. 课题研究从教育实践中的具体问题入手,帮助教师提升已有经验,掌握解决问题的方法。

经调查发现,幼儿的坐姿、握笔姿势不正确是较为普遍的现象,大多数教师、家长对此没有给予足够的重视,对幼儿入学后的学习造成了一定的影响。为此，我们开展了幼儿双姿培养研讨交流活动，通过发放调查问卷、观摩、研讨的方式，就坐姿、握笔姿势养成过程中的问题，以及家园合作培养幼儿良好的坐姿、握笔姿势的策略达成了共识，如：教师要在日常生活中有意识地锻炼幼儿手部肌肉的活动能力、锻炼幼儿手指的协调性等。

在园本课程建设的过程中，我们越来越清醒地认识到：园本课程是在适合本园实际的课程理念下进行的课程实践，需要发挥保教人员的集体智慧，它是一个需要不断探索和完善的过程。

（三）彰显特色，提升品质

1. 早期阅读工作。

（1）早期阅读在好书同分享、亲子日记记录、小作家成长足迹档案建立等常规工作的基础上，重点加强了绘本教学活动的开展。

（2）通过亲子讲故事比赛、好书推荐、创意戏剧表演等活动，为幼儿创设不同的平台，提升幼儿的语言表达能力，促进幼儿的语言发展。在六一庆祝活动中，中大班的创意戏剧很好地呈现了我园早期阅读园本课程建设的成果。从绘本教学活动到自己创编剧本，再到教师和幼儿共同讨论每一幕的具体内容、竞选角色、游戏设计、共同制作道具，每一个环节都体现了"以儿童的意愿、努力和健康成长为中心"的创意戏剧教育的主要特征。在利用肢体、表情、语言等来表达绘本内容的过程中，幼儿轻松、愉悦、自信。

（3）阅读节活动。结合世界读书日，我们开展了阅读节主题系列活动，通过绘本教学培训、教师自制图书比赛、书香家庭评选、阅读宝宝评选、创建亲子阅读家长论坛、走进图书馆等活动，激发师幼读书的兴趣，多渠道培养幼儿的阅读习惯，让幼儿、家长、教师在活动中感受书香。

2. 礼仪教育。

（1）礼仪教育从幼儿的一日生活入手，结合班级日常工作，以小现象、小问题为切入点，致力于分析、解决问题，提升教师的学习、研究、自主反思能力，让研究更好地为教育教学服务。通过观摩研讨、实践活动、专题研讨、集体备课等活动，以"一课二研""集体备课五步骤"的方式推进园本课程的开发。

（2）充分利用"我们的节日"教育资源，多途径培养幼儿的良好品德和综合素质。以环境创设、开展主题活动和实践活动为载体，各班组织了丰富多彩的节日教育活动，让幼儿在认知、动手操作、感受体验中建构经验，做到知行合一。例如，在重阳节，为了弘扬中华民族的传统美德，从小培养幼儿尊老敬老的优良品质和勤俭节约的意识，我们举办了"感恩重阳"亲子爱心义卖活动。中大班幼儿在家长的帮助下，将家中闲置的玩具、图书带来参加爱心义卖。在清明节，我们在缅怀先烈的同时拓展了其他活动，如亲子踏青、亲子放风筝。在端午节，为了让幼儿初步了解中国的传统文化，培养幼儿的爱国主义情感，我园各班开展了内容丰富的端午节活动，让幼儿用自己的方式来庆祝传统佳节。教师和幼儿一起编织了五彩绳，制作了独特的香囊，还邀请有经验的家长来教幼儿做粽子，让幼儿与手拉手班级的其他幼儿分享粽子等。六一儿童节，我们以"游戏点亮童年"为主旨，开展了"童心童梦乐童年"庆祝活动，小班组的礼仪操展演让日常生活礼仪内化于心。

（四）家长工作

在常态化的家长学校工作的基础上，我园本学年继续推动幼儿园家庭教育六大子工程的建设。积极组织开展丰富多彩的家长学校活动，让家长全面了解幼儿园的各项工作，鼓励家长积极参与幼儿园的教育教学工作，与教师进行良性互动，并向家长宣传科学的家教知识，帮助家长转变教育观念，改进教育方法，逐步形成"1+1>2"的教育合力。

1. 致力于改革家长会，提高家教教师授课水平和家长会的质量。

继续以"研会""定会""说会""跟会"为集体备课模式，着力解决家长会中教师面临的普遍性问题，充分发挥名师、骨干教师的引领作用，指导青年教师把握家长会的关键点，提升教师组织家长会的能力。家长会后，通过汇总《跟会教师反馈表》和《家长意见反馈表》，分析、梳理工作亮点和存在的问题，进一步深入了解家长会的具体情况，为后续家长会工作提供帮助。

2. 结合家长开放日和家长助教活动，开展多样化的生活体验实践活动。

将家长开放日、家长助教活动与端午节等节日活动结合起来，采取提前预约的方式，家长可根据活动内容灵活安排参与时间。活动通过制作传统美食和不同地区、不同民族的美食，让家长感受幼儿的成长与进步。幼儿园活动的丰富多彩以及润物无声的礼仪教育氛围，密切了家园联系，增进了家园合作，很好地体现了"生活即教育"的理念。

3. 继续推进书香家庭建设，推动亲子阅读常态化。

亲子阅读工作是结合我园"好书同分享"活动开展的一项重点工程，从亲子阅读宣传指导工作到亲子阅读家长专题培训，我们让亲子阅读工程建设形成了家园同步。

通过班级教师的宣传和指导，家长们逐步掌握了与孩子进行亲子阅读的方法，并具体体现在了亲子阅读日记上。亲子阅读的记录真实地体现了家长与孩子之间的阅读互动，对我园早期阅读特色教育的发展起到了推动作用。

经过不懈的努力，2016年12月，我园被××教育局评为先进家长学校。这是对我们的一种肯定，激励我们继续前行。

三、存在问题及今后的工作思路

（1）在园本课程建设中，课程领导力亟须加强，课程建设的核心思想还需要多思考，缺乏明确、具体的研究方向。虽然研究成果初现，但其不能很好地彰显"书香礼韵"的园本课程特色。在今后的工作中，我们应该继续加强课程领导力的学习，在理论与实践学习中做到把握精准、策略具体且行之有效。

（2）教科研工作以问题为载体，在解决问题的同时还需提升品质。目前缺乏相关制度的支持，目标定位不够准确，需要进一步思考，拓展教研思路、途径和方法，完善教研制度，凝聚团队力量，提升教师的教研能力和教研效果。

（3）在教师队伍建设中，各层级教师实践经验丰富，但缺乏理论的学习。除了鼓励自学，还需提供更加丰富、有效的平台，督促教师加强理论学习，尤其是《3—6岁儿童学习与发展指南》的学习，从而提升教师的专业化水平。

（4）家长学校家教授课工作不够系统，园本家教授课内容的优质性还需加强，在今后的工作中要依托我园的骨干教师逐步推进这项工作。

"保教并重"是幼儿园教育的基本原则，保教工作是幼儿园各项工作的核心，直接反映了幼儿园的教育教学质量、师资队伍水平，影响着全园幼儿身心的和谐发展。因此，不断促进保教工作向专业化、科学化、系统化提升，是幼儿园工作的重要目标，优化幼儿园保教工作应是幼教人的不懈追求。

第四章

幼儿园班务工作计划与总结

幼儿园班级是幼儿园进行保教活动的基本单位，其管理成效的好坏与幼儿园整体成效息息相关。虽然影响幼儿园班级管理好坏的因素是多方面的，但幼儿园班级管理也是通过计划、组织、实施、总结、调整等环节来实现的，因此，幼儿园班务工作计划与总结写得如何，直接影响幼儿园班级的管理。

第一节 幼儿园班务工作计划

班务工作计划是班级行动的指南，是提高班级保教质量的前提，是班级建设的一项重要职能。班务工作计划的制订，有助于教师全面梳理、分析班级的各方面情况，有助于教师预见本班幼儿学期（学年）末在各方面能达到的水平。那么，教师怎样才能写好班务工作计划呢？

一、幼儿园班务工作计划的内涵与特点

要想写好幼儿园班务工作计划，首先必须弄清楚其内涵与特点。

1. 幼儿园班务工作计划的内涵

幼儿园班务工作计划，也称班级工作计划，是基于班级目前的情况，为实现某些教育目标而提出的教育教学方法和步骤的管理活动；是班级管理者为实现班级的目标而预先安排和规划班级工作的方案。

2. 幼儿园班务工作计划的特点

幼儿园班务工作计划是由班长组织本班保教人员共同分析班级幼儿发展、家长情况和本班工作状况等，并在认真学习相关教育法律法规，在明确幼儿园工作目标和任务的基础上，共同讨论制订的。因此需符合本班工作实际和本班幼儿的发展特点。幼儿园班务工作计划具有价值的明确性、方向的正确性、目标的针对性、内容的全面性等特点。"价值的明确性、方向的正确性"是指班务工作计划要体现国家的教育方针和正确的教育思想，体现保教结合，"以游戏为基本活动"，体现"直接感知、实际操作、亲身体验"等教育理念。"目标的针对性、内容的全面性"是指班务工作计划要包括幼儿园五大领域，以及一日活动各方面的内容，同时在分析本班幼儿具体情况的基础上，提出符合幼儿年龄特点和实际需要的目标。

二、幼儿园班务工作计划的写作要点与示例

关于幼儿园班务工作计划，幼儿园教师和管理者要掌握以下写作要点。

1. 把握幼儿园班务工作计划制订的依据

制订一份目标明确、措施具体、符合幼儿园班级实际情况的计划，需要有一定的依据。从学校管理学的理论和幼儿园工作的实践来看，制订班务工作计划的依据有如下几条。

（1）园务工作计划是方向

幼儿园园务工作计划是在贯彻国家和上级部门对某一时期工作的具体指导和要求，并结合本园实际的基础上制订的，具有方向性的保证和基于该幼儿园特点的考虑，对幼儿园班级工作的开展具有直接的指导意义。园务工作计划中的目标、任务，全园每个班都要执行。因此，在制订班务工作计划的目标和内容时，要与之保持一致和兼容，如表4.1所示。

表 4.1　幼儿园班务工作计划

园务工作计划		班务工作计划	
目标		目标	
措施		措施	

（2）班级实际情况是基础

班级工作的实际情况包括：上一时段班务工作计划的实施情况，即原来这个班级做了些什么、做到了什么程度，有哪些好的经验，还有什么差距；班级幼儿与班级组织状况，即制订计划时班级中的人、财、物等方面的情况和本班幼儿发展的基本情况。这两方面结合起来便是制订幼儿园班务工作计划的现实基础，也是最重要的立足点。

（3）教师、家长及其资源是保障

教师也是制订班务工作计划的依据之一。教师从事班级工作的经验，教师自身的业务能力、文化素质、工作态度、专业水平等因素，以及本班教师各自的年龄、优势、不足等都是制订班务工作计划的依据。此外，班级家长的职业、文化水平、教养方式等也是制订班务工作计划的依据。

2. 掌握班务工作计划的主要结构和内容

班务工作计划的写作格式和要求同其他计划的一般格式相同，包括标题、正文（前言部分、主体部分）、落款和附件等部分，其内容同园务工作计划，主要包括班级基本情况分析、本学期工作的主要目标、具体要求和措施，以及重点工作的日程安排等几个部分。

班级基本情况分析。主要是扼要地说明上学期班级工作总结中的成绩和突出问题，对当前班级幼儿、班级组织状况、教师、家长等有关事项做一下介绍。

本学期工作的主要目标。班级工作的主要目标任务可以分为幼儿生活管

理、教育管理、家长工作和其他工作管理的各项目标任务。在书写时，每一部分的目标任务不必做到面面俱到，可根据需要选择重点的、有特点的和必需的内容来写，提出总的要求。对这部分的书写要求中心突出，文字简洁明了，切忌照搬别人的班务工作计划。

具体要求和措施。在幼儿园班务工作计划中，有部分内容与上阶段内容是相延续的，这学期只要坚持就能实现预定的目标。更多的是本阶段现有的目标和任务，这就要求班级教师在制订计划时，对完成每一项任务提出具体的要求和措施，并且要落实到人，确定完成的时间。

3. 写好班务工作计划应注意的问题

班务工作计划一般是一学期制订一次，一般在开学前或开学初制订。这是教师最忙碌、班级工作最繁重的一段时间，班级的三位教师往往会进行分工。但一定要认真对待班务工作计划的撰写，班上三位教师需共同研究后再撰写。一般要经过以下程序：首先要认真研究上学期的班务工作总结，认真学习、研究园务工作计划；其次要共同讨论，确定主要内容；最后再开始撰写班务工作计划。

4. 班务工作计划示例

××幼儿园大一班班务工作计划[1]

（××—××学年上学期）

在新学期，我认真总结了上学期的教育教学工作，积极反省自己在教学工作中的不足，吸取经验，严格要求自己。新学期，新开始，我将在《3—6岁儿童学习与发展指南》的引领下，以幼儿为核心，促进每个幼儿的全面发展。

一、班级情况分析

（一）班级幼儿情况分析

经过中班一学年的学习，班里的每一个幼儿都有了较大的提高，不管是

---

[1] 本文案由四川省成都市大邑县东街幼儿园高恬老师提供。

在学习方面，还是在生活自理方面，都取得了较大的进步，这让我感到十分欣慰。在学习方面，大部分幼儿对图形的认识有了进一步的提高，能根据图形的特征进行分类。另外，在绘画、唱歌、手工、讲故事等方面的进步也很大。幼儿积极参加班上的环境创设，效果非常好。在生活常规方面，幼儿能自觉地排队喝水、上厕所，乐意与其他小朋友分享玩具。用餐前，值日生能井然有序地分发餐具等。当然，也存在诸多不足。比如：在上课时，一部分幼儿喜欢插话、注意力不集中，经常离开自己的小椅子；有几个幼儿还有挑食的坏习惯，不能自觉地午睡；有一个体弱儿需要加强饮食调理。

（二）班级教师情况分析

本班有三位教师，其中有两位老老师为原班老师，对个别幼儿行为习惯的规范管理上有些欠缺，对幼儿在安全方面的教育还要加强，卫生保洁方面还做得不够好。本学期，班上增加了一位新老师，新老师参加工作时间较短，对于本班的常规、幼儿的情况都不太熟悉，需要其他老师的指导。以后我们三位老师在开展工作时要统一协调好。

二、幼儿发展目标

（一）健康

1. 经常保持愉快的情绪，表达情绪的方式比较适度，不乱发脾气。
2. 能随着活动的需要转换情绪和注意力。
3. 能在较热或较冷的户外环境中连续活动半小时以上。
4. 具有一定的平衡能力，动作协调、灵敏。
5. 能双手抓杠悬空吊起20秒左右。
6. 能根据需要画出图形，线条基本平滑。
7. 养成每天按时睡觉和起床的习惯。
8. 知道根据冷热增减衣服。
9. 未经大人允许，不给陌生人开门。

（二）语言

1. 在集体中能注意听老师或其他人讲话。

2. 愿意与他人讨论问题，敢在众人面前说话。

3. 别人讲话时能积极、主动回应。

4. 专注地阅读图书。

5. 能说出所阅读的幼儿文学作品的主要内容。

6. 愿意用图画和符号表现事物或故事。

（三）社会

1. 有自己的好朋友，也喜欢结交新朋友。

2. 能想办法吸引同伴和自己游戏。

3. 能主动发起活动或在活动中出主意，想办法。

4. 能有礼貌地和别人交往。

5. 在群体活动中积极、快乐。

6. 理解规则的意义，能与同伴协商制定游戏和活动规则。

7. 愿意为集体做事，为集体取得成绩感到高兴。

（四）科学

1. 能经常动手、动脑，寻找问题的答案。

2. 能通过观察、比较与分析，发现并描述不同种类物体的特征或某个事物前后的变化。

3. 能察觉到动植物的外形特征、习性与生存环境的适应关系。

4. 能发现事物简单的排列规律，并尝试创造新的排列规律。

5. 初步理解量的相对性。

6. 能用常见的几何形体，有创意地拼搭和画出物体的造型。

（五）艺术

1. 乐于收集物品或向别人介绍所发现的美的事物。

2. 艺术欣赏时，常常用表情、动作、语言等方式表达自己的理解。

3. 积极参与艺术活动，有自己比较喜欢的活动形式。

4. 能用基本准确的节奏和音调唱歌。

5. 能用律动或简单的舞蹈动作，表现自己的情绪或自然界的情景。

三、班级主要工作目标及措施

（一）师德方面

热爱幼儿教育事业，安心从教，踏实工作。热爱幼儿园，关心幼儿园的发展。尽心尽职地做好本职岗位的教育教学、管理、服务工作，树立榜样。从"一切为了孩子、为了孩子一切、为了一切孩子"出发，认真贯彻落实教学常规，不随意迟到、早退、中途擅离岗位，使用手机不影响工作，随时随地给幼儿树立良好形象。不随意发牢骚，不体罚或变相体罚幼儿，真心诚意地对待幼儿，成为他们的"伙伴"。不传播有害于小朋友身心健康的错误言论。关心爱护全体幼儿，对于特殊儿童要正确对待，不歧视他们。支持客观、公正地对待和评价每一个幼儿，善于发现幼儿身上的积极因素，并鼓励幼儿追求进步。勇于承认自己工作中的失误，勇于接受领导和家长的正确意见。不讽刺、挖苦、歧视幼儿。严格要求幼儿，不偏爱、不溺爱幼儿，做到严而有度、严而有方，主动、经常地与幼儿家长联系，每学期对本班的幼儿至少家访一次。尊重幼儿家长，认真听取幼儿家长的意见，虚心接受幼儿家长的正确批评。向幼儿家长宣传科学的教育思想和方法。

（二）教育教学工作

1. 根据幼儿的年龄特点，认真制订学期计划。邀请幼儿、家长积极参加班级环境创设。从幼儿的兴趣、需要、习惯等方面出发，为幼儿创设良好的条件，利用好教材，提供充足的操作材料，积极开展教育教学活动。

2. 在一日活动中，针对不同性格特点的幼儿，运用不同的方法，引导他们有兴趣地参与活动，并积极主动地去学习。在遇到困难的时候，培养他们独立解决问题的能力，传授他们简单的生活经验。针对不同的问题，采取相应的措施。

3. 我园以健康为特色，开展足球化游戏课程。本学期本班足球化课程的教学内容主要以基本身体素质和基础足球练习为主，在基础练习的同时，学习足球活动的规则，同时还要培养幼儿对足球运动的兴趣和团结合作的意识。

4. 幼儿期是养成良好习惯最重要的时期。对于大班幼儿，本学期我们将继续开展"十个好习惯"的培养。良好的行为习惯能使幼儿受益终生，促进幼儿整体素质的提高。

5. 正确衔接小学教育，纠正和防止幼儿教育"小学化"倾向。在集体教育中，以游戏、图片、音频等方式进行，制作教玩具供幼儿使用，防止填鸭式教学。丰富各类区角材料，全面培养幼儿各方面的能力。在生活中进行随机教育，切实教给幼儿对以后生活和学习有利的知识、技巧，为幼儿的终身学习奠定基础。

6. 经过中班一学年，目前我班幼儿在体育动作和耐性方面有了一定的基础，体能大部分都达标，但班级幼儿的动作发展存在一定差异，还有部分幼儿动作不协调，在遇到困难时缺乏克服困难的勇气和胆量。在今后组织幼儿开展体育活动时，我们将多考虑各种动作发展，照顾幼儿的个体差异，进行不同强度的体能锻炼，让每一个幼儿都得到发展。

7. 在解读幼儿这个环节中，我们应主动出击，通过丰富的活动和环境来创造机会和条件，使幼儿的个体差异得以充分地表现。站在幼儿的角度，了解幼儿行为、语言背后的想法和感受，发现他们真正的需求。

（三）卫生保健工作

抓好班级日常的保育工作，做到仔细认真。细心照顾幼儿每日的饮食起居，继续鼓励幼儿做一些力所能及的事情，使幼儿的自理能力得到提高。帮助幼儿获得科学的健康知识及安全知识，使其身心得到健康、和谐的发展。

1. 督促生活老师搞好班级卫生，每天做好清洁、消毒、通风工作；预防传染病的发生。

2. 严格执行幼儿的一日活动作息制度，合理安排好幼儿的一日生活；整理好室内外的环境布置，为幼儿创设一个清洁舒适、健康安全的生活学习环境。

3. 加强幼儿的卫生教育。重点强调个人卫生：不能把脏东西放入嘴里，以防病从口入。

4. 加强幼儿自理能力的培养，如扣纽扣、穿裤子和鞋子、整理游戏材料等。

5. 在日常生活中特别关照年龄偏小和体弱幼儿，发现问题及时处理，使幼儿能够健康茁壮地成长。

6. 坚持每天带幼儿到户外进行两小时的活动，并根据天气的变化，督促幼儿增减衣服，对于生病的幼儿要加倍关心和爱护。

（四）安全工作

大班幼儿已具有简单的安全知识和初步的自我保护意识及能力，但由于幼儿年龄小，自我控制能力差，为了做好班级安全工作，保证幼儿安全、健康地成长，针对班级实际情况，特制订安全工作计划如下。

1. 班级保教人员在思想上必须树立"安全第一"的意识，做到工作到位，时刻注意幼儿的活动情况，不离开幼儿，并采取一系列措施，做好安全防范工作。

2. 每天认真检查幼儿的出勤情况，做好出勤登记，对缺席（请假）的幼儿及时了解原因。

3. 做好户外体育活动前的准备工作，检查活动场地、器械的安全，提醒幼儿检查穿着，消除安全隐患，让幼儿轻松地参与活动。

4. 盥洗时，保育员应保证盥洗室的干爽，排除积水，防止幼儿滑倒。教师注意维持盥洗室的良好秩序，防止幼儿碰撞及玩水。

5. 教师对幼儿加强安全教育，使幼儿形成较强的自我防护意识。比如，让幼儿做到课间不追赶，不爬高，不做危险动作，不玩危险物品，不乱吃东西，不将异物塞入耳、鼻、口内。教育幼儿团结友爱，不打人，互相帮助，遇到不安全的情况及时向老师汇报。

（五）家长工作

1. 加强与家长的交流与沟通，利用家访、QQ、电话、接送时的交谈等形式，了解每个幼儿的兴趣和爱好，以及家长的需求。

2. 及时向家长反映幼儿在园的情况表现，取得家长的密切配合。

3. 在与家长沟通时应注意热情有礼，对待特殊情况要冷静，有理有据地进行交流。

（六）常规方面

1. 利用谈话时间，对幼儿进行节约用水等方面的教育，督促幼儿及时关紧水龙头。通过与家长交流、探讨，家园共同配合，教育幼儿养成良好的走路习惯，在平时活动中，时常督促幼儿慢走。

2. 小桌长监督，组织本组幼儿评选当日吃得好的幼儿，并为表现突出的组奖励红旗。

3. 组织幼儿参加各种能力竞赛活动，提高幼儿各方面的能力。

4. 家园配合，让幼儿形成家园一致的饮食习惯，改正幼儿挑食、偏食的不良习惯。

5. 每周五组织幼儿评选"本周之星"，激励幼儿遵守班级各项常规。

6. 自理能力的培养：让每个幼儿知道自己很能干，自己的事自己做，并向幼儿进行友爱、谦让的教育。

7. 继续进行课堂常规培养：上课积极举手发言；大胆提出自己的见解，声音响亮；不随意与旁边的幼儿说话。

（七）新教师培养

1. 和新老师沟通交流，尽快熟悉班上的幼儿和家长。

2. 熟悉一日生活作息时间，对幼儿的常规教育要统一协调。

3. 指导新老师认真备课、上课。

4. 热情接待幼儿和家长，指导新老师做好二次晨检工作，学习做好记录。

附件：分月工作安排（略）

执笔：×××
××年××月××日

第二节 幼儿园班务工作总结

每学期（学年）结束，幼儿园需要对本学期整体工作进行回顾和总结，同样，每个班也需要对本班的工作情况以及幼儿的发展情况进行梳理和总结。那么，班务工作总结的内涵和特点是什么？怎样才能写好一份班务工作总结呢？下面从幼儿园班务总结的内涵和特点，以及写作要点进行解答。

一、幼儿园班务工作总结的内涵与特点

制订计划、组织实施、检查指导、总结评价，这是管理工作的四个基本环节。班级管理也是如此，不仅事先要有计划，事后还应该进行总结。总结是管理过程的终结，它对班务工作计划的执行情况进行全面检查与评估，发现优点和缺点，总结经验和教训。总结的过程也是对以往班级工作进行全面检查、分析和研究的过程。

二、幼儿园班务工作总结的写作要点与示例

关于幼儿园班务工作总结，幼儿园教师和管理者要掌握以下写作要点。

1. 把握班务工作总结的结构和主要内容

班务工作总结的写作格式和要求与其他总结的一般格式相同，包括标题、正文（前言部分、主体部分）、落款和附件等几个部分，其内容与园务工作总结相似，包括班级各方面工作中的经验体会、成绩问题、思考等。其主要内容应体现以下几个方面。

梳理班级计划的完成情况。这是评价班级计划质量的重要依据。一份好的班务工作计划，应该能在计划时间内完成或基本完成。如果在规定时间内还没有完成，就要实事求是地分析、寻找原因，总结教训。是因为工作量太大？难度太大？还是三位保教人员不够努力？或者大家的工作效率不高？为以后制订工作计划提供参考，也有利于教师客观公正地评估自己的工作能力，

帮助教师认识自己的优势与不足。

评估班级保教的工作质量。质量是幼儿园的生命。班级工作的质量，主要在于班级保教工作的质量。班级工作的质量包括：一是儿童健康状况，包括儿童逐日和全年的出勤、发病以及身高、体重、血色素的达标情况。二是教育工作状况，包括儿童文明行为习惯的培养状况和各科教学计划完成的情况。

家长工作。家长工作包括与家长的配合情况、家长的来访次数、家长会、家长反映的问题以及家长学校和家长开放日的质量等。

其他内容。班级工作人员的劳动纪律、敬业精神、团结协作的情况；班级的卫生保健、清洁卫生情况；班级参加各类比赛评选的情况等。

2. 写作班务工作总结应注意的问题

在撰写班务工作总结时应注意以下几个问题。

班务工作总结应注意总结经验和教训。班务工作总结是对班级工作的评价过程，应注重以目标、计划为依据，对照工作结果，判断工作的成绩与差距，总结经验与教训。

班务工作总结应注意探讨规律。班务工作总结要以平时的阶段小结为基础，凭材料和事实说话。切忌流水账式单纯罗列现象。要注意分析、探讨规律，将实践中的感性知识提升到理性水平，对于成功的经验，可以继续运用；对于不足之处，力求改进，以指导今后的实践，提高班级工作质量。

班务工作总结是一种班级集体行为。在进行班务工作总结时，班级全体人员需要对工作全过程进行回顾。通过总结，使班级全体成员增强信心，明确今后努力的方向。

3. 班务工作总结示例

××幼儿园小一班班务工作总结[1]

(××—××学年上学期)

新年将近，小一班幼儿在幼儿园里度过的第一个学期即将结束。悉数这

---

[1] 本文案由四川省成都市大邑县东街幼儿园魏娜老师提供。

五个月的带班工作，我的心理状态从最开始的担心、紧张逐渐转为现在的平静、自然。无论是在班级管理，还是教育教学方面，我真的收获了太多。于是，在此做些梳理，充实自己的经验。

一、以爱心和耐心助力幼儿好习惯的培养

对于小班幼儿来说，常规培养是关键。然而面对哭闹的幼儿，要他们喜欢上幼儿园，并且提高自己的生活自理能力，这是一个重难点。但在一个学期的工作中，班级教师坚持以爱心和耐心助力幼儿好习惯的培养，取得了不错的效果。

（一）促进幼儿养成良好的生活习惯、卫生习惯

小班幼儿在语言表达、动作发展等方面刚起步，具体形象思维决定了他们的学习必须是直观的、需要反复练习。本学期我们花费了大量的时间和精力培养幼儿的生活卫生习惯。比如：手把手教给幼儿穿、脱衣服的方法；带幼儿如厕、洗手，悉心示范，耐心教育，辅助幼儿更好地掌握技能。在班级老师的密切配合和坚持下，一个学期下来，班里的幼儿有了很大进步。盥洗时他们学会了排队等候，以及正确洗手的方法；喝水时，能用自己的杯子接水喝；进餐时，能正确使用餐具，安静进餐，吃完饭后会擦嘴等。

（二）帮助幼儿养成一定的生活自理能力

本学期我们坚持并鼓励幼儿做力所能及的事情，并对幼儿的尝试与努力给予肯定，不因幼儿做不好或做得慢而包办代替。我们将自理能力培养和领域教学相结合，指导幼儿学习和掌握生活自理的基本方法。在集体教学活动时，通过故事讲述、儿歌、表演等形式，帮助幼儿掌握独立吃饭、穿脱衣物、洗手洗脸、解便、擦鼻涕的正确方法。

（三）轻声细语，温暖表达

为了让小班幼儿尽快适应幼儿园的生活，喜欢上幼儿园，同时帮助幼儿养成良好的倾听习惯和学习习惯，班级教师在一日活动中特别注意放慢语速，使用和蔼、轻声的语调与幼儿沟通交流。班上的幼儿多数在集体活动中乐意发言，但不能安静地倾听他人讲话，常常在别人讲述时打断别人。在一日活

动中，我们以身示范，利用幼儿喜爱模仿的特点，培养幼儿"安静听、轻声说"的习惯。在培养倾听习惯的同时，我们也注重在各项活动中培养幼儿乐于与同伴交流、大胆发言、使用普通话的好习惯。鼓励幼儿在游戏时礼貌交往，用自己的语言表达对歌曲或绘画作品的感受。对于一些胆小的幼儿，我们积极鼓励他们发言，并在各种活动中要求他们学习用恰当的语句表达。

二、利用丰富多彩的主题活动，丰富幼儿的学习生活经验

本学期我们开展了丰富多彩的主题活动，开阔了幼儿的视野，帮助他们获得了丰富的生活经验，如"汽车滴滴滴""甜蜜的家""秋天的水果"等，均收到良好的效果。在"舞动亲情，健康活力"亲子运动会上，幼儿更是体验到了运动带来的快乐。在"迎新年，庆元旦"活动中，为达到最棒的表演效果，班级幼儿积极、主动参与排练，并在当天展示了最好的风采，赢得了大家的阵阵掌声，增强了他们的自信心。

三、细心驻扎保育工作

在开学前，我们了解到班上的体弱儿较多，因此，在这学期的工作中，我们除了坚持用爱心和耐心，教育幼儿学习各项生活卫生习惯之外，还坚持观察幼儿的情况，做到真正细心照顾好每一个幼儿。在一日生活中，为能力弱的孩子扎好衣裤，检查衣裤有无弄湿；在户外活动时，提前了解幼儿的出汗情况，及时为幼儿脱衣服，垫好擦汗毛巾，预防因出汗引起感冒。针对体弱的幼儿，注意提醒并监督他们多喝水，注意观察他们的进餐情况，避免挑食的情况出现。这一学期，我们也特别重视加强午睡管理，关注幼儿的午睡情况，勤巡视和观察，让每个幼儿都睡得安稳。

四、家长工作

这学期，我们坚持"家园零距离"，及时反馈幼儿在园的一切情况，缓解家长对幼儿入园的担忧。首先，我们利用家访、微信沟通等形式，积极、真诚地与家长交流幼儿的在园表现，并针对家长提出的问题，有针对性地开展教育教学工作。其次，班级教师每天利用微信、QQ反馈幼儿在园的动态，解答家长的疑问，并定时向家长发送幼儿在园生活的照片，让家长更好地了

解孩子、了解班级。再次，利用家园栏、家长会、亲子活动等与家长密切沟通，增进了解和认识，提升家长对我们工作的认同度。

五、安全工作

小班幼儿的安全意识薄弱，因此我们始终将安全工作放在首位。在早上上班时，认真开展安全检查，并且提前做好卫生消毒工作；在幼儿入园期间，做好幼儿的二次晨检，确保班级本学期无一例传染病的发生；在开展教育教学活动时，留意每一个幼儿的活动情况，增加幼儿安全方面的常识，提高幼儿的安全和自我保护意识；每天离园前，认真开展好"最后一分钟安全教育课"。利用家园栏、微信群、宣传单向家长宣传安全教育方面的知识，有效地避免了安全事故的发生。

一学期的工作结束了，班级老师和孩子们都收获颇丰。虽然个别幼儿的自我服务能力较差，个别幼儿的课堂常规表现还有待提高，班级内务整理的意识还需要提高等，但是总的来说，我们有信心在下学期让班级工作上一个新台阶。

执笔：×××

××年××月××日

第五章

幼儿园课题研究方案与研究报告

课题研究是教师专业发展的有效途径，然而撰写课题研究方案及研究报告成了许多教师的"拦路虎"。科学地撰写课题研究方案有助于教师有序地开展后续课题研究，有助于提高课题研究的实效。一份好的课题研究报告能清晰地表达整个课题研究的成果和精华，使课题得到很好的推广。因此，课题研究方案和研究报告的撰写之于课题研究工作而言，与研究过程同等重要。

第一节 幼儿园课题研究方案

幼儿园课题研究方案涉及的主要内容是什么？幼儿园课题研究方案的基本框架是什么？幼儿园课题研究方案的写作要点是什么？如何将教师要研究的问题、研究目标和思路清晰而科学地表达出来，幼儿教师可以从以下几方面进行把握。

一、幼儿园课题研究方案的内涵与特点

1. 幼儿园课题研究方案的内涵

课题确定后，紧接着就是课题研究方案的撰写。幼儿园课题研究方案，即课题研究计划，是幼儿园开展课题研究的具体设想。课题研究方案主要回答三个问题——"为什么做""做什么""怎么做"，其设计过程也是课题价值

与意义、实施可行性等的论证过程。课题研究方案的表达形式一般分为文字直叙式和表格式两种。

2. 幼儿园课题研究方案的特点

由于对课题研究方案认识不足，许多幼儿园教师往往谈及"课题研究方案"而色变，缺乏主动和深入地了解课题研究方案的信心和勇气。其实，一份好的课题研究方案具备一些共同的特点，从这些特点着手，往往就能够事半功倍。

（1）问题导向

课题源于问题，这是准备做课题研究的教师首先需要明确的观念。一旦失去问题意识，课题研究就如无源之水、无本之木，难有建树。教科研的实质是解决现实工作中的问题，它总是针对现实问题而进行的，研究的对象是大家普遍关心的实际问题。对于幼儿园教师而言，课题研究方案的撰写要紧扣幼儿教育过程中遇到的实际问题，其落脚点是以科学的方法去解决问题。当然并非有了"问题"就一定会有"课题"，但是有了"课题"就一定先有"问题"。

（2）构架完整

课题研究方案是一个由多种要素组成的有机整体。一个课题研究方案应当包含课题名称、研究背景、课题依据、概念界定、研究现状综述、研究意义、研究目标、研究内容、拟创新点、研究方法、研究步骤、预期成果、研究保障等要素，其中任何一个要素的缺乏都会影响课题研究方案的完整性，从而对课题研究的实施造成不利影响。

（3）科学可行

制定课题研究方案的过程，同时也是确保课题研究更加科学可行的过程，因为课题研究方案解决了为什么研究、研究什么、怎么研究的问题。我们常常能够发现一些课题研究方案与研究实践两张皮的现象，研究方案不能指导研究实践，这样的研究方案一般都不具备科学可行的特点。因此，毫不夸张地说，如果课题研究不具备科学可行的特点，那么其研究的价值和意义就不复存在。

与大学院校、科研院所的许多课题研究不同,幼儿园的课题研究一般直接作用于研究对象,对幼儿、教师、幼儿园、家长、社区等会产生实质性影响。因此幼儿园课题研究方案普遍注重实践性,也就是以解决幼儿园教育教学过程中遇到的实际问题为主,更加突出地体现了"实践出真知"的原则。由于研究更加偏重于实践,所以幼儿园课题研究方案需要更加重视研究方案的设计,保证课题研究的可操作性。如何开展文献查新、如何收集资料、如何整理和分析资料、如何对课题人员进行分工等是否具有可操作性,直接决定了课题实践是否具有科学性。

优秀的幼儿园课题研究方案都应当具备"问题导向""构架完整""科学可行"等特点。在研究方法上以观察、访谈、行动研究等为主,科研成果多由收集到的一线资料归纳提炼而来。总之,幼儿园课题研究实践的过程即是使研究对象产生实质改变的过程。

二、幼儿园课题研究方案的基本结构

幼儿园课题研究方案一般由以下几部分构成。

研究背景。研究背景,也称"选题背景""课题的提出""问题的提出""选题缘由""选题缘起"等,主要回答"为什么要进行该课题的研究"。

课题依据。课题依据主要解决"依据什么进行课题研究"的问题。课题依据通常包括政策依据(指导思想)、理论依据和实践依据三个方面。

概念界定。"界"是"边界""界线","定"是划定,"界定"就是划定边界或界线。概念界定就是给概念划定界线。概念界定的过程往往是一个不断精练研究概念的内涵、不断缩小研究范围的过程。界定核心概念时,一般需要介绍概念的一般义和特指义。概念的一般义是指一般情况下这个概念是什么意思。这个意思可以来自词典,也可以是其他研究者对此概念的界定;概念的特指义是指在本课题研究中使用的该概念的含义是什么,对于概念的适用对象、适用范围等需做出清晰的说明。

研究现状综述。综述的"综",即综合,意思是要"综合性"地叙述某

一领域在一定时期内的研究概况；而"述"除了"叙述"之外，更重要的是"评述"，即作者提出自己的见解。综述时既需要厘清别人已有的相关研究的材料、方法、观点、结论、成果、水平、动向等，还要评述相关研究的问题和欠缺。

研究意义。研究意义，一般可从理论意义与实践价值两方面来阐述。理论意义指课题研究对该领域研究在学理上的积极影响，包括对理论发展的推动、创新等。实践价值指课题研究对实践状态的积极影响，包括对实践的改进、推动或启示等。

研究目标。研究目标是课题研究预期要达到的结果。明确的研究目标，对课题研究具有定向作用和指导作用。课题研究目标描述的要求要具体、清晰、有条理、适度。

研究内容。研究内容主要指课题所涉及的研究问题，一般根据研究目标确定。课题研究在主问题下会分出一些相关问题，这些相关问题的研究便构成了研究的主要内容。

拟创新点。课题研究的重要价值在于创新。可以说，没有创新，课题研究就缺乏价值。拟创新点是指课题研究可能带来的创新之处。课题研究的创新点主要表现为发展创新、开拓创新、认识创新、手段创新。当然，一项研究不可能包括上述全部创新，也不可能有太多的创新，能够有一两项创新就可以了，有两三项创新就非常不错了。

研究方法。研究方法是对怎样研究的回答，可以理解为原则、策略、程序、工具、方式的综合表述，重点写明怎样实施此项研究。比如，准备如何收集数据，将使用何种技术来分析、处理数据并推导出结论。

研究步骤。研究步骤也被称为研究阶段，是具体实施课题研究的活动安排。研究步骤一般分为准备阶段、实施阶段和总结阶段。

预期成果。预期成果就是正式开展研究之前希望得到的收获，包括问题解决的程度、可能产生的效益、成果的表现方式。成果的表现方式是成果的物化形态，如研究报告、学术论文、专著、案例等。研究者可以根据实际情

况，选择书刊、光盘、网页、软件等不同的载体。

研究保障。研究保障主要指为了保证课题研究顺利实施所应具备的物质条件、人力资源和前期成果等。物质条件包括图书资料、研究设备等；人力资源包括核心人员的研究经验和能力，以及课题组人员的工作岗位、学术优势、年龄和专业知识结构；前期成果主要指本课题组已取得的与本课题相关的研究成果。

三、幼儿园课题研究方案的写作要点与示例

对于许多幼儿园教师来说，即便知道了课题研究方案的要点和基本结构，要真正动手撰写一篇优秀的课题研究方案仍然颇有难度。这是理论转化为实践时存在的问题，要真正撰写课题研究方案仅仅停留在"知"的层面显然是不够的，还必须落实到"行"的层面。

1. 凸显价值——解决为什么做该课题的问题

要想顺利地撰写课题研究方案，首先要弄清楚为什么要做这个课题。解决不了"因"的问题，便无法结出"果"来。

（1）研究背景

研究背景主要回答"为什么要做该课题的研究"，需要开门见山地阐释清楚面临的问题，一般可以从以下三个维度进行阐释，即幼儿发展面临的问题、教师发展面临的问题、幼儿园发展面临的问题。当然每一项研究的侧重点都有所不同，可能着重涉及其中之一，也可能三个方面都有所涉及。

"1—3 岁婴儿入园衔接课程的实践研究"的研究背景[1]

1. 幼儿入园适应能力有待提高。

每学期伊始，幼儿园都会迎接一批个性鲜明的幼儿的到来。他们从未经历过幼儿园集体生活，一旦从家庭生活进入幼儿园生活，就会表现出不同程度的焦虑，如哭闹、呆坐、紧张、拒绝饮食、依恋老师、逃避午睡甚至呕吐

---

[1] 摘自四川省直属机关东府幼儿园课题方案。

等。虽然幼儿的入园不适应具有普遍性甚至必然性,不过长时间的不适应则会对幼儿的身心发展造成影响,因此如何提高幼儿入园的适应能力,让幼儿尽快适应幼儿园生活,是幼儿园的重要课题。

(1)家庭生活与幼儿园生活有差异。

幼儿的家庭生活和幼儿园生活的差异是不言自明的,主要表现在由个体走向集体。在家里,幼儿是家里的宝贝,是父母、祖辈关注的焦点。无论是幼儿的生理需要还是心理需要,在家里一般都能得到充分的满足。自出生以来,幼儿便在父母的呵护下成长,熟悉家庭环境,对家庭环境建立起了足够的信任,对父母产生了依恋之情。进入幼儿园后,环境、老师、同伴等都是陌生的。幼儿园存在着许许多多的规则,盥洗、午休、取放玩具等和家里都有所不同。老师不会像亲人一样总是关注着自己,更多时候是根据集体需要做出教育行为。这些差异性会让幼儿失去对人、事、物的控制能力,从而表现出焦虑,产生种种不适应的表现。

(2)幼儿入园存在各种不适应表现。

经过研究,我们发现幼儿入园的不适应表现是有差异的,受到气质类型、家庭教养方式、亲子关系等影响,幼儿的不适应表现具有个性。不过幼儿入园的不适应表现大体可以归结为以下几类:大哭型、尾巴型、念叨型、受人影响型、几天后才哭型、漠然型、寻求安全型、自娱自乐型、发泄型、愉快型。当然,同一个孩子往往会在不同时间具有不同的表现类型,也就是说幼儿入园的不适应表现类型是复合的,而不是唯一的,有的幼儿既哭闹又跟着老师,有的幼儿哭闹的同时也发泄自己的情绪……

2. 发挥我园亲子班效用的要求。

我园自2011年新设了亲子班,配置了两名经验丰富的教师。多年以来,我们致力于在实践中探索建立有利于婴儿身心健康发展的亲子课程,并且取得了一定的成效,获得了家长的好评。

(1)亲子班和家庭的联系更加紧密。

亲子班的教育和幼儿园教育有一定的差异,最明显的不同是,亲子班的教育活动是亲子活动，家长和幼儿一起进行课程活动。教师在支持幼儿发展的同时，还要支持家长的教育能力的提高。在整个课程活动的过程中，亲子班老师都会和家长进行充分的沟通，因此亲子班和家庭的联系更为紧密。

（2）亲子班具有实施入园前课程的比较优势。

我们认为入园衔接课程不只是入园后的课程，更是入园前的课程。如果说幼儿园更加注重入园后课程的建构，那么亲子班则更加注重入园前课程的建构。在入园前课程的建构方面，亲子班更占优势。首先，亲子班老师拥有和家长充分沟通的时空条件，在教育活动的过程中，老师和家长可以进行充分的沟通。其次，亲子班老师在课程设计上更加重视家庭教育。亲子班的课程活动都会单列一块，对家长的教育进行支持。最后，亲子班老师在亲子课程上具有专业性，能够更好地支持家长进行家庭教育。

3. 缺乏系统的1—3岁幼儿入园衔接课程。

据我们观察和了解，各所幼儿园都有自己的入园衔接课程，以支持新入园幼儿更好地适应幼儿园的学习和生活，然而这些课程往往较为零散，而且主要是入园后课程，至于入园前课程则较为缺乏。

（1）已有的入园衔接课程较为零散。

通过已有研究，我园针对幼儿入园适应问题采取了多方位的措施。例如：家长陪读；形式多样的课程活动；提供家庭照片的温馨环境；家园沟通，等等。然而这些举措零散且不系统，不具有针对性。教师在具体实践的过程中具有盲目性。要想让教师和家长更有针对性、更有意识地支持幼儿，帮助幼儿适应环境，无疑需要良好而有效的入园衔接课程。

（2）统筹入园前课程和入园后课程。

我园将亲子班和幼儿班统筹于幼儿园的整体教育规划之中，这样便于延长入园前衔接课程的实施时间。亲子班老师和幼儿班老师能够进行有效的互动，这有助于互相了解，因此能够更有针对性地设计入园前衔接课程和入园后衔接课程。二者有机结合，互为依托，有利于支持幼儿的入园适应。

要将幼儿入园适应问题作为研究对象，在研究背景中就必须阐明幼儿入园面临的适应性问题。上述研究背景就阐明了入园幼儿所面临的各种入园焦虑情况，并引述相关研究阐明减少幼儿的分离焦虑的必要性。此案例是典型的以幼儿发展面临的问题为核心展开的研究，旨在解决幼儿入园适应的问题。

幼儿园还存在以教师专业发展、幼儿园课程建设等为主要问题的研究，这类研究则侧重于解决教师发展、幼儿园发展等方面的问题。但无论是侧重一方面还是都有所涉及，在研究背景部分阐明所面临的问题以及问题解决的必要性则是共通的。

（2）课题依据

课题依据主要解决"依据什么进行课题研究"的问题，可以通过引述相关文献、理论来保证课题研究的必要性和科学性。

"幼儿园区域活动中新手教师与熟手教师观察记录的比较研究"的课题依据[1]

《幼儿园教育指导纲要（试行）》指出，"教师应善于发现幼儿感兴趣的事物、游戏和偶发事件中隐含的教育价值，把握时机，积极引导，应关注幼儿在活动中的表现和反应，敏感地察觉他们的需要，及时以适当的方式应答，形成合作探究式的师生互动。"于是我们不难得出这样的认识，幼儿教师做出教育行为的前提是建立在有效观察的基础上的，如果缺失了有效的观察，那么便难以发现幼儿的需要和教育价值所在，也就无法实施优质的教育。

"基于幼儿绘画语言解读的幼儿园生成活动的实践研究"的课题依据[2]

1. 解放教育观

解放教育学说是德国著名教育家弗莱雷毕生追求的梦想和教育目标，"教育即解放"是弗莱雷的核心教育观。弗莱雷认为，教育的目的是使人觉悟，要具有批判的意识，要学会学习，学会思考，从而获得"解放"。他希望教育

---

[1] 本文案由四川省直属机关东府幼儿园易新老师提供。

[2] 摘自四川省直属机关东府幼儿园课题方案。

之船能最终把人们载向理想的彼岸,从而获得真正的解放与自由。这是一种被中国人忽视的入世的教育学。

在幼儿园教育中,美国、德国、法国等国家的幼儿教育和家庭教育都较为尊重这种教育学。他们给予儿童较大的自由发展的空间,注重儿童的个性和创造性培养,在艺术教育方面有独到之处。他们采用如德国教育家罗泽·弗莱克-班格尔特著作《孩子的画告诉我们什么》中的观点,通过了解幼儿的心理发展与人格特征来解读幼儿的绘画作品,或根据对幼儿平常生活的观察、儿童的内心世界和在外部环境中的经历以及儿童作品的外在形式和其内在的联系等来解析幼儿的作品,有效地解读幼儿的作品如何体现他们对真实生活的理解和自我情绪的再现。不难发现,他们更尊重儿童,更相信儿童的能力。

2. 儿童绘画发展阶段论

张奇编著的《儿童审美心理发展与教育》一书中提到儿童绘画发展具有四个阶段,即:涂鸦期、象征期或过渡期、定型期或图式期、写实期。尊重儿童绘画发展的客观规律:在不同的年龄阶段,儿童表现出的绘画特点是不一样的,尊重儿童在不同年龄阶段的绘画特点是解读儿童绘画作品的基础。

3. 瑞吉欧教育

瑞吉欧教育提出:孩子有100种语言,其中文字、动作、图像、绘画、建筑构造、雕塑、皮影戏、戏剧、音乐……都可以作为儿童的语言。瑞吉欧经验显示"学龄前幼儿能够广泛运用各种不同的图像和媒介来表达,以及与他人沟通彼此的认知",将图像、绘画等符号语言用来表达自己的认知和愿望,是幼儿期特有的一种表达方式。在幼儿成长的过程中,从他能用笔进行随意涂抹的瞬间起,他就自发地运用绘画语言表现自我,可以说,绘画是比语言文字更早被儿童用以表述思想、宣泄情绪、想象和创造他们自己世界的一种有效的途径,所以在绘画活动进行的各个环节中,幼儿经常会利用它进行必要的探索和表达。在尝试解读幼儿作品的过程中,我们会发现许多值得教师反复咀嚼的信息。

在上述两个案例中,第一个案例引述了《幼儿园教育指导纲要(试行)》的原文来说明教师观察的重要性。第二个案例则从解放教育观、儿童绘画发展阶段论、瑞吉欧教育三个方面的理论引证,来说明解读幼儿绘画语言的必要性和方式方法。必须要说明的是,课题依据并非不加思考的旁征博引,而是需要根据课题研究的需要,查阅大量的文献,引证与本课题研究联系紧密、有助于本课题研究的成立和展开的相关依据。简而言之,课题依据主要为课题研究提供必要性和科学性的支撑,让课题研究有据可依。

(3)概念界定

任何课题研究都会涉及核心概念界定,它主要来自课题的题目。例如,"蒙以养正——基于儿童视角的养成教育研究",其中有"蒙以养正""养成教育""儿童视角"三个核心概念。界定核心概念是为了使课题研究有清晰的边界,防止研究范围随意扩大或缩小。

对"蒙以养正""养成教育"与"儿童视角"的界定[1]

1. 蒙以养正

中国自古以来十分重视童蒙阶段的培养,做人的教育、生活的教育是中国蒙养教育的主要内容。"蒙以养正"出自《周易·蒙卦》的"蒙以养正,圣功也"。"蒙以养正,圣功也"是指人在童蒙时期,一片天真,未染恶习气,如果让有刚中之德的老师来启蒙,教他学为圣人,是最为幸运的。而学为圣人的入手功夫即是"正",无论身心言语,都要正而无邪,如此慢慢培养,就具备了学圣的基础,然后可建圣功。值得注意的是,"蒙以养正,圣功也"取自卦象,而卦象又取自天地间的自然现象,因此,这也是顺乎自然的道理。

本研究中,"蒙以养正"中的"蒙"主要是指教育内容是启蒙性的、浅显性的,符合儿童身心发展规律的;"养"主要是指教育方式是在一日生活中渗透的,是通过情境塑造涵养的,是在儿童生长中慢慢滋养的。

---

[1] 摘自四川省直属机关六所婴幼儿园共同承担的课题研究方案。

2. 养成教育

养成教育的思想古已有之,"养成"早在诸子百家的《易经》《吕氏春秋》即有表述。《周易·蒙卦》曰:"蒙以养正,圣功也。"《吕氏春秋·孟春纪第一·本生》曰:"始生之者,天也;养成之者,人也。"人的本性是与生俱来的,而人的德性的形成则需后天的教育和培养。这两部著作提出了养成教育要趁早,人的德性乃后天养成的道理。孟子对养成也有论述,《孟子·尽心上》曰:"存其心,养其性,所以事天也。夭寿不贰,修身以俟之,所以立命也。"《孟子·告子上》曰:"养其小者为小人,养其大者为大人。""苟得其养,无物不长;苟失其养,无物不消。"孟子论述了"养"对于人的成才的重要性,与《易经》《吕氏春秋》对养成的论述基本一致。

通过对以上文献的梳理,我们大致可以确定养成教育包括以下含义:第一,养成是后天养成的。第二,养成要注重生命个体自我的内在规律。第三,养成要趁早。第四,养成教育的内容主要体现在对个体道德品质的养成中。可见,中国古代的养成教育主要集中在对儿童的品德教育方面。

近现代开始,养成教育开始有了新的内涵。如徐特立、吴玉章、马叙伦、陶行知、陈望道、陈鹤琴、朱光潜、傅任敢等均对"养"有不少论述。但是他们对"养"的理解和阐述都没有超越古代思想家对"养成"的主张,但有些教育家开始对习惯教育极为重视,如叶圣陶先生说:"教育就是培养习惯。"他在《创设乡村幼稚园宣言书》一文中写道:"儿童学者告诉我们凡人生所需之重要习惯、倾向、态度多半可以在6岁以前培养成功。换句话说,6岁以前是人格陶冶最重要的时期。"

幼儿教育家陈鹤琴先生尤其重视儿童的习惯教育。他认为:"人类的动作十分之八九是习惯,而这种习惯又大部分是在幼年养成的,所以在幼年时代,应当特别注意习惯的养成。但是习惯不是一律的,有好有坏,习惯养得好,终身受其福,习惯养得不好,则终身受其累。"

可见,"养成教育"在近代已经有行为习惯培养的内涵。直到现在,国内学者从不同角度对养成教育做了不同的概念界定,这些概念大致可以分为以下七种：其一，将养成教育等同于单纯的习惯教育；其二，把养成教育等同于教育；其三，仅仅把养成教育作为德育的一种方法或途径；其四，把养成教育等同于德育或者思想政治教育，或者把其看成传统思想政治教育的改进或补充；其五，强调养成教育是一种"自我教育"，这是徐浙宁博士的概括，他认为养成教育的微观意义在于促进个体的自我发展，帮助个体实现自我整合；其六，从"价值启蒙"和"生活养成"两个方面进行界定。唐凯麟、刘铁芳认为，个体道德德性的形成包括个体道德理性的养成和个体道德行为习惯的养成两个过程。同理，养成教育也包含这两个过程，即个体道德理性的启蒙教育和个体道德习惯的养成教育；其七，把养成教育定义为生态教育。代表性学者林德宏认为，教育方式是生存方式的一部分，教育原本具有生态性，养成教育有利于教育向生态性教育回归，其基本任务是传授共识和培养个性，个性的培养主要靠"自我养成""自我培养"。

综上而言，从狭义的养成教育来看，养成教育的内容主要包括两个方面：一是儿童的道德教育，其中又主要指向品德教育（根据《幼儿园工作规程》的要求，幼儿园的品德教育应当以情感教育和培养良好行为习惯为主），较少涉及思想政治教育；二是儿童的行为习惯培养。在教育方式上，包含个体的自我教育和教师对儿童的教育两大类。

结合我国古代的蒙养思想和现代养成教育理念，本研究认为，养成教育从内容上来说，包括个体道德品质的启蒙和良好行为习惯的养成。从主体上来说，倡导从儿童视角出发，儿童积极主动地进行自我养成，教师在儿童的自我养成中提供适时的引导、支持，为儿童的自我养成搭建支架。从方式上来说，养成教育一方面有赖于教师发现儿童养成教育的契机，组织帮助儿童提升经验或获得新经验的正式、非正式教育活动，另一方面有赖于教师对儿童生理、心理发展规律的把握，从科学的角度对儿童养成需要进行把握和适宜的满足。

《3—6岁儿童学习与发展指南》是指导幼儿园课程和实际教育活动的"风向标"，为我们指引了儿童课程发展五大领域核心经验和学习品质的方向。

结合养成教育的内容和《3—6岁儿童学习与发展指南》的内容，我们确定了本研究的内容。本养成教育涉及五大领域中语言领域的"文明用语习惯"；社会领域的"与同伴友好相处""自尊、自信、自主""关心尊重他人""遵守基本的行为规范""具有初步的归属感"；健康领域的"生活与卫生习惯""生活自理能力""安全知识和自我保护能力"等9个项目。

我们坚信，儿童的发展应是整体的、全面的，儿童的教育应是整合的、综合的。我们认为养成教育是幼儿教育的一部分，也是幼儿教育的基本部分，它将与幼儿园其他教育活动相互渗透、整合，共同促进儿童德、智、体、美的全面发展。

3. 儿童视角

尽管我们在日常工作和教育中都较多地使用"儿童视角"一词，但事实上，学界还没有对"儿童视角"有明确的界定。儿童视角常用于文学研究中，"一般意义上的儿童视角是指小说借助儿童的眼光或口吻来讲述故事，故事的呈现过程具有鲜明的儿童思维的特征，小说的叙述调子、姿态、结构及心理意识因素都受制于作者所选定的儿童叙事角度。"在学前教育中，目前关于"儿童视角"，有研究者认为"儿童视角研究强调的是从儿童的角度去观察问题、思考问题，从而了解儿童真正的所思所想，让我们更加深刻地理解儿童的世界"。迁移到教育实践中来，我们发现儿童视角更像是一种价值取向：儿童本位的教育实践，这种价值取向要求我们去倾听儿童的声音，从儿童的角度去看待问题，能站在儿童的立场做出教育抉择。

本研究中的儿童视角主要表现在养成教育的三个方面。首先，养成教育目标的设置是符合儿童视角的，即教育目标是遵循儿童发展规律的，不超前，不超纲。其次，养成教育的内容源于儿童的兴趣、需要，源于儿童活动所能及的范围，符合儿童的已有经验和实际生活。基于儿童视角的养成教育反对成人强加给儿童的学习内容、脱离儿童生活实际的学习内容、超越儿童经验的学习内容。最后，养成教育的方式符合儿童的学习方式，符合儿童的年龄特点，基于儿童视角的养成教育反对以往的灌输式、教条式、训练式的教育方式。儿童在养成教育中是主动的、积极的、快乐的，养成教育是潜移默化的，儿童在养成教育中如呼吸般自然。

通过上述案例，我们可以发现核心概念界定并非简单地引用别人的定义，而是在引述了相关词典、研究者的概念界定后，结合本课题的实际需要对概念的适用对象、适用范围等做出清晰的说明。相对于整个研究方案而言，概念界定所占篇幅并不多，但是相当重要。如果概念界定不清晰，那么课题研究可能就无法进行，就算勉强进行下去，也会令研究者一头雾水，导致研究方向偏离预设。

（4）研究现状综述

研究现状与文献综述有许多相似的地方，不过研究现状的素材来源并不仅限于文献，还包括一些没有形成"文献"，但是已经发生的研究。研究现状包括自身所做研究的现状，也包括他人所做研究的现状，特别注重的是他人所做研究的现状。研究现状体现着研究者收集资料的能力、掌握资料的能力以及课题研究能力，犹如站在巨人的肩膀上，一份好的研究现状综述能够很好地促进研究的顺利开展。

研究现状综述，不仅要有"述"，也要有"评"，不能只述不评。很多幼儿园教师在撰写研究现状综述时容易犯的错误就是大量罗列相关研究文献，而不对其进行整理和评述。

"新手教师与熟手教师的比较研究"综述[1]

1. 教师专业发展阶段研究[2]

教师专业发展阶段是教师专业发展研究的一个重要方面，它重在捕捉教师的专业素质随着年龄和经历的时间轨迹所发生的变化。20世纪60年代

---

[1] 本文案由四川省直属机关东府幼儿园易新老师提供。

[2] 彭兵. 成就专业的幼儿教师——幼儿教师专业发展阶段研究[M]. 北京：北京师范大学出版社，2012：67-87.

起，西方的一些学者就开始对教师专业发展阶段进行研究，美国学者费兰西丝·富勒（Frances Fuller）以教师关注事物的变化为基点，将教师的专业发展分为教学前关注、早期生存关注、教学情景关注、关注学生四个阶段。[1]布顿（Burden）将教师发展阶段划分为：求生存阶段、调整阶段、成熟阶段。此外还有，傅乐（Fuller）的任职前阶段、早期生存关注阶段、教学情景关注阶段、关注学生阶段。卡茨（Katz）的生存阶段、巩固阶段、更新阶段、成熟阶段。伯纳（Berliner）的新手阶段、进步的新手阶段、胜任者阶段、能手阶段、专家阶段。费斯勒（Fessler）的职前教育阶段、引导阶段、能力建立阶段、热心和成长阶段、生涯挫折阶段、稳定和停滞阶段、生涯低落阶段、退缩生涯阶段。斯德菲（Steffy）的预备生涯阶段、专家生涯阶段、退缩生涯阶段、更新生涯阶段、退休生涯阶段。可以看出以上各种阶段学说的关注点各有侧重。[2]我国研究者大多从教师社会化角度展开研究。吴康宁将教师专业化过程分为预期专业社会化时期和继续专业社会化时期；[3]傅道春将教师职业分为角色转变期、开始适应期和成长期；[4]刘婕认为教师专业发展会经历从师范生到入门教师、从入门教师到合格教师、从合格教师到优秀教师的阶段。[5]白益民以教师自我专业发展意识为分析依据，将教师的专业发展阶段划分为非关注阶段、虚拟关注阶段、生存关注阶段、任务关注阶段、自我更新关注阶段。[6]中国教育部教师工作司组编的《幼儿园教师专业标准（试行）解读》一书将幼儿园教师专业能力的发展过程看作一个具有连续性和终身性的过程，分为生成阶段、再造阶段和创造阶段。书中认为刚刚走上工作岗位的新教师会经过一个能力生成的阶段。随着经验的累积，教师专业能力不断提高，能

---

[1] 陈琴，庞丽娟，许晓辉. 论教师专业化[J]. 教育理论与实践，2002（1）：38-42.

[2] 肖丽萍. 国内外教师专业发展研究述评[J]. 中国教育学刊，2002（5）.

[3] 吴康宁. 教育社会学[M]. 北京：人民教育出版社，1998：215-221.

[4] 傅道春. 教师行为访谈[M]. 哈尔滨：黑龙江教育出版社，1995：116-117.

[5] 刘婕. 专业化：挑战21世纪的教师[M]. 北京：教育科学出版社，2002：150.

[6] 叶澜，白益民，王枏，等. 教师角色与教师发展新探[M]. 北京：教育科学出版社，2001：276-321.

够应对各种比较复杂的教育情境和教育实践。经过长期的学习与实践，教师的专业能力达到很高的水平，具备了不断创新的能力，能够根据幼儿身心发展的规律和特点，通过自己的研究去解决遇到的问题。[1] 张燕等人结合斯德菲1989年的研究，将教师职业生涯从个人发展的角度归纳为八个阶段：职前关注期、入职适应期、能力建立期、热心职业提升期、职业停滞期、更新期、生涯低落期、退出职业生涯期。张燕认为教师的专业发展是相对的概念，没有最后的专业成熟阶段。教师个体的专业成长速率和成熟经历的时间因人而异，也因外部环境的影响而出现差异。

2. 新手教师与专家型教师的比较研究

张燕认为新手教师是指刚刚进入教师岗位，教育经验缺乏，教育能力尚未形成，特别是教学监控能力不具备的教师。在教育教学中，新手教师往往存在较多无效行为或者无关行为，尚不能根据教学情境的变化调整自身行为和采用适当的教育方式。专家型教师则指有着较为丰富的教育经验，教育能力较强，并且有良好的教学监控能力的教师。专家型教师在教学中富有创见，能够根据教学情境的不同，灵活采取适当的教育方式，调整、改进自己的教育行为，教学自如，且能够产生较好的教学质量。新手与专家二者的区分不是职称意义上的，而是在教师专业水平和发展阶段意义上的。新手与专家的差异多表现在教学监控能力上。专家型教师具有较好的自我监控意识与能力，能在实践中自觉反思和调控自己的教育行为，把握教育情境的进程，改进教学效果。专家型教师由于自身能力较强，他们一般有高质量的教学准备工作，教学规则明确有效，教学时间管理合理，充满教学机智，有积极的师生互动。[2] 斯腾伯格把专家型教师称为有教学专长的教师，提出了专家型教师的三个基本特征：第一，能够有效地运用更多知识，有助于教学问题的解决。第

---

[1] 教育部教师工作司. 幼儿园教师专业标准（试行）解读[M]. 北京：北京师范大学出版社，2013：104.

[2] 张燕. 幼儿教师专业发展[M]. 北京：北京师范大学出版社，2006：50-63.

二,解决教学问题的效率高。第三,创造性地解决问题,富于洞察力。一些研究者从教师综合素质的角度探究了优秀教师的特点。史蒂芬森认为优秀教师对于工作饱含热情;知道该教什么、如何教、如何提高自己;擅长创造活跃的课堂氛围;擅长与学生交流;能激励学生去挖掘自身的潜力;教学效果十分理想。黄娟娟认为优秀教师除了具有好学、善思、重积累和勤反思的认知特征外,还具有鲜明的优秀的人格特征,例如:认真、执着、有正确的自我意识、永不满足、不断进取的精神。傅道春认为优秀教师具有一般教师所不具备的优秀特质,这些优秀品质是逐步发展和累积起来的,一般会经历积累期—成熟期—创造期。

3. 幼儿园新手教师与熟手教师的比较研究

关于幼儿园新手教师与专家型教师的比较研究较少。黎安林、曹立人从教师教学设计特征的视角,运用半结构化访谈的研究方法获取言语数据,比较了新手教师和专家型教师在集体教学活动设计时的思维特征,发现其思维活动在内容、组织、策略三方面表现出明显的差异特征。[1] 秦元东、王兵采用内容分析法,对幼儿同新手教师与专家型教师的活动观察记录进行了分析,发现其文本在"外在—内在""教师—幼儿""单一—多样""表面—深刻""指令性词汇—建议性词汇"等方面存在差异,并且就文本指向性、概括性和弹性进行了讨论。[2] 杨晶通过研究得出结论,新职教师与成熟教师在多方面具有差异。成熟教师能够全面照顾到各个区域,能和不同区域的幼儿进行师幼互动,而新职教师的师幼互动行为则多集中于娃娃家和建筑区等;新职教师开启的师幼互动行为绝大多数都是在活动的过程中,活动开始前和活动结束后的讲评环节中开启的师幼互动行为较少,而成熟教师在三个环节都会和幼儿进行师幼互动;与成熟教师相比,新职教师在区域活动中容易忽视对幼儿的

---

[1] 黎安林,曹立人. 幼儿园专家教师和新手教师教学设计特征的研究 [J]. 教师教育研究,2009,21(4).

[2] 秦元东,王兵. 幼儿园新手与专家型教师活动观察记录的比较 [J]. 学前教育研究,2008:11.

生活照顾，与幼儿的互动不够全面；新职教师向幼儿传达正向情感的动作频次比较多，杨晶认为成熟教师更加受到中国传统的"师道尊严"观念的影响，在区域活动中幼儿的很多请求被成熟教师认为是不合理的，而被加以拒绝。而新职教师大多是从学校毕业后刚刚走上工作岗位，她们受传统的教育观念影响较小，她们愿意将幼儿看成一个伙伴，平等地对待，因此在区域活动中幼儿的很多请求能够被新职教师接受。[1] 岳凌严对一位新手教师与一位熟手教师在区域活动中的指导进行了对比研究，通过研究，岳凌严找出了二者的共同之处，也找到了二者的差异之处。他发现并不是所有方面熟手教师都要优于新手教师，例如，在指导语言的运用上，新手教师在区域活动中对幼儿的指导显得更加合乎情理，而熟手教师则多使用命令式、解释式的指导语。当然在对活动的把控和指导的层次上，熟手教师显得更加游刃有余。[2]

4. 对新手教师与熟手教师的比较研究评述

（1）教师专业发展是教育领域重点关注的话题。教师的专业发展会经历不同的阶段，教师专业水平大体随着其任职时间的增长而提升，但是并非绝对如此。不同的研究者对教师专业发展阶段的划分不尽相同，划分标准也各有侧重。

（2）新手教师和熟手教师作为教师专业发展历程的不同阶段在诸多方面表现出了差异，熟手教师在教学设计、课堂管理、突发事件应对等方面要优于新手教师。在幼儿教育领域，新手教师和熟手教师的比较研究不多，一般情况下，幼儿园中的熟手教师比新手教师更具优势，主要表现在教师指导的全面性、教师指导的深入性、教学环节的把握。不过一些研究者也发现，熟手教师容易受到传统观念的影响，在活动中显得比幼儿高一等，在这方面新手教师做得更好一点，由于新手教师受到传统观念的影响较小，他们往往将自己和幼儿置于平等的位置，和幼儿平等地交流与对话。

---

[1] 杨晶. 幼儿园区域活动中新职教师与成熟教师师幼互动行为之比较研究 [D]. 天津：天津师范大学，2013.

[2] 岳凌严. 新手教师与熟手教师区域活动指导的个案比较研究 [D]. 北京：首都师范大学，2014.

（3）在研究者看来，新手教师与熟手教师相比凸显了许多方面不足，这些差距与不足通过经验的积累和自身的努力会不断缩小，不过在某些方面新手教师也体现了自己的优势。

上述综述体现了分类叙述、最后点评的特点。作者对新手教师和熟手教师的教师专业发展阶段、广泛意义上的幼儿园阶段新手教师与熟手教师的比较进行了叙述，最后从三个方面进行了点评，较为全面地比较了新手教师和熟手教师。此外，作者将文献引述和参考文献一一对应，不仅使行文更加规范，而且是尊重前人研究成果的体现。研究现状综评不仅停留在"述"的层面，而且述中有评，述后总评，为研究的进一步开展奠定了较为坚实的文献基础，使研究有章可依，有据可循。

（5）研究意义

研究意义，也可称为研究价值，一般可从理论意义与实践意义两个方面来展开论述。实践意义是指课题研究对实践状态的积极影响，例如，对实践的改进、推动或启示等。就幼儿园课题研究而言，一般实践意义更为重大。

"基于幼儿绘画语言解读的幼儿园生成活动的实践研究"的研究意义[1]

1. 理论意义

以解读幼儿的绘画语言为基础去发现幼儿、支持幼儿，一直是幼儿教育者常谈常新的话题，本次课题的理论价值主要体现在以下几个方面。

首先，寻找解读绘画语言的方法和策略，具有符合幼儿绘画语言发展规律的差异性特点。本次课题在解放教育观的指导下，将对如何有效地解读幼儿的绘画语言有比较深入的探讨，在教师的认识层面与操作层面必能促成一次飞跃。

其次，建构幼儿园生成活动的思路、方式和方法将有所突破，通过对幼儿绘画语言的科学分析，从而准确地解读幼儿，达到活动的生成源于对幼

---

[1] 摘自四川省直属机关东府幼儿园课题方案。

的认知发现，材料的提供源于对幼儿的解读了解，改变教师依赖教材的现实状况。

最后，本课题落脚于形成有效的幼儿园生成教育活动的建构依据和方法，为幼儿提供真正属于他们的幼儿园学习生活，使他们快乐体验、幸福学习、健康成长。

2. 实践意义

幼儿教育的发展趋势是解放孩子，如何让幼儿真正地成为教育活动的主体、如何把幼儿完全从教师的预设框架中解放出来、如何让幼儿成为自由的个体是教育研究的永恒课题。站在教师的角度，如何真正成为教育活动中的优秀引导者，如何在实际教学过程中成为一个发现幼儿、解读幼儿的优秀研究者，这是教师的永恒追求。通过本课题的研究，我们希望教师能够成为具备敏锐发现幼儿和智慧解读幼儿的研究者，让幼儿成为教育活动的主体，从而真正地解放幼儿。

案例中的理论意义部分对研究所产生的影响做了描述，实践意义部分则对幼儿和教师可能发生的积极变化进行了描述，这样的阐述较好地凸显了该课题研究的意义与价值。

2. 明晰内容——解决该课题做什么的问题

解决了为什么做课题的问题，紧接着就要明晰课题做什么的问题。作为课题研究人员，只有科学地确定研究目标、合理地规划研究内容、精准地定位拟创新点，才能明确课题做什么，从而做到有的放矢，从容不迫。

（1）研究目标

研究目标是课题研究预期达到的结果。目标的描述应当针对具体要解决的问题，而不是大而化之；应当使用清晰准确的语言进行表达，而不是含混不清；应当有条理，体现目标的层次性，而不是笼统宽泛。研究目标的语言表述一般为"通过……手段，达成……预期成果"。

"东府创意空间的课程建设研究"的研究目标[1]

1. 通过东府创意空间课程的建设，形成有效的、充满特色的幼儿艺术教育实践经验。

2. 通过在开放的东府创意空间中自主游戏、尽情创作，实现幼儿的个性化发展。

3. 通过研究提高教师的课程建设能力，促进我园教师观念和角色的进一步转变。

4. 通过研究实现东府创意空间课程与幼儿园基础课程的有机整合，促进幼儿园教育质量的提升。

上述研究设置了四个研究目标，每一个目标都从"手段"与"预期成果"两个方面来描述。第一个目标开门见山地阐明了课题研究预期要达成的直接成果，后面三个目标分别阐明了课题研究对幼儿、教师、幼儿园可能产生的积极影响。没有第一个目标的实现，就难以保证幼儿的良好发展，而幼儿的良好发展又离不开教师的专业成长。幼儿和教师作为幼儿园的核心组成部分，直接决定着幼儿园教育质量的高低。可以说四个目标相互联系，彼此照应和支持，直接回应着课程建设这个研究主题。

（2）研究内容

研究内容主要来自课题研究所面临的问题。一个课题的诞生多源于某个问题，这个问题在研究中会不断得到分解和细化，对这些分解和细化了的小问题的研究就构成了研究内容。

"东府创意空间的课程建设研究"的研究内容[2]

（1）探索东府创意空间的创设与优化。

（2）探索与区域游戏理念相适应的创意空间课程内容架构。

---

[1] 摘自四川省直属机关东府幼儿园课题方案。

[2] 摘自四川省直属机关东府幼儿园课题方案。

（3）探索创意空间课程实施策略。

（4）探索幼儿在创意空间里的学习特点以及有效的师幼互动策略。

（5）探索如何评价创意空间中的幼儿、教师和管理，探究艺术课程内容是否符合幼儿的实际需要，并且探索优化路径。

很多幼儿园教师在写研究内容时，只是简单地罗列，而不对研究内容做一定的阐述，这往往不利于幼儿园课题参与者对研究内容的理解与掌握。如果像上述案例一样对每一项研究内容都有一定的阐述，则有利于幼儿园所有课题参与者更好地把握研究内容。

（3）拟创新点

课题研究的重要价值在于创新，没有任何创新的课题不值得幼儿园投入大量人力、物力、财力来保障，只需要借鉴别人的研究成果来完善自己即可。

"东府创意空间的课程建设研究"的拟创新点[1]

1. 生态式区域视角

本研究将东府创意空间定位为生态式区域，与传统的区域活动有较大的区别，强调东府创意空间的开放性、整合性、游戏性、对话性，强调幼儿操作的自主性与创造性。

2. 特色课程与基础课程的有机协调

本研究将东府创意空间课程定位于我园的特色课程，它与我园的基础课程是互补互利的关系。通过东府创意空间活动生成基础课程，通过基础课程更好地建构东府创意空间课程。

一项课题的创新点不必太多，可以是在前人研究基础上的发展创新，也可以是新的研究视角或者新的解决问题的方法。上述案例的创新点主要体现在研究视角，即从生态式区域视角入手，一改传统区域活动的视角，将东府

---

[1] 摘自四川省直属机关东府幼儿园课题方案。

创意空间课程的建设置于新的区域活动理念之下。现如今，许多幼儿园存在特色课程与基础课程两张皮的现象，为了"特色"丢掉了"基础"，这种舍本逐末的课程建设方法于幼儿园发展十分不利。本课题研究中的研究者注重特色课程与基础课程的有机协调，这是一种值得提倡的课程建设理念。

3. 厘清操作——解决该课题如何做的问题

要回答"课题如何做"的问题，就需要确定科学的研究方法，制定明确的研究步骤，预设研究的成果，组织人、财、物等资源，保证研究的顺利进行。

（1）研究方法

一项课题研究往往需要采用多种研究方法。研究方法可分为：①收集研究数据资料的方法，如调查法、观察法、测量法、文献法等。这些方法旨在获得研究对象的客观资料，而不给予研究对象人为的影响。②旨在改变和影响变量的方法，如实验法、行动研究法。这些方法要通过干预获得某些期望的结果。有些研究方案所选择的方法与研究任务缺乏内在的关联，无法融入具体的研究过程，影响了可行性。单独来看，方法其实并没有好坏之分，而联系到任务，却有是否合适的区别。也就是说，同一种方法，对于匹配的任务，就是可行的好方法；对于不匹配的任务，就是不好的方法。因此，研究者要熟悉和理解教育科研的各种基本方法，从完成任务的需要出发来选择方法。

"蒙以养正——基于儿童视角的养成教育研究"的研究方法[1]

1. 行动研究

行动研究是指在自然、真实的教育环境中，教育工作者按照一定的操作程序，综合运用多种研究方法与技术，以解决教育实际问题为首要目标的一种研究模式。在顺应儿童天性的养成教育研究中，我们的课题研究总思路将采用行动研究的方法。课题研究将按照问题（明确问题、分析问题）——计划——行动——反思的步骤循环反复，通过教师的实践、反思、调整，直到使教育教学活动有新的改进。

---

[1] 摘自四川省直属机关六所婴幼儿园共同承担的课题研究方案。

在本研究中，我们通过幼儿养成活动的实践，总结和分析每一次养成活动中教师对儿童的观察是否恰当和到位，反思活动实施对幼儿经验的提升或新经验的获得是否有效，以不断改进养成活动中教师对幼儿的观察和支持策略，最终促进幼儿行为习惯的养成。

2. 观察法

观察法贯穿于整个研究，采用观察法的目的是了解儿童在养成活动中的兴趣点及需要，以发现生成活动的契机，同时为教师有的放矢地支持儿童活动提供依据。我们将采用定点观察与跟踪观察的方式进行观察。所谓定点观察是指教师就某一区域进行长时间的观察记录，定点观察有利于教师对群体儿童的分析和共同兴趣点的把握。跟踪观察是指教师持续观察某一儿童的活动。跟踪观察有助于教师对个别儿童的把握，并从多个个体儿童的观察中找到儿童在自由、自主活动中的共性和需要。

同时，观察法也将运用于养成现状的调查中，关于养成教育成效的调查主要采用情境观察的方式。

3. 访谈法

访谈法主要用于养成教育现状的调查，其中包括教师访谈和儿童访谈两部分。教师访谈主要从养成教育内容、养成教育方式等角度进行，儿童访谈主要采用实物访谈、情境访谈的方式进行。

研究方法的表述不应简单地罗列，而应当对研究方法在课题中如何运用进行说明，如此才能让课题研究人员和评审者明确该课题的研究方法是否适用。上述案例中对行动研究、观察法、访谈法的描述，紧扣该课题的需要，阐述了在该课题中如何运用这些研究方法。

（2）研究步骤

研究步骤一般分为准备阶段、实施阶段和总结阶段。准备阶段一般包括资料查阅、方案论证、团队组织、人员分工等。实施阶段则是针对研究内容做调查研究、行动研究等，收集过程性资料，撰写阶段研究报告，对课题实践过程进行系统反思。总结阶段主要是成果梳理、撰写结题报告、准备结题等。每一个阶段需要标明起止时间，一般需要精确到年、月。各阶段预期完成的任务需要明确地表述出来，但要简明扼要。

"东府创意空间的课程建设研究"的研究步骤[1]

1. 确立、论证阶段（2015.10—2016.6）

（1）学习关于瑞吉欧教育、安吉游戏、建构主义、生态式幼儿园区域活动等理论研究文献，总结归纳国内外艺术区域活动开展的有关经验，设计课题研究方案，申报课题。

（2）成立课题组，邀请专家对课题研究方案进行研讨，对方案进行初步论证以及修改。

2. 启动、实施阶段（2016.7—2018.9）

（1）深入持续地对东府创意空间中的幼儿、教师、家长、管理人员等进行观察，形成观察记录案例，对这些记录进行研讨。分享优秀的观察案例，引导教师逐步转变观念。

（2）探究东府创意空间活动与班级日常活动的有机联系，使二者有效结合起来，为幼儿的全面发展提供支持。

（3）通过请进来、走出去的方式，对研究过程中的经验成果进行研讨，学习先进的教育经验，使东府创意空间活动在环境设计、材料投放上更加科学。

（4）研究各区域之间的互动，使各区域之间形成有机统一的整体，为幼儿创造更加开放、自主的游戏氛围，支持幼儿的创造性思考与表达。

3. 总结、评估阶段（2018.9—2019.3）

（1）整理已有的研究成果，整合课程编制的目标模式与过程模式，编制东府创意课程方案。

（2）梳理幼儿的活动情况记录，对幼儿在创意空间中的发展情况进行分析与评价。

---

[1] 摘自四川省直属机关东府幼儿园课题方案。

（3）对教师在东府创意空间中的作用进行评价，梳理有益经验，形成成果，指出需要改进的地方并提出改进措施。

（3）预期成果

就幼儿园课题而言，预期成果需要回应研究目标，保持与研究目标的一致性。

"东府创意空间的课程建设研究"的预期成果[1]

1. 撰写研究报告。
2. 形成东府创意课程方案，包括理念、目标、内容、组织与实施、评价等。
3. 形成幼儿活动案例集。
4. 形成教师对幼儿的观察记录册，详细展示与说明幼儿在创意空间活动中的情况，包括教师的指导情况以及幼儿的游戏情况。
5. 形成幼儿活动的照片、视频以及录音等多媒体材料集。

（4）研究保障

研究保障一般从人、财、物、制度等方面展开。成立课题组、开展教师培训等一般是保障课题研究所需的人力资源。制订研究计划、制定研究管理制度是为了保障课题研究顺利进行。保证经费投入能够确保研究过程中的资金需求和相关设备需要。

"东府创意空间的课程建设研究"的研究保障[2]

1. 成立课题组

首先成立以园长为组长，以副园长、教科室主任、保教主任、参研教师为组员的课题组，在此基础上，成立课题核心小组，明确各自的职责。

---

[1] 摘自四川省直属机关东府幼儿园课题方案。
[2] 摘自四川省直属机关东府幼儿园课题方案。

（1）园长

领导与决策，开展师资培训，拓展教育资源，进行课题研究质量监控。

（2）课题核心小组

引领课题研究理念的落实，课题内容的创新思考，提炼总结经验教训，形成具有推广性的操作经验，撰写研究报告，等等。

（3）课题组其他成员

活动环境创设，材料提供；实施进程监控、活动资源开发利用、幼儿行为观察；交流课程实施的经验，发现、提炼出问题；课程资源共享。

2．制订符合本园实际的课题推进计划

在制订计划中首先应重视对幼儿园人、财、物资源的分析，课题核心小组牵头，课题组其他成员辅助核心小组制订合理的课题推进计划。

3．不断调整和完善课题研究管理制度

根据实际需求，不断调整和完善课题研究管理制度，并定期检查制度的执行情况。管理过程人性化与严格化有机结合，提高管理的灵活性和适应性，为教师的研究实践提供支持。

4．加强教师培训

根据教师在研究实践过程中的需求，开展各级各类有针对性的专题培训。培训的内容来自教师实践，培训的方式贴近教师，培训的机制具有自主选择性，培训的结果有助于教师实践。

5．保证经费管理

保证经费（包括配置的设施设备经费、教师培训经费、研修经费、奖励经费）的有效投入，用于环境创设、教师培训与奖励、教学具添置等，确保经费合理使用、及时到位、有效实施。及时了解课题研究过程中的设备器材需要。专人负责有关设备设施的维修、保养和更新，保证有关设备的有效运行。

课题研究方案作为研究行动的蓝图，每一项内容都需要遵循一定的研究规范和要求。科学地编制课题研究方案，有助于后续课题研究的有序开展，有助于提高课题研究的实效，有助于提升教师的研究素养。

第二节　幼儿园课题研究报告

幼儿园按照课题研究方案实施课题研究后，紧接着就要对研究成果进行梳理和呈现。一份好的课题研究报告能帮助阅读者快速、清晰地把握课题研究的要点，理解课题研究的意义。相反，一份写作不佳的课题研究报告，会令人感到千头万绪、不知所云，更别谈理解、赞同研究成果了。所以，撰写一份高质量的课题研究报告对课题研究而言是非常关键的。

一、幼儿园课题研究报告的内涵

课题研究报告是教育科研成果较翔实、系统、可靠的总结和表述，是科研成果的结晶和贮存。当一项教育科研课题的研究工作按计划结束，并将有关的资料和数据整理完毕后，我们需要对整个研究过程的结果进行分析、总结，用文字表述出来，于是就形成了一份针对该课题的研究报告。[1]

根据课题研究的研究对象以及研究方法的不同，一般将课题研究报告分为以下几类。

（1）实证性研究报告

实证性研究报告是实证性课题研究的成果总结。实证性研究报告的特征是通过对研究对象大量的观察、实验和调查，获取客观材料，从个别到一般，归纳出事物的本质属性和发展规律。

（2）文献性研究报告

文献性研究报告是文献性研究的成果总结。文献性研究报告的特征是通过搜索与研究对象密切相关的文献资料（专著、论文等），进行梳理、分析、

---

[1] 张建. 研究报告撰写指导［M］. 北京：教育科学出版社，2003：1-2.

提炼、比较之后，从而得出研究成果。

（3）调查研究报告

调查研究报告是对通过以调查为主要研究方法开展的课题研究所取得的成果的总结。调查研究的方法有多种，可以是问卷形式、访谈形式等。

结合一线的工作实际，幼儿园开展的大都是基于幼教一线教养实践问题的实证性研究，因此幼儿园课题研究报告大都属于实证性研究报告。

二、幼儿园课题研究报告的基本结构

课题研究报告常有约定俗成的格式与规范。除了一些学科和课题的特殊需要外，一般来讲，课题研究报告包括以下基本结构。

课 题 名 称[1]

一、问题提出

二、核心概念界定

三、研究综述

四、本课题研究意义

五、研究目标

六、研究内容

七、研究方法

八、研究措施和活动

九、研究取得的成果（认识性成果、操作性成果）

十、研究取得的效益

十一、存在的问题分析与讨论

十二、参考文献

按照研究报告内容的逻辑关系，我们可以把整个结构框架分为三个部分。

---

[1] 引自《四川省普教科研资助金课题管理办法》（2014年修订）。

1. 第一部分：问题提出——研究措施和活动

从问题提出到研究措施和活动，是对该项课题研究的背景、概况（目的、价值意义、过程方法等）的扼要阐述。若该项课题在具体落实阶段是按照开题研究方案在进行，那么研究报告中这一部分内容可以与研究方案中的内容大致相同（具体内容和要求请参见本章"幼儿园课题研究方案"部分内容）。

若该项课题在具体实施阶段，研究者对课题研究有了新的认识和发现，研究对象和研究方法、计划等有重大调整，那么，这一部分的内容应根据调整后的情况重新进行撰写。

为了凸显研究成果，避免研究报告出现"头重脚轻"的情况，撰写这一部分内容时要注意文字内容精练简洁，如研究综述的内容要简明扼要，只着重介绍最有代表性的文献资料，简要介绍研究方法，不要完全照搬前期的课题研究方案。

2. 第二部分：研究取得的成果——研究取得的效益

（1）研究取得的成果

研究取得的成果是研究报告的核心部分，在整个报告中所占篇幅最大。一般来说，教育科研课题的成果可以归纳为两大类：理性认识成果和实践操作成果。

理性认识成果。理性认识成果是指通过对课题研究的具体过程和所产生的结果（包括各种数据、案例、图片、视频、文字等资料）进行反复梳理，运用归纳总结、推理演绎、价值判断等理性认识的加工方式，透过研究对象、过程、结论等表面特征形成的对该项研究抽象的、反映事物规律的结论。

成都市第三幼儿园"幼儿园自主游戏活动课程的实践创新"的研究成果

（节选）

认识性成果

……

2. 自主游戏活动课程的特质

（1）生成性

自主游戏活动课程具有生成的特点，生成的过程同时也是创新的过程。自主游戏活动课程将幼儿视为未完成的生命体，存在无限发展的、开放的可能性。也正是"由于把受教育者看作开放的可能性存在，他们潜伏的创造力的发挥才具备了条件"。自主游戏活动课程的实施过程实际上是幼儿的创造潜能不断得以唤醒与激发的动态过程，"唤醒"表明课程不依赖外部的控制力量，而注重解放并依靠幼儿的内部力量开发幼儿的创造潜能。自主游戏活动课程鲜明地体现了"解放兴趣"，以通过幼儿的自主创造达到个体的自由解放为根本旨趣。

（2）整体性

杜威认为：儿童的生活是一个整体。在活动中，幼儿的发展是整体的、各方面裹挟着的、不可割裂的。自主游戏活动课程更加注重活动与幼儿内在的联系，整体的课程模式给予幼儿更加宽松、更加自主的学习环境，在引发—顺发—自发的自然过程中，实现了幼儿多方面整合性的发展，让教育完成全面养成、全面奠基、全面保护的目标。同时，引发儿童内在的生命活力，将儿童的"内源性"激发出来。

（3）体验性

对于幼儿来说，体验是其对待世界更为普遍的一种方式。幼儿还处于主客体尚未完全分化的时期，是一种原始的、天真的同一状态，对事物、对人都倾向于采用体验的态度。我们甚至认为，幼儿早期的学习就是以体验的方式接触世界，形成对世界的基本感知与认识。自主游戏活动课程立足于幼儿的个体发展需求，基于幼儿自己的兴趣、直觉、情感、体验等去探寻世界，不仅是让幼儿获得知识经验，成为学习的主体，更是让幼儿从体验的意义上成为真正完整的、自由的人。活动所特有的变化和不确定性，使幼儿无时无刻不充满生命的激情和心灵的感悟。也是在这个基础上，所有的知识、经验因为与幼儿的情感和精神建立了直接的联系而变得有意义。

上述案例，在理性认识成果部分，研究者以"生成性""整体性""体验性"三个高度概括、抽象的词语，陈述了对自主游戏活动特征的分析和认识，让读者能够很快理解和把握自主游戏的基本特征，阐述了他们对自主游戏活动这一课题研究的理性认识成果。

实践操作成果。实践操作成果是指通过课题研究，研究者探索发现、总结归纳出来的可以被直接运用于教育实践中的，目的在于有效提升教育、教学效果的具体方法、路径、操作策略等。

新津县华润幼儿园课题组

"以绘本为线索的幼儿园主题活动的研发"的研究成果

（节选）

（二）操作性成果

三年来，我们以绘本为线索展开幼儿园主题活动的实践研究，形成了如下实践成果。

1. 明确了以绘本为线索研发幼儿园主题活动的基本流程

我园将园内绘本资源分为"情绪情感类""自然科学类""艺术幻想类""生命成长类"四种类型。依托这些绘本资源，我们以幼儿的发展和需求为起点，选择适宜的绘本进行改造与改编，研发主题活动，在活动中促进幼儿发展。主题活动的研发以年龄段为单位，以集体备课为主要方式。经过反复实践、反思、调整，我们明确了以绘本为线索研发主题活动的基本流程，具体如图5.1。

以大班绘本主题活动"时间的奥秘"为例。首先，我们分析了大班初期幼儿的基本情况，发现大班幼儿对时间非常感兴趣，但是他们缺乏对时钟的认识，不会看整点和半点，幼儿的认知水平还处于启蒙阶段。时间对于大班幼儿来说是一个抽象的概念，既看不到也摸不着，比较模糊空洞、难以理解。根据这一情况，我们确定了主题"时间的奥秘"，选择了科学类绘本——《金老爷买钟》。我们从文学价值、艺术价值、教育价值三个方面对绘本进行解读，确定了主题的总目标、阶段目标，并据此构建了主题网络图（如图5.2），预设了部分活动。

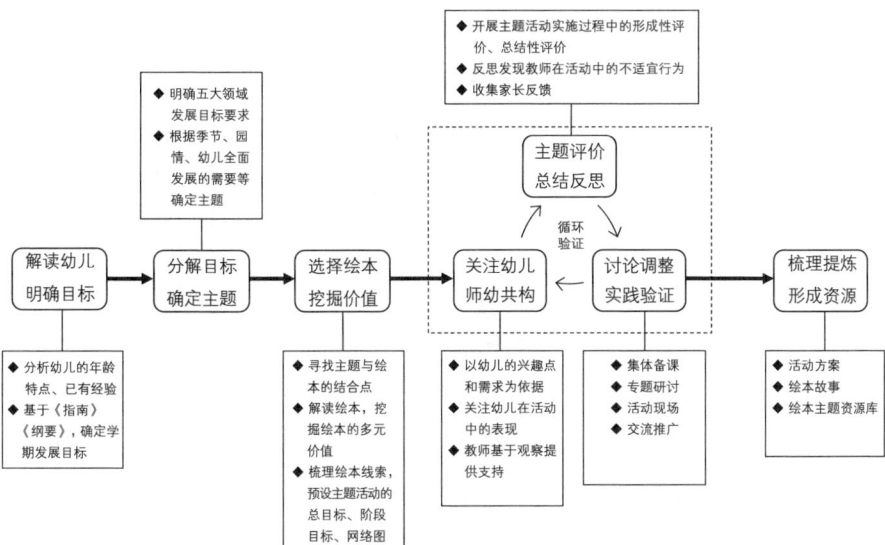

图 5.1　以绘本为线索研发主题活动的基本流程

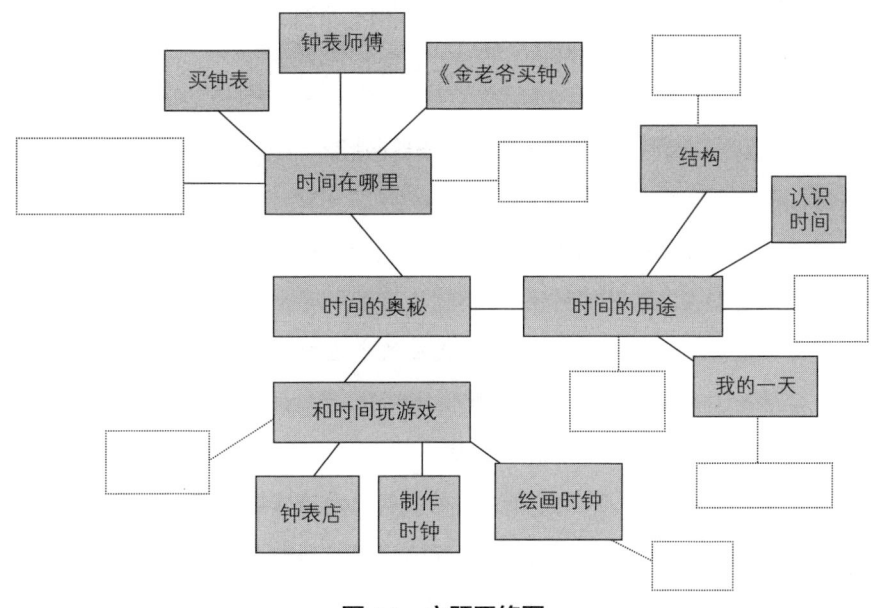

图 5.2　主题网络图

教师根据预设的主题活动方案开展教学实践，重点关注幼儿在活动中的表现，根据幼儿的兴趣需求调整活动方案，为幼儿的学习提供支持，促进幼儿在活动中的发展。主题活动后，教师及时评价、反思、调整，生成新的主题网络图（如图5.3），初步形成该主题的活动资源包，供下一个年级实践。经过实践验证，再次反思、调整，最终形成该主题的资源包。

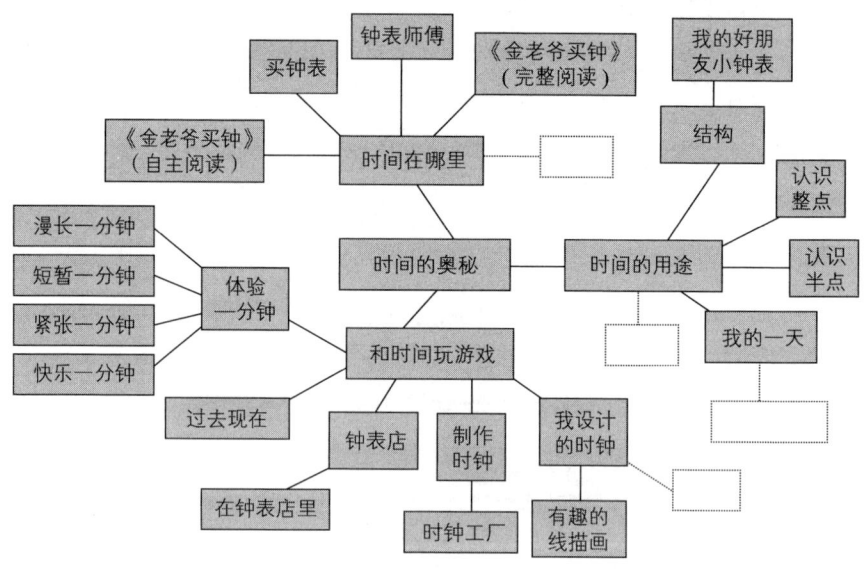

图 5.3　新的主题网络图

每个主题都按照这样的流程进行思考、研发，最终分别研发了小班绘本主题"我爱幼儿园""颜色碰碰乐""捉迷藏"等，中班绘本主题"我爱妈妈""胖国王减肥""小云旅行记"等，大班绘本主题"时间的奥秘""赛船""我要上小学"等（详见各年龄段主题教学计划）。

2. 梳理了研发过程中的操作方法

基于周兢老师的观点，我们认为可以从文学语言、美术语言、教育语言三个方面着手挖掘绘本的线索，将零散的线索串联起来，既有理论基础作为指引，又便于教师具体操作。同时，我们认可主题活动具有开放性、系统性、本土性、综合性等特点，认为以绘本为线索研发主题活动的方法如下。

一是从幼儿的发展需要出发。主题活动应该关注幼儿的兴趣和已有的生活经验，师生共同研发主题活动，充分发挥主题活动对幼儿的发展价值。

二是主题活动应该以目标作为引领。主题活动应该针对幼儿的发展需要，结合《3—6岁儿童学习与发展指南》《幼儿园教育指导纲要（试行）》的要求和具体的绘本，确立总目标、阶段目标，并将目标作为具体活动的引领，指向幼儿的发展。

三是主题活动的实施途径是丰富的。主题活动的开展形式是多样的，主题活动的价值是通过一日生活的各个环节落实的，而不仅局限于集体教学活动，可以在生活活动、亲子活动、区角活动中实施主题活动的内容，落实"一日生活皆课程"的教育理念。

四是关注主题活动评价。在主题活动中，我们还应该关注评价，尝试通过主题活动反思和撰写绘本故事等方式，发现幼儿在主题活动中的表现，并分析主题活动研发的科学性和合理性。

在上述案例中，研究者在研究报告中向读者介绍了通过研究得到的实践成果，详细阐述了以绘本为线索研发幼儿园主题活动的基本流程，以及研发过程中的操作方法。这些成果可供读者借鉴，并将其运用于自身的幼儿园教育实际工作中，具有非常重要的现实指导意义。值得借鉴的是，以上案例在研究成果的陈述中，不仅运用了文字描述的方式，而且融合了图表、图片、流程图等表现方式，使得成果的呈现更加形象、生动、直观、明了。

（2）研究取得的效益

任何有价值和意义的教育科研课题，其研究成果都会在所涉及的领域产生积极的影响和作用。在"研究取得的效益"这一部分，研究者需要将课题成果对教育理论或教育实践产生的影响和作用进行充分、切实的论述。如果研究者还对该项研究成果进行了推广，那么有必要对推广运用成果的情况和结果进行翔实的报告和说明。这些论述在说明该项研究成果给行业带来的影响时，也反证了该课题的价值与意义。此外，该部分也是专家等在课题评审时判断课题成果大小的重要依据。

成都市第一幼儿园

"走向'与孩子们共同生活'的婴班课程建构研究"的研究效益

（节选）

研究效益之二　养育课程体系构建形成的影响与辐射

一、丰富婴幼儿教养内涵

多年以来，在婴儿领域的持续研究中，我们从婴儿年龄特点的解读、婴班环境的创设、婴班生活养育的探究构建等方面，由点及面，不断努力丰富婴幼儿教养的内涵——生活即教育，充分挖掘婴儿一日生活中潜藏的巨大价值，努力探寻和构建一套回归本位的婴儿养育课程体系，支持自然的、整体的、富于个性的个体发展。

（1）理念体系，阐释生活养育是什么，实现婴幼儿怎样的发展。

（2）课程设置，即课程板块结构与内容的研发。第一，基础课程，包含吃吃喝喝、玩玩乐乐；第二，发展课程，包含蹦蹦跳跳、咿咿呀呀、做做想想、唱唱画画；第三，延伸课程，包含亲亲我我、快快乐乐。

（3）生活养育价值定位、教养目标体系设置、课程内容设计研发、实施的方法、路径探寻、课程师资培养等，将我们所倡导的"充满秩序、充满平和、充满营养"的环境建设、"与孩子们共同生活"的教养形态、支持婴幼儿个别化学习的教学方式等新的婴幼儿教养实践落地和固化。

二、为婴幼儿教育工作者提供实践参考

随着实践研究成果和婴幼儿教育发展的需要，我们不断梳理和提炼教师专业培训内容，为更多婴幼儿教育同人提供实践操作参考，形成婴班教师培训园本课程资源包和教师指导用书，包括《婴儿年龄特点解读》《婴儿学习特点解读》《婴儿教师特点和必备技能》《婴班环境创设理念与实践》《婴班早操活动创编》《0—3岁早教发展趋势》《婴班集体教学活动定位与组织实施》《婴班环境标准》《生活养育理念构建与实践》《1.5—3岁婴幼儿学习与发展指南》

（园本）等。

三、整个养育课程建设有助于形成园所特色

0—3岁养育课程的研究，改变了教师的教养观念。充满营养、充满序列、充满平和的园所氛围和养育文化已逐步渗透至全园教师，带来了幼儿园整体质量的提升。

同时，我们对婴幼儿生活养育课程进行进一步的梳理，将其纳入整个园所的课程体系。尝试将3岁前养育课程延伸至6岁，进行全面的养育课程建设，拟打造以"生活养育"为特色的完整的婴幼儿教育体系。目前已在中、大班进行以主题活动为单位的尝试，更多地引导教师关注儿童的生活，关注儿童的学习和发展，为幼儿园的发展引入新的特色和内涵。

上述文案分别从研究对幼儿身心发展、对教师专业技能与素养的提升、对园所特色建设与专业发展、对行业带来的影响等方面，对研究产生的效益进行了深入阐释。阐释有理有据，层次分明，层层递进，对课题研究效果进行了充分说明。

3. 结尾部分：存在的问题分析与讨论——参考文献

（1）存在的问题分析与讨论

这一部分是对该项课题研究进行总体的反思。反思的内容主要指向该项课题在研究过程中存在的问题与不足，可以从研究的各个方面去进行反思，如研究方法设计、研究过程管理等。同时，在这一部分，研究者也可以将课题组成员在研究过程中无法解决的困惑或难题写出来，供大家讨论，为该领域在后续研究中提供宝贵的、可供参考的意见和建议。

成都市第三幼儿园"幼儿园自主游戏活动课程的实践创新"存在的问题

（节选）

第三部分　需要进一步研究的问题

一、自主性游戏在幼儿园中实施的障碍

事实上，要在幼儿园中真正实施自主性游戏是存在障碍的，我们体会到，

这些障碍来自教师专业的成长，来自有失偏颇的教育理念，更多来自家长、社会的压力。因此，继续关注教师专业化发展、关注家长价值观的转变是我们需要进一步深刻理解并付诸行动的关键所在。

二、教师观念是影响自主性游戏开展的重要因素

从教师专业成长来看，我们深切地感受到，当教师的儿童观、游戏观能真正从幼儿成长需要的角度出发时，教师对幼儿自主性游戏的引导、支持会逐渐变得有效起来。换句话说，解决教师如何看待幼儿、看待游戏以及教师自身的教育观的冲突，是课题研究的另一个问题。我们需要将教师逐渐引入对幼儿自身发展的关注上去，以期实现教师的全面转型。

（2）参考文献

课题研究总是在前人或他人已有研究成果的基础上进行的，因此，课题研究报告应如实地列出直接提到的或引用的资料的来源。这样做首先可以帮助阅读者了解有关该项课题研究的研究背景，为他人提供查询资料的线索，为进一步研究做好准备。其次，这也是尊重他人劳动成果、作者自身的学术修养的体现。最后，参考文献的数量与质量也间接反映了作者对本课题研究历史与现状的了解程度、研究者自身的研究能力与水平。但切记不要为了增加参考文献条目，而罗列许多没有阅读过的文献资料。

新津县华润幼儿园课题组
"以绘本为线索的幼儿园主题活动的研发"的参考文献
（节选）

十二、参考文献

1. 专著类

［1］朱慕菊，马以念. 入学前读写教育［M］. 北京：中国少年儿童出版社，1995：12.

［2］周兢. 幼儿园课程实施指导丛书——语言［M］. 南京：南京师范大学出版社，1998：7.

［3］许卓娅. 幼儿园课程理论与实践［M］. 南京：南京师范大学出版社，2002：1-305.

［4］古德曼. 全语言的全，全在哪里［M］. 李连珠，译. 南京：南京师范大学出版社，2005：1-132.

2. 期刊类

［1］金娥. 大班"庆三·八，爱妈妈"主题活动［J］. 早期教育，1996（2）：36.

［2］莫宇清. 通过"我是中班小朋友"主题活动培养幼儿基本能力的几点做法［J］. 学前教育研究，1999（5）：57.

［3］李培美. "主题活动"之我见［J］. 幼儿教育，2001（9）：20.

［4］陆晓民. 大班主题活动"天气"的设计与实施［J］. 幼儿教育，2001（10）：17.

［5］成静. 大班"我们的社区"主题活动［J］. 早期教育，2002（2）：32-33.

……

3. 学位论文

［1］李同彤. 示范幼儿园双语教学的实践探索［D］. 沈阳：沈阳师范大学，2006.

［2］王慧宁. 中日现代绘本艺术比较研究［D］. 苏州：苏州大学，2009.

［3］张彤. 幼儿园绘本阅读教育的个案研究［D］. 重庆：西南大学，2009.

［4］刘欢. 儿童绘本的表意研究［D］. 杭州：浙江理工大学，2010.

……

该案例严格按照参考文献的格式要求，将研究所涉及的参考文献按照专著、期刊、学位论文进行分类，并按照出版年限进行了排序。

三、幼儿园课题研究报告的写作要点与示例

1. 幼儿园课题研究报告的写作要点

（1）学术性与专业性俱备

幼儿园课题研究报告的学术性是指，要把专门性的知识积累起来，使它系统化，然后加以探讨、研究。幼儿园课题研究报告的专业性，一方面指对教育科学领域中的某些专业问题进行探讨，比如学前课程建设、幼儿园游戏活动的开发与组织、五大领域活动、教师培训等，而不是一般性问题。另一方面指课题研究报告要用学科专业的术语、名词去阐释与说明。

（2）科学准确，尊重事实

幼儿园课题研究报告的科学性，要求作者在撰写报告时不得带有任何个人好恶的偏见，也不得主观臆断或随意编造，必须从研究的客观实际出发，从中得出合乎实际的结论。"失去了科学性，教育科研也就失去了立足之地，失去了自身最基本的价值。"[1]

结合幼儿园教育科研工作的实际，科学的课题研究报告应做到以下方面。

运用科学的研究方法。幼儿园课题研究要根据课题研究对象的特点，选取科学、适宜的研究方法。比如，在量化研究中，要恰当地设计和运用专业的观察量表、评价量表等，只有方法对了，才有可能得到正确的结论。

用数据和真实案例说话。在量化研究中，一定要对所有收集的数据进行准确的统计和分析。在质化研究中，要列举真实的案例，并按照科学的范式，对案例等材料进行解读与分析。

符合实际情况。在推理中，前因后果要符合逻辑、规律，符合幼儿园的工作实际等。总结、归纳时要实事求是，不夸大其词。

（3）鲜明的创造性

课题研究报告的生命在于发现和创造。创造性主要体现在观点的"深"与"新"。深，就是要追本溯源，穷根究底；新，包括新的见解、新的角度、

---

[1] 张建. 研究报告撰写指导［M］. 北京：教育科学出版社，2003：2-3.

新的方法、新的发现。

（4）切合实际，针对性强

幼儿园课题报告研究的问题是人们当前在现实生活中密切关注的，研究报告得出的结论也要能满足人们的迫切需要，能用以指导教育教学和实践操作。

（5）突出重点，详略得当

幼儿园课题研究报告的重点是研究对象界定、研究方法以及研究的结论和效益。这些内容要占据大量篇幅，要做到突出重点，论证有力，要用充分的数据、案例等将其阐述清楚、明了。而其余内容，诸如研究背景、文献综述、研究价值与意义等，所占篇幅不能超过研究重点，只做必要的陈述即可。

（6）表述规范，简明扼要

课题研究报告不是散文、小说，不需要华丽的辞藻，也不需要情节渲染等文艺的表达方式，其对文字表述的要求是一定要精练、简洁、流畅，具有很强的可读性。

2. 幼儿园课题研究报告的写作步骤

幼儿园课题研究报告的写作过程，不是一两天就能完成的事。有人认为撰写研究报告就像十月怀胎一样，其中充满艰辛。为了使幼儿园课题研究报告的写作能少走弯路，前人总结梳理了以下步骤，具有借鉴意义。

（1）梳理材料，构思大纲

一项课题，具体研究操作部分的工作完成后，就会进入撰写成果报告阶段。当课题组成员开始着手准备撰写成果报告时，一定不要急于下笔。首先，要将整个研究过程中所收集的材料（数据、视频、音频、照片、文字资料等）进行汇总。其次，对材料进行进一步的梳理，包括：按照一定的分类标准，严谨地进行分类；按照逻辑进行深入分析、归纳等，得出初步的结论。最后，要根据研究所得的资料，构思整个研究报告的写作大纲。这好比建造房子，不是一上来就开始一砖一瓦地具体搭建，而是必须先画草图，搭建框架。否则，写作就会缺乏总体思路，没有目标。

（2）先易后难，主攻"两项"（措施、成果）

研究措施和研究成果是研究报告的重中之重，也是撰写整个研究报告中最费时费力的部分。在整个行文过程中，为了减轻撰写者的心理压力，避免因写了半天也没有写出什么名堂，而造成心理挫败感，撰写者可以先挑选简单的部分来写，即先写研究成果中较为简单的部分，然后将复杂的部分进行详细的分解后，逐个击破来写。

（3）拓展充实，材料活用

拓展素材，首先，要学会纵向挖掘，剖析原因。素材往往呈现的是现象，要透过现象看到本质。其次，有的素材比较简单粗糙，属于粗线条式的描绘，在运用时要恰当地进行扩展，使材料更加充实、立体、有深度。许多材料不仅涉及某一方面的问题，在灵活运用时，某一经典材料可以用于多方面论点的论证。既有真实、鲜活的素材，又有深入、独特的解读，一篇好的研究报告就不缺乏品质优良的"砖瓦"了。

（4）搁置停顿，重新体会

课题研究报告的撰写过程充满艰辛，写作者绝不会随时都处在"文思泉涌""一帆风顺"的状态。如果感到疲惫，头昏脑涨，不妨歇一歇，放下笔出去走一走，让大脑放空一下，说不定在搁置停顿的过程中会生发新的体会，也说不定会有新的创意与发现。同时，在写作过程中有必要不时地停顿一下，回过头重新读一读前面所写的内容，再反思一下，推敲一下，这样做可以及时发现前面出现的错误，以免贻误后续课题研究报告的撰写。

（5）特色审视，细节审视

人们常说：细节决定成败。初稿完成后，课题研究报告的写作才完成了一半，后续还需要反复地进行阅读、打磨、修改。这个时候就要特别注重特色审视和细节审视。具体来说，特色审视是指看看课题研究报告是否凸显出该课题研究的特色和亮点，看看研究成果的梳理和呈现是否细致、完善、多方位。课题研究最佳的呈现方式是图文结合式，用图表呈现数据和理论，可以避免大量文字堆砌的枯燥，又能直观形象地达意，帮助阅读者更好地理解成果；细节审视指要仔细检查，不放过课题研究报告中的各个细节，比如，字体、字号、段落格式等是否严格按照要求执行，标点符号是否运用正确，有没有错别字，等等。

有人说，课题成果报告的撰写也是在做研究，要在求实的基础上创新，在独立思考的基础上借鉴吸收。不急于表达，要把话说清，让人听懂；把话说透，便于他人借鉴。

3. 幼儿园课题研究报告示例

此部分内容参见本节"幼儿园课题研究报告的基本结构"中的文案示例，此处不再赘述。

第六章

幼儿园园本教研方案

终身教育思想的提出和教师专业化理念的凸显使得教师的在职培训问题受到了广泛关注。联合国教科文组织在《1998年世界教育报告——教师和变革世界中的教学工作》中指出:"教师的在职培训或进修在最近30年显得日益重要。人们逐渐认识到,教师同其他职业不一样,是一种'学习'的职业,从业者在职业生涯中自始至终都要定期更新和补充他们的知识、技巧和能力。"研究者们普遍认为,在职培训是推动教师专业发展的重要途径之一,同时也是教师终身教育体系的主要组成部分。

20世纪60年代,伴随"教师成为研究者"的运动,"园本教研"的理念在英美等国家兴起,随后迅速在世界各国得到传播。"园本教研"是一种以园所为单位,建立研究和学习的共同体,以一线教师为研究主体,以教师在教育教学实践中所遇到的真实问题为研究对象的研究活动。有人将其称为"为了教学""在教学中""通过教学",实际上是指教师通过研究自己教学中遇到的问题,在找到解决问题的方法这一过程中获得专业发展。

案例:一位年轻教师的成长[1]

我认为,业务园长的重要职责就是帮助教师实现有效的成长。有效的成长包括两个关键要素:第一,找到教师个人的特点,研究其成长的需要,寻找其成长的路径;第二,将研究的重心放在处理教学实践的专业能力上。

---

[1] 本案例来自四川省成都市金牛区机关第三幼儿园。

A 老师工作 1 年多，对工作有热情，对幼儿有亲和力，渴望把自己的工作做好。但由于缺少方法、缺乏经验，对一些常规工作感到无所适从，找不到解决的良策。我们尝试"从问题入手，有效引领年轻教师专业成长"。

记得一次月末交流后不久，A 老师来找我问道："怎样才能像班里的另一位老师一样，找到实施课程的切入点，开展丰富多彩的课程活动呢？"听了 A 老师的话，我分析她的问题主要在于：一是在活动中不知如何去关注儿童，导致无法根据儿童的状况去设计适宜的活动；二是没有在活动和儿童发展之间找到结合点，进而不知从何入手。看到她着急沮丧的样子，我在想，A 老师的问题不是理论支持就能解决的，需要在教育实践中去体会和感受。我首先安慰了她一番，然后翻开"推荐活动观摩表"，正好那天有位骨干老师在开展主题活动，于是我和她一起去观摩了那位老师的活动。（因为教学课堂中包含许多问题情境，有着丰富的研究资源，带领教师一同走进教学现场，与教师一起寻找、捕捉、剖析、反思问题，这无疑是对教师最大的支持。）

在观摩过程中，我引导她看执教老师是如何关注儿童的，再引导她听这位老师是怎样启发儿童的，在组织过程中，这位老师又记录了什么、记录的目的是什么。通过观摩活动，A 老师认识到在组织活动的过程中，应细致地审视问题，仔细地观察儿童，在儿童的回应中去寻找支持儿童学习的策略。此外，丰富的材料是支持儿童多样性活动的基础。

当教师提出问题时，管理者应立即分析，并对症下药。活动结束后，我再次分析：这是一位教师存在的个别问题，还是年轻教师存在的普遍问题呢？我认为，教育的目的是实现儿童的成长，这是年轻教师面临的共同问题。针对 A 老师提出的问题，我又在年级组里组织了一次非班长组的"问题沙龙"教研活动，让教师"带着共性难题来进行实践探索"。

（1）如何分配精力，在活动中有效观察幼儿？

（2）如何使活动方式多样化？

本次活动我就这两个问题引导年轻教师进行探讨。A 老师谈道："今天晨间活动，孩子们拿着软尺去测量各种东西，一个叫李亦成的小朋友则拿着一个小皮球在测量。对于这点，我当时本没有在意。这时班上另一位老师对我说道："A老师，你看李亦成，他拿着软尺在测量皮球，你有什么想法呢？你看到了什么样的教育契机？"这时组里的C老师说："对，那位老师说得好，平时我们就应该仔细观察孩子的每一个细节，在细节中发现孩子的闪光点，然后将之放大。"于是，我立即问A老师："你会怎样设计活动？"A老师经过一番反思之后说："我可以开展一节'量一量，比一比'的课程，利用软尺让孩子们对圆形进行测量、比较、记录。孩子们的记录方式可分为两种，一种是直接写下数字记录，一种是用长短线来比较记录。不管是用哪一种方式，都可以让孩子们增加对'圆'的认识，提高数学方面的能力，更重要的是能让孩子们的探索欲和好奇心得到增强……"大家一起结合教学案例，围绕此问题进行交流、讨论，发表自己的看法。老师们还对在活动中如何观察和记录孩子的发展进行了更深入的探讨，从而引发了各班级老师许多有益的、积极的探索。接下来，我又让A老师将自己设计的"量一量，比一比"课程活动付诸实施。活动后再进行个人反思，通过反思发现问题，以理论知识为指导，共同寻求新思想、新策略来解决教学中的问题，并以此指导实践。

通过多种有效的教研形式，A老师的课堂教学能力有了显著的提高。一次，她们班在围绕主题"圆"进行活动的过程中，孩子们对"窨井盖"产生了浓厚的兴趣，于是A老师让孩子们在回家的途中观察窨井盖。第二天，有孩子问："A老师，A老师，为什么我看见的窨井盖都是圆形的呀？怎么没有方形的呢？"他的提问引起了其他孩子的兴趣，于是A老师马上生成了一个新的课程活动，让幼儿讨论"窨井盖为什么是圆形的"。在孩子们讨论的过程中，她为孩子们提供了丰富的材料，让他们去探索、尝试。A老师还将孩子们探索发现的结果整理好，发到了班级博客上，一位家长留言说道："这是一个外企招工时提问的问题，当时没有人能回答出来，想不到今天在这儿看到了答案。"孩子们在这节课中探索发现的结果竟解了这位家长的疑惑，这也让A老师在实践中真正体会到了主题活动就是要追随孩子的兴趣。在与孩子们讨论、对话的过程中，教师就会了解到孩子在这个主题活动中的兴趣所在。

抓住了孩子的兴趣点，就意味着找到了活动开展的依据，这样才能让主题活动开展得更顺利、更深入。

从上述案例中，我们可以感受到园本教研是促进教师专业成长的有效方法之一。园本教研突出了教学研究对教师专业发展的重要作用，把教师从研究的"配角"和"被动执行者"的角色中解放出来，充分调动了教师在教学研究中的主动性与积极性，促进其专业自主发展。但是，在园本教研中，如果存在缺乏专业引领者、目标不明确、内容不恰当等问题，那么都会造成园本教研无效或在低水平上重复。

一、幼儿园园本教研方案的内涵与特点

为了能够有效、持续地开展好园本教研，我们需要对园本教研进行精心的准备和设计，即撰写园本教研方案。所谓园本教研方案，是指为完成复杂研讨任务而预先设计与确定的行动方案。方案只是一种文本，关键在于方案编制过程中的思考，从而保证研究的方向与目标的达成。所以，园本教研方案是开展教研活动的"蓝图规划"，因为方案具有很强的指导性，在一定程度上决定了教研活动的质量，所以应该引起幼儿园和教师的高度重视。

根据适用范围，园本教研方案一般可以分成两种：学期（或学年）园本教研方案和为一次具体教研活动制定的园本教研方案。学期园本教研方案更突出连续性和系统性，具体教研活动方案更强调目的性和有效性，具体教研活动方案是在学期教研活动方案基础上的具体化。不论哪一种园本教研方案，都具备如下特点。

（1）针对性：聚焦真问题

教研的价值在于利用群体的智慧，解决教育中存在的问题。教研活动应着眼于分析教师、寻找问题、分析问题、聚焦问题、解决问题，因此，有效的教研需要克服随意性，在制定教研方案时，一定要找到有价值的真问题。什么是真问题？这需要管理者和教师仔细分析，认真辨别。

寻找真实问题不容易[1]

（节选）

寻找真实问题，过程"难"在哪？

1. 寻找过程涉及如何打消教师的顾虑，让教师想说、敢说、能说的问题。

2. 寻找过程涉及管理者拨开迷雾，取舍、接纳的问题。

3. 寻找过程涉及教师和管理者重新认识现有园本教研制度，坚持与放弃、破旧立新的问题。

4. 寻找过程涉及教师和管理者共同学习、共同建构、共同成长的问题。

三、采用什么办法寻找真实问题

1. 广泛动员，全员参与法。

2. 自下而上，共同研究法。

3. 问题追问，问卷调查法。

4. 分批分层，沟通交流法。

5. 随机、自由分组结合集中的不同参与法。

四、寻找、分析、聚焦真问题

问题一：现有园本教研制度中案头工作的问题。

教师们乐意完成没有压力的、轻松的案头工作。例如：记录自己工作中的感受；不限制字数、篇数、文体的案例撰写；自由选择内容和学习时间的自学、读书笔记；外出观摩学习等。认为每日的计划、每月的教育故事可以改进。（每日的计划可以进一步简化；教育故事则不要有字数、次数限制，一期写两篇可以接受。）而对个案、生成、反思、家长随访都感觉有负担。

分析：

（1）教师们比较反感有规定、有要求、有压力的案头工作。

（2）教师们喜欢自由、轻松、没有压力、可以根据自己的喜好随意完成的案头工作。

---

[1] 本文案来自四川省成都市第四幼儿园。

聚焦真问题：教师们的想法表现出他们认同表达真实的内心体验和感悟的案头工作，同时，对自由、较容易、没有压力的案头工作的期望也反映了他们对具有创造性、需要付出更多努力才能完成的案头工作持消极态度。而压力和动力的辩证关系要求教师在成为一个研究者的同时，必将付出更多的时间和精力去反思、梳理、总结、积累经验，提升自己的理论认识，促使自己成为幼儿教育的研究者，满足社会对当今幼教的高要求，这体现出教师发展现状与社会高要求之间存在矛盾的问题。

问题二：教师针对开展类似"高级教师赛课和青年教师练兵活动"园本培训活动的问题。

教师们普遍认为开展这类活动是有必要的，但形式可以改变。例如：活动目的可以定位在研究问题、锻炼新人、展示业务能力方面；可自愿申请参与，不要人人参与；可以分组打造精品进行展示，不希望花费太多时间和精力；改变评课方式，采用分组发言、小组评价的方式；希望得到更多的积极评价，而不是"挑剔"型的评价。

分析：

（1）教师们普遍认可这类活动，但是执教者表现出一些推脱情绪。例如：全组推选、自由报名、锻炼新人等，期望这种活动不要落在自己头上。

（2）推脱情绪来自压力：认为反复调整、设计活动带来了压力；花费大量时间观摩活动带来了压力；思考并评价活动带来了压力等。教师们期望采用单一的活动形式或者全组打造精品活动展示的形式来开展。

聚焦真问题：教师的看法表现出他们虽认同此类活动，在一定程度上明确这类活动的目的就是要研究、解决工作中的问题，为教师的专业成长提供展示的平台，但是面对压力时教师们多选择逃避，没有真正明白园本教研活动注重全体教师参与整个活动的过程体验，为了营造一种学术研讨的氛围，促进教师反思研究、解决问题等能力的提高。这体现出压力、动力与发展矛盾之间的问题。

问题三：关于"园本教研"的方式和内容方面存在的问题。

教师们希望能得到针对性强的理论指导、拿来就用的实践指导。

教师们更希望能得到一些实践操作方面的指导。例如：在家长工作方面给予实践操作性指导；针对儿童的不同年龄特点以及问题进行分年级、分年龄段的实践指导；针对区域活动、早操编排、环境创设等专项活动进行示范性的实践指导。教师们更能接受诸如听取专家讲座、阅读专业书籍、观看园内外精品活动展示（录像、现场等）等直接、简洁、多样化的指导方式。

分析：

（1）教师们对理论知识的需求停留在"拿来就用"的层面。比如，一种能够说服自己、说服家长、解决家校沟通难题的理论；自己写文章时有助于表达那些想说而不会说的理论根据等。

（2）教师们对实践知识的需求也更多是希望能直接指向和解决工作中的难题，他们希望这种实践指导最好能让他们"直接模仿"或者"拿来就用"。

聚焦真问题：以上教师们的认识明显反映出他们希望学习可以拿来就用的立竿见影的实践和理论知识；不需要投入过多的精力就能满足自己当前需要的实践和理论知识；可以澄清一些认识，能为当前教育教学实践提供支撑的实践和理论知识。

教师们见子打子的想法是可以理解的，但是要想促进自己的专业成长，真正成为一个幼儿教育的研究者，这些想法和做法是远远不够的。理论和实践的指导其实是相辅相成的，被指导者需要不断反思和内化，才能让理论知识真正成为"自己的理论"，而指导也只能片面地解决一时的问题，关键在于教师们根据不同的时间、教育（指导）对象不断实践后总结出有效的经验。当然要具备这种能力，教师必须具有广博而又精通的专业知识。

此外，真正意义上的实践指导不是当前大部分教师认为的那种一对一，可以不用思考直接拿来就用的实践指导，而是需要在指导者的引领下，教师们通过自我交流、碰撞，来提高能力，完成自我专业成长的指导。

曾经喜欢"拿来主义""跟风行动"的我们，现在清楚地认识到园本教研最终解决的是本园自己的问题，只有适合本园的园本教研才是最好的，才能促进教师成长，促使园所发展。

真问题来自教师在实践中产生的困惑。比如：游戏时是否应该阻止幼儿给玩具娃娃剪头发、某种情况下要不要介入游戏等。专题教研的对象是根据实践提出某种价值取向的问题，如集体教学活动有效性的判断、对幼儿生成行为的回应策略。

（2）操作性：可以有效地组织实施

在现实生活中，有的园本教研方案看起来雄心很大，干劲十足，但操作起来则成了镜中花、水中月；而有的园本教研方案线条粗放、浮于表面，不能发挥纲领性指导作用。因此，教研预设要适切，具有可操作性，避免如以下文案所示大而空的描述和粗放化的计划。

一个宽泛的计划

本期我园将继续以《3—6岁儿童学习与发展指南》和《幼儿园工作规程》为引领，紧密结合"爱阅读、好探究、善表现、乐运动"的幼儿园培养目标，牢固树立"深入、创新、协调、共享"四大发展理念，积极践行区教育局提出的"善于换位思考，奋力书写新时代教育高质量发展"的要求，不断提升园长的领导力、强化教师的创新力、发挥家长的影响力，深入推进教学研究和常态教学管理工作。

工作内容主要有：①强化师德师风建设。②加强业务培训，做好常规工作。③密切家园联系，共育幼儿成长。④德育工作。⑤教师自主成长和继续教育工作。

二、幼儿园园本教研方案的写作要点与示例

幼儿园园本教研方案的撰写是一项常规工作，制定方案的过程中出现的盲从性与随意性，可能导致教研实践处于一种无序的状态，劳而无获，缺乏成效。那么，一份怎样的园本教研方案，才能保证适当地"预测未来"？作

为园本教研活动的组织者、策划者，每次撰写教研方案时，头脑中可能都会闪现以下问题：又要制定园本教研方案了，可以写些什么？教研内容从哪里来？教研的目标如何表述？教研活动怎么安排才会有效？下面将介绍撰写园本教研方案的基本框架和思路。

一份规范的园本教研方案一般包括教研背景、教研目标、教研内容、教研形式与教研安排。

1. 教研背景

教研背景是制定方案的基础，主要是对原有的教研情况和问题进行简单的分析，它通常包括对教研组成员的分析、对研讨氛围的分析、对研究专题进展情况的分析等。比如，教师的师资情况、参与状态，实践研究中形成的相关经验的罗列，实践研究后依然存在的问题或者遇到的困惑。当然，教研背景分析不需要面面俱到，在一份教研方案中无须将以上所有内容全部呈现，只需针对与接下来要进行的教研安排关联性最强的内容进行简单的分析即可。例如：

上学年，我园重点研究"什么是优质有效的集体教学活动"这一专题，采用了"一个主题、四个阶段"的研修模式，通过问卷调查、同课异构、小组擂台、资源共享等丰富多彩的教研活动形式，解决了_____问题，调动了教师的积极性，获得了_____。在研究过程中，我们还发现_____问题有待解决。

2. 教研目标

教研目标就是园本教研活动要达到的预期效果。教研目标在一份园本教研方案中具有重要的地位，教研目标要与情况分析匹配，具有现实性、操作性与达成性。教研目标的设计要适切，避免大而空、多而杂的描述。教研目标既可以是本次活动要达成的即时目标，也可以是活动的阶段性目标。在制定教研目标的过程中要注意以下两点。

（1）教研目标的定位要有针对性

教研目标要与背景分析相匹配，具有现实性、操作性与达成性，主要针对教育教学过程中的共性问题、前期教研中存在的问题、新课程实施过程中的关键问题等。比如，教研目标"根据本学期教研计划，继续实施园本教研课题'绿色环境、和谐心理'，努力将理论学习与实践相结合，提升教师的教研水平"就缺乏实际操作意义。而教研目标"幼儿个别活动时，教师如何兼顾全面观察和个别重点观察"就更加具体，更有针对性。

（2）教研目标的陈述要简洁明了

教研目标的表述要清晰、明了，说清楚教育的目的和期望达到的效果。比如，以下教研目标：①以大班"畅玩日"户外游戏为研究对象，共同梳理游戏中发生的"有意思、有意义"的教育行为。②在研讨与交流中，梳理"畅玩日"游戏活动的实施路径，帮助教师逐步积累开发与实施户外联动游戏的经验。

3. 教研内容

教研内容是教研目标得以落实的载体。教研内容应该紧紧围绕教研目标展开，关注教师的"最近发展区"。在撰写教研内容时，应注意避免出现以下几种常见问题：①内容太全面。如指望通过一学年的教研活动解决所有的问题。②内容过多，实际难以操作。如学期计划要求教师每周进行一次理论学习和一次教研现场展示等。③内容空洞，没有抓住重点。

华东师范大学李季楣教授在谈到当前教研发展走向时说："教研活动很重要的一点是需要引导教师真正地转向重视幼儿、重视幼儿的学习和发展，而不仅仅是只重教师的'教'。"园本教研的重点不能仅落在教师教学技能、教师对活动的组织、教师对教具的使用上，更重要的是对幼儿的关注，对幼儿的研究从模糊化走向清晰和具体；不能仅停留在"我觉得今天幼儿在活动中积极性很高"这样想当然的认识上，要能在教研活动中看到教师对幼儿学习的深入研究，关心幼儿在活动中怎样学习、怎样理解教学的内容、怎样建构自己的知识和概念。这对于我们确定教研内容具有重要的指导意义。

特别需要提醒的是，撰写学期园本教研内容时需要注意以下两点。

①教研内容不能是孤立的、断裂的，要让琐碎的问题逐步形成核心问题。即寻找实际问题，从不同的问题中寻找共性的主题。例如，本学期开展了早操的研讨、环创的研讨、集体教学活动的研讨，但在众多不同类型的研究背后应该有一个需要解决的阶段性核心问题来引领。

②园本教研一直在强调"问题研究"。因此，我们要寻找问题之间的内在联系，根据幼儿和教师的发展需要来思考：哪些问题当前就能解决（可能性），哪些问题当前迫切需要解决（必要性和迫切性），哪些问题需要时间和其他条件来慢慢解决（长期性），从而形成教研的"系列化"。

4. 教研形式

教研形式有很多类型，如教学现场研讨、个案分析、案例讨论、头脑风暴、参与式学习、一课多研、同课异构、网络教研等，不同的教研形式都有自身的特点和侧重点。教研活动的组织方法也有多种：实践体验法、分析幼儿作品、两难问题辩论法、倾听新语法、网络对对碰。

> 余文森[1]将教研分为三类：教学型教研、研究型教研、学习型教研。
>
> （1）教学型教研：一般以"课例"为载体，围绕如何上好一节课而展开，研究过程渗透或融入到教学过程，贯穿在备课、设计、上课、评课等教学环节之中，活动方式以同伴成员之间的沟通、交流、讨论为主，研究成果的主要呈现样式是文本的教案和案例式的课堂教学。教学型教研的实践模式主要有：一人同课多轮、多人同课循环、同课异构、互助式观课、邀请式观课、反思式观课。
>
> （2）研究型教研：一般以"课题"为载体，围绕一个科学问题而展开，遵循科学研究的一般程序研究课题。活动方式以课题研究小组为主，研究成果的主要呈现样式为课题研究报告。与教学型教研相比，研究型教研具有更深入、更规范、更科学、更具针对性等特点。重要的不是课题的级别和类

---

[1] 余文森. 校本教研的三种基本类型[J]. 宁夏教育，2016（7）.

> 型，而是课题的针对性和实效性。课题研究的核心是行动。研究型教研有如下形式：案例分析式、录像点评式、课程研讨式等。
>
> （3）学习型教研：以学为着眼点，这种学习不是去掌握一些理论术语和时髦名词，而是理解和领会理论的内在实质，不仅仅是运用理论来解决自己的实践问题，而是利用理论来对自己的实践加以思考。读书和思考是研究的主线，观摩和交流是研究的途径，读书笔记、读后感、观后感是研究结果的主要呈现样式。

教师们经常会在不同的情景中听到这样一句话——"形式大于内容"，它指的是华而不实、中看不中用的教学研讨。现实中的教研活动经常会出现这样的情况：一场"头脑风暴"的教研活动，并没有引发教师们的思考；一场"辩论式"的教研活动，不见正反方观点的冲突与批驳。造成这种状况的原因有很多，其中一个主要原因就是追逐形式，在不理解教研形式的价值取向以及怎么运用的前提下就盲目跟风。因此，制定教研方案时，不仅需要思考教研内容，而且需要思考教研形式与教研内容的内在统一，不同内容的教研需要不同的形式，以确保研究的有效性。

"大家都来搭积木"园本教研方案[1]
（节选）

情景一：幼儿园花了不少钱购回四套木质积木，这些材料分到哪些班级更合适呢？如何才能让这些材料有效地促进儿童的发展呢？

情景二：某班级的孩子们在建构区玩得不亦乐乎，他们时而你追我赶，时而扮演奥特曼打打闹闹……在孩子们的游戏中，搭建好的积木往往乱糟糟地摆满一地，孩子们哈哈大笑地游戏着。面对这种情况，我们不禁反思：幼儿的表现说明他们的建构水平处于什么发展状态呢？我们应该关注幼儿角色游戏中愉悦的体验吗？教师应该如何支持幼儿的发展呢？

---

[1] 本文案来自四川省成都市第四幼儿园。

带着这些问题，幼儿园管理者查阅了大量资料，其中廖贻老师撰写的《幼儿积木建构水平的发展线索与指导策略》一文系统分析了幼儿积木建构水平的不同发展阶段，以及教师促进幼儿建构水平发展的适宜的指导方法，较系统地解答了我们的疑问，让我们认清了建构游戏的核心价值。

可是，通过什么方式才能让这些经验更好地作用于教师，更有效地支持幼儿的发展呢？带着这些问题，我们决定利用新购买的积木开展一次"大家都来搭积木"的园本教研活动。

当"大家都来搭积木"这个园本教研题目出现时，有的教师问："谁要上公开课？"有的教师甚至以为要给班级分积木，特意带来大号玩具筐。我们为此次体验式教研活动预设的目标为：通过学习，初步了解并掌握一定的建构技巧以及区角建构游戏的指导策略；发挥团队优势，共同学习建构游戏教师指导策略；采用换位思考、体验的方式，引导教师树立不断调整指导策略的意识。

如何选择、利用不同的教研形式[1]

我园青年教师在带早操环节普遍存在以下问题：自身缺乏做早操能力、不知如何教授幼儿做早操、在带操时不知道如何关注幼儿、只把自己当成领操员、起不到示范作用等。针对上述情况，我园进行了一次关于早操的系列传授式教研活动，包括：学习标准的早操动作、早操中表情身体语言的运用、早操教授过程中有效策略的运用等。

再如，我园以"语言活动中教师提问是否能有效促进幼儿语言表达能力的提高"为切入点，对执教教师的阅读活动"三个强盗"进行了影像回放式教研。着重围绕教师的提问和幼儿的回应进行了深入研讨。通过重温视频信息，教师身临其境地思考着，观察幼儿在不同阶段的不同反应，思考教师提问的目的性与适宜性。

---

[1] 本文案来自四川省成都市第十六幼儿园。

教研方式是为教研目的服务的。教研管理者一定要研究教师，认真分析教师行为背后的原因，问题出在哪里，并针对问题选择和使用有效的教研活动方式，这样才能保证研究的实效性，才会对教师有所帮助。

有效的教研组织形式，说其容易，是因为大多数方法我们都知道；说其难，是因为灵活、有效地用好这些方法并不容易。因此幼儿园管理者在教研中要清楚"研什么""为什么研"，再考虑"怎么研"。

以上两个案例说明在选择教研形式时，要想提高教研的生动性，不仅在于形式本身的创新，更在于形式与内容的匹配，形式对组员参与度的冲击。只有高度契合研讨内容的新形式、大大促进组员参与意识的新形式，才能真正提高教研的有效性。

5. 教研安排

教研活动的具体安排决定了教研方案的可执行度，它决定了目标与内容是否能够被贯彻和执行，它是整个方案中最具有操作性的部分，需要合理安排与推进，整合各种资源，将教研目标与教研内容进行系统化、结构化的分解，保证研究的连贯性与有序性。

在安排具体的教研活动时，需要注意以下几点：要多考虑以实践研究为主的教研活动，让行动支持理念的落实，切忌仅仅坐在办公室里空谈，言而无物，让理念停留在认识层面；在安排上要兼顾实践研讨、案例分析、外出观摩等多种内容与形式，帮助教师从多种渠道获得信息、开阔眼界。在具体安排上要做到"四个落实"——时间落实、内容落实、形式落实、责任人落实，提高教研方案的可操作性。

总之，园本教研方案的制定是保教工作中的一项常规工作，在制定园本教研方案时要认真思考以上基本要素，实事求是地对现状进行分析，制定适宜的目标，选择与内容高度匹配的教研形式和操作性强的教研安排，只有这样，才能形成一份较高质量的园本教研方案。

下面分别介绍学期园本教研方案和具体教研活动方案的范例，供大家参考。

第六章　幼儿园园本教研方案

范例 1：学期园本教研方案[1]

内容	幼儿园大班开展融通式"畅玩日"活动的实践探索	参加对象	全体教师
研究意义	《幼儿园工作规程》指出，游戏是幼儿园的基本活动。《3—6岁儿童学习与发展指南》也特别强调，要珍视游戏和生活的独特价值。而区域游戏活动是幼儿园教育教学的重要组成部分，《幼儿园教育指导纲要（试行）》明确要求，"幼儿园应当为幼儿提供健康、丰富的生活和活动环境，满足他们多方面发展的需要，使他们在快乐的童年生活中获得有益于身心发展的经验。" 我们坚持学前教育核心价值，围绕"在环境中学习，在关系中成长，在活动中发展"园本课程的重要理念，为幼儿共创设20个园级游戏活动区域，利用丰富的园级游戏区域和材料，促进儿童解放天性，使其玩在其中、乐在其中、学在其中，充分发挥了区域游戏活动在幼儿园教育中的重要作用。 我园以情感为核心教育元素，将其贯穿幼儿整个学习、生活过程，以培育幼儿积极的情绪状态、良好的情感品质、正向的情感能力为目标，构建具有情感特色的园本课程体系，强调创设温暖、互动、互爱的环境，以积极美好的情感培养为核心，实现对学前阶段教育价值的本质追求。游戏互动是促进幼儿社会性发展的重要因素。通过多年的实践探索，我们发现园级游戏区域能够提供更多体验真实生活与情感发展的机会。 基于以上认识，如果在游戏过程中实现园级不同游戏活动区域相互融通、各班级幼儿在游戏活动区域相互融通以及游戏活动区域里的情感教育融会贯通，那么既有利于尊重幼儿的感受、拓展幼儿的活动范围、增进幼儿的交往体验，又有利于全面和谐地发展幼儿的情感、个性与能力。		
研究目标	1. 探索幼儿园开展和推进融通式"畅玩日"活动的方式。 2. 在联动式游戏区域实践活动中，研究幼儿园教师对幼儿游戏活动的支持策略，提升游戏质量。		
研究内容	1. 融通式游戏区域。 在园本情感教育课程思想的指导下，利用幼儿园现有的环境，探寻拓展幼儿游戏空间的路径与内容，力求幼儿社会角色游戏能够实现区域设置之间的联动、游戏区主题之间的联动、材料投放之间的联动、师幼间的联动、幼幼间的联动，为儿童在多元的游戏环境中，多层次、多通道地进行互动，更自主、更自由、更快乐地游戏创设机会，促进幼儿社会性及人格的健康和谐发展。		

---

[1] 本文案来自四川省成都市金牛区机关第二幼儿园。

（续表）

内容	幼儿园大班开展融通式"畅玩日"活动的实践探索	参加对象	全体教师
研究内容	2．"畅玩日"活动中的幼儿。 通过开展大班融通式"畅玩日"活动，观察幼儿的情绪状态，分析幼儿的游戏发展水平。 3．"畅玩日"活动中的教师。 通过融通式"畅玩日"活动的开展，探寻教师在开展游戏区域活动时的指导策略。		
研究方法	1．研究对象的选择。 本次研究选取了开展融通式"畅玩日"活动的大班组，该年级组有四个大班，共有158名幼儿，年龄在5岁左右。该年级组的教师都有多年从事幼儿教育的经验，并且具有一定的科研能力。 2．研究方法的使用。 （1）行动研究法 在学前教育领域，行动研究主要是指教育教学实践活动过程中产生和进行的，由教育理论工作者和实践工作者共同参与，以研究解决教育教学实践问题为根本目的，对教育行动做研究，在教育行动中研究，以研究促进教育行动的研究类型和方法。 本次研究主要采取行动研究法，旨在解决大班"畅玩日"活动的推进和活动过程中教师的支持策略这两项实际问题。在幼儿园大班组进行了一学期的"畅玩日"活动的实践，园内的教育理论工作者和实践工作者组成研究团队，共同确立了活动的实施策略，并在活动过程中通过观察、记录、分析及反思，梳理出"畅玩日"活动的推进策略以及教师指导策略，同时致力于将开展"畅玩日"活动中运用的方法推广至其他幼儿园或者幼儿教育机构，让广大幼教工作者能够看到区域游戏改革与发展的新方向。 （2）实验法 本探索在大班组进行实验，在非实验班进行推广性验证，以保证融通式游戏区域的设置对幼儿游戏环境创设的发展更加有效。 （3）问题导向法 以发现问题与解决问题为着眼点和立足点，其一，着力发现和解决制约园级游戏活动区域融通方面的现实问题；其二，着力发现和解决影响组织实施大班"畅玩日"活动方面的认知障碍问题；其三，着力发现和解决教师团队推进活动指导方略和研究分析方面的问题。 （4）观察法 观察法是研究者有目的、有计划地对目标行为进行考察、记录、分析，从而获取研究资料的方法。		

（续表）

内容	幼儿园大班开展融通式"畅玩日"活动的实践探索	参加对象	全体教师
研究方法	本次研究，一部分研究者将以旁观者的身份，通过观察记录大班"畅玩日"的活动现场，关注幼儿的游戏状态、游戏内容、游戏行为表现、教师的指导行为，以及整个"畅玩日"活动的开展情况，收集相关信息，形成典型案例，并对这些案例进行分析研究。同时组织活动的教师也将作为观察者，在最自然的状态下对幼儿进行长期观察，使观察结果更加真实有效。研究者将采取拍照、录像和文字记录等方式，力求客观、准确地记录现场信息，之后进行编码和文字转录工作，便于后期整理和分析。		
研究过程	一、研究总体安排 1. 开展园本培训活动，通过讲座等形式，提高教师的专业理论水平，为更好地组织教学奠定基础。 2. 提供相互研讨的交流平台，让教师能发现问题、讨论问题、尝试解决问题。 3. 开展实际的游戏活动观摩展示，学以致用，从实际操作中发现问题，实地研讨，完善教学。 二、活动具体安排 1. 理论学习，调研园级游戏情况（9月）。 开展园本培训，进行关于游戏的培训活动，丰富教师关于游戏的理论知识，结合所学内容展开调研园级、班级的游戏现状。 2. 教养组研讨活动（10月）。 解决调研中的实际问题，做好开展研究的顶层规划。 3. 全园开展"畅玩日"活动的实践探索（11月、12月）。 大班开展"畅玩日"游戏活动，并观察记录，对游戏中存在的问题进行研讨。 4. 整理总结阶段成果（1月）。 收集、整理观察记录的结果，教师总结、反思，撰写园本教研活动方案，共同寻求最好的策略方法，完善我园户外游戏区域开展模式，探索区域游戏改革与发展的新方向。		

范例2：发现学习，体悟成长，支持发展
——"毕业野餐会"活动中的幼儿学习[1]

一、教研活动选题缘由

近年来，我园一直在探索"基于儿童主动建构的户外游戏课程"的构建。

---
[1] 本文案来自四川省成都市第十六幼儿园。

该课程强调：课程要源于儿童、激发儿童、成就儿童；课程要引发儿童的主动学习，让儿童通过自主探索、自我表达、自主建构知识获得发展。但在实施课程的过程中，我们发现教师在组织户外活动时存在以下问题。

1. 儿童视角不足。

户外活动的环境创设以及户外活动主题、内容主要依托教师的预设，基于儿童视角生成的活动较少。

2. 环境缺乏挑战。

教师创设的户外环境仍有较突出的仅满足于儿童的重复操作、环境缺乏挑战的现象，对引发幼儿深度探究学习的支持不足。

3. 课程意识淡薄。

一是教师对户外活动中儿童的学习关注不足，不能将儿童的学习发展目标很好地融合在户外活动中；二是对户外活动中儿童自发产生的兴趣及学习的持续支持不足，无法生成基于儿童兴趣的户外游戏课程。

综合分析以上原因，我们认为核心问题还是教师缺乏对户外活动中学习的关注，对学习是如何发生的以及如何能够引发幼儿的深度学习缺乏认识。

张骁萌老师组织的"毕业野餐会"活动，一方面充分体现了儿童的自主性以及教师对儿童想法的尊重，另一方面该活动给予儿童多种挑战自我的机会，引发了儿童的多元学习。在整个户外活动中，儿童充满热情、积极投入，充分体现了"基于儿童主动建构的户外游戏课程"的理念。该户外活动的组织与实施对其他教师开展户外活动有一定的参考和借鉴价值。因此，我们决定以此户外活动为例，聚焦该户外活动中儿童的学习，引导教师分析该户外活动中引发儿童产生学习的条件，以引发教师对户外活动中儿童学习的关注，并且帮助教师梳理实施"基于儿童主动建构的户外游戏课程"的思路与方法。

二、教研活动目标

1. 通过剖析"毕业野餐会"活动中的儿童学习，让教师学会看见儿童户外活动中的"学习"。

2. 通过分析"毕业野餐会"活动中的儿童学习产生的条件，总结梳理开展"基于儿童主动建构的户外游戏课程"的思路与方法。

3. 通过小组讨论，进一步加深教师对儿童学习的理解和认识。

三、教研活动过程

此次教研活动主要分为分享——讨论——总结三大环节。

（一）分享环节

1. 主要目标：通过分享让全体教师了解"毕业野餐会"活动设计的背景、组织与实施过程，以及设计组织该活动的思路。

2. 活动过程：

（1）张骁萌老师分享"毕业野餐会"活动的缘起、目标及内容。

（2）听完张骁萌老师介绍后，教师以个别发言的方式分享感受。

（二）讨论环节

1. 主要目标：通过小组讨论，进一步深化教师对"学习"以及"学习产生的条件"的认识，为教师组织"基于儿童主动建构的户外游戏课程"提供支架与思路。

2. 活动过程：

（1）教师自由分成三个小组，针对问题进行讨论。

（2）讨论问题：在"毕业野餐会"活动中，你看到了儿童的哪些学习？这些学习是如何发生的？这些学习产生的条件是什么？

（3）各小组以小报的形式呈现自己的讨论结果，并请一名代表分享小组的讨论结果。

（三）总结环节

1. 主要目标：

（1）分析教师对"学习"存在的认识误区，进一步厘清教师对"学习"的认识。

（2）梳理教师对户外活动中"学习"的分析，总结能引发幼儿学习的户外活动具备的特点，为教师组织户外活动提供支持。

2. 活动过程：

（1）主持人对各小组的分享进行总结，关注教师在分享中存在的误区，并就此引发教师们的讨论。

（2）以"毕业野餐会"活动为例，总结梳理能引发幼儿学习的户外活动的特点。

（3）请个别教师结合自身组织户外活动的情况，分享此次研讨活动带给自己的启示。

四、我们的期待

众人拾柴火焰高，我们期望通过"小组讨论写小报"的方式来组织教研，激发教师的思考，增强教师之间的合作意识，形成浓厚的学术探讨氛围。期望通过异质分享，提升教师的问题分析能力。期望每一位教师都参与其中，获得学习与发展。

范例3：户外活动《摸柚子》教研方案[1]

【教研背景】

随着市级课题"幼儿在园生活自主管理的实践研究"在我园深入地开展与研究，教师的教育思想产生了变革。我们欣喜地看到生活教育的理念已逐渐转化为教育行为。教师基于幼儿发展的需求，利用生活资源生成了有价值的集体教育活动，如《抬垫子》《擦羊角球》《绳子的麻烦事》等。通过以上集体教学活动，我们引领教师基于幼儿的问题与需要生成活动；引领教师发现幼儿在活动中生成的学习，从而激发教师对生活资源的运用。

幼儿园根据幼儿发展的需求，创设了丰富的、可供幼儿体验和探究的环境。面对室外广阔的学习空间，骨干教师敢于将教育视野从室内转向室外，寻找更多的生活教育资源。户外集体教学活动带给幼儿更加自主、多元的学习，更能激发幼儿主动学习的愿望，有利于幼儿良好学习品质的培养。有一

---

[1] 本文案由四川省成都市第十七幼儿园郭龄励老师提供。

部分教师受思想观念的限制和活动组织经验不足等的困扰，没有积极开展班级户外活动。在实践中，教师主要存在以下困惑。

1. 户外集体教学活动与室内集体教学活动相比，究竟对幼儿的发展有哪些特别的价值？（即为什么要开展户外集体教学活动？）

2. 如何组织开放性的户外集体教学活动？（即有效的组织策略是什么？）

针对以上困惑，幼儿园保教组也在思考：如何帮助教师明确户外集体教学活动对幼儿发展的价值？如何针对户外集体教学活动中怕危险、怕干扰、不知如何有效观察等问题，帮助教师梳理出有效的组织策略？

近期，大一班骨干教师胡老师结合户外的山坡，开展了班级主题活动"山坡游戏"。山坡这一自然资源很好地激发了幼儿的探究和学习欲望，教师看到幼儿可贵的学习品质，同时也发现幼儿在游戏中缺乏小组合作、共同解决问题的意识和能力。那么，如何寻找有效的资源，促进幼儿合作意识和能力的提升呢？

幼儿园保教组与教师进行了分析和讨论，发现我园的柚子树是充满挑战的自然资源，为幼儿学习小组合作"摸柚子"搭建了很好的学习平台，也为教师明确户外集体教学活动对幼儿发展价值的认识，以及梳理有效的组织策略搭建了研究平台。

因此，我们围绕"户外背景下组织集体教学活动的困惑和策略"这一主题开展了集体教研。

【活动目标】

（1）明确户外集体教学活动对幼儿发展的价值。

（2）针对教师组织户外集体教学活动的困惑，梳理形成有效的组织策略。

【活动准备】

观摩户外集体教学活动《摸柚子》；调查了解教师在户外集体教学活动中存在的困惑；准备电脑、纸张、水彩笔等。

【活动过程】

一、活动导入

今天，大家聚在一起就"户外背景下组织集体教学活动的困惑和策略"这一主题开展讨论。希望我们本着"三个真"——真实地面对存在的问题与困惑、真诚地探讨教学组织的策略、真切地感悟自身的收获与成长，来开展今天的教研。

二、真实地面对存在的问题与困惑

1. 交流组织户外集体教学活动的感受。

主持人：一说到户外集体教学活动，老师们一定是又爱又怕！有同感的请举手！那么，大家到底"爱"它什么呢？"怕"它什么呢？（教师交流感受。）

小结：老师们可能最想知道为什么要上户外集体教学活动？这样的活动能带给孩子哪些不一样的发展价值？今天胡老师为我们提供了《摸柚子》这样一个户外集体教学活动，现在就请她为我们介绍活动的设计思路。

2. 执教教师介绍《摸柚子》活动的设计思路。

3. 交流户外集体教学活动给幼儿发展带来的价值。

主持人：集体教学活动是传统的教学方式之一，老师平时组织得更多的是室内集体教学。看了胡老师介绍的活动，请大家谈一谈户外集体教学活动能为孩子带来哪些不一样的发展价值？（教师交流感受。）

小结：大家一致认为，户外活动不只是玩一玩、简单重复地操作，户外开放、多元、富有挑战的环境，对幼儿的发展具有以下价值。

（1）有利于激发幼儿主动学习的兴趣。

（2）有利于培养幼儿良好的学习品质。

（3）有利于幼儿多元领域的学习和经验的建构。

三、真诚地探讨教学组织的策略

1. 小组讨论。

（1）你在组织户外集体教学活动时有哪些困惑？

（2）结合今天《摸柚子》的活动，梳理户外集体教学活动的有效组织策略。

2. 小组交流：可以结合《摸柚子》活动，采用不同的形式进行交流，如经典案例分享式、情景再现式、经验图表式。

3. 经验梳理：结合教师存在的困惑，主持人在梳理组织策略时需要关注以下基本要素。

组织困惑	组织策略
不安全	"四要"： 一要有适宜的环境（结合幼儿已有的安全经验，选择适宜的户外环境）。 二要有安全的要求（安全要求具体、有针对性）。 三要有安全的材料。 四要有安全经验的梳理。
干扰大	"一有"：幼儿拥有良好的学习习惯（包括倾听、交流等）。 "三适宜"： ①适宜的环境（环境资源运用与幼儿发展相符合，激发幼儿学习的内驱力）。 ②适宜的语言（精练、精准）。 ③适宜的图示（帮助幼儿明确要求）。
观察与指导难	三有： ①心中有目标（有目的地观察）。 ②眼中有儿童（有针对性地指导）。 ③突发状况有对策（有多种经验支持教师灵活指导）。

四、真切地感悟自身的收获与成长

1. 主持人：今天的户外集体教学活动对你有什么启示？

2. 教师交流：各班如何利用户外资源开展集体教育活动。

3. 总结：今天的户外集体教育活动现场研讨，目的是为老师们打开一扇窗，能够让老师们带着对教育的思考、对孩子发展的期待，与孩子共同走向户外，寻找适宜孩子学习和发展的户外教育资源，让户外活动成为孩子成长的"催化剂"，彰显孩子热爱自然的本性，激发孩子生命的潜力！

从上述范例可以看出，要想写出高质量的园本教研方案，教师需要认真地进行准备，其中包括：①厘清思路，明确本次教研活动的关键问题，了解教师在这个方面已有的知识经验、困惑以及需求等。②确定教研活动的形式，思考活动前的准备工作，如教育信息、实践活动、人员安排等。③预设与本次活动相关的问题。在此基础上，建议教师在撰写园本教研方案时注意以下几点。

（1）为教研方案的调整留出空间。教研方案不是静态的，随着研究的深入，需要不断进行调整和思考，需要根据幼儿的反馈、师幼互动情况为其留出一定的弹性空间。

（2）制订教研计划时，要提前预留充裕的时间，以便教研组织者能充分了解、分析小组状况和组员需求，考察研究内容的可行性，确定研讨的方向，做到定位准确。一般来说，应该在学期临近结束时，初步确定下学期的教研计划。立足于解决本学期存在的问题，组织者可采用问卷、测试题、任务书等形式，向组员征集感兴趣的问题，了解组员的基本情况等。

如通过测试题来了解每个组员把握集体教学活动和游戏活动关键经验的基本情况，以便安排相应的研讨活动；通过任务书引发每一位教师参与活动的积极性，充分利用小组的信息资源。这样的提前预测活动能使组长在编写教研计划时做到心中有数。

另外，提前制订教研计划能体现计划的循环衔接，本学期的研讨过程与成果应成为下学期研究的基础。做到提前制订、预测预设，能提高教研计划的连贯性，为有效开展教研活动提供切实的保障。

第七章

幼儿园教育活动设计

《幼儿园教育指导纲要（试行）》指出，"幼儿园的教育活动，是教师以多种形式有目的、有计划地引导幼儿生动、活泼、主动活动的教育过程。"狭义上的幼儿园教育活动，是指教师有目的、有组织、有计划地开展的教学活动。对于教育活动的计划与实施，《幼儿园教师专业标准（试行）》明确提出，幼儿教师要能够"制定阶段性的教育活动计划和具体活动方案""在教育活动的设计和实施中体现趣味性、综合性和生活化，灵活运用各种组织性形式和适宜的教育方式"。教育活动设计就是教师组织教学活动的计划与行动方案。教育活动设计能力是幼儿园教师的基本能力，也是教师课程执行能力的重要组成部分。就幼儿园教师的日常教育教学工作而言，她们需要进行教育活动设计的内容一般包括：半日活动设计、集体教学活动设计、游戏活动设计以及户外活动设计等。

第一节　幼儿园半日活动设计

《幼儿园教师专业标准（试行）》提道：合理安排和组织一日生活的各个环节，将教育灵活地渗透到一日生活中；科学照料幼儿的日常生活，指导和协助保育员做好班级常规保育和卫生工作；充分利用各种教育契机，对幼儿进行随机教育。由此可见幼儿园一日活动的重要性所在。在幼儿园半日活动设计中，除了常规的集体教学、游戏活动和户外活动外，还包括半日生活环节等内容。那么，如何写作高质量的幼儿园半日活动设计呢？

一、幼儿园半日活动的内涵与特点

幼儿园半日活动设计的写作，需要建立在对"幼儿园半日活动"的内涵和特点理解的基础之上。

1. 幼儿园半日活动的内涵

幼儿园半日活动，是指幼儿园在半天时间内的各个时段、各个环节的活动内容的总和，分为上午的半日活动和下午的半日活动，其包含的活动内容有：入园、早餐、晨间活动、早操、集体教学活动、游戏活动、户外活动和生活活动（盥洗、如厕、洗手、喝水、餐前活动和餐后活动等）。可见，幼儿园半日活动包含的内容多、组织形式多样、活动持续时间长。因此，幼儿园半日活动的设计反映的是一位教师的综合素质，考验的是教师对各个年龄段幼儿的特点、班级管理、活动环节内容的整体设计和时间调控的能力，也是一名教师应有的基本教学设计和班级管理能力。而评价一份半日活动设计是否优质，可以从半日活动的内容与结构、活动组织的合理性与适宜性、幼儿在活动中的参与度和自主发挥情况等方面进行考量。

2. 幼儿园半日活动的特点

幼儿园半日活动是教师每天都要接触的常规活动，也是教师专业能力和班级管理能力的重要体现。尤其是对新教师而言，能有序、自然、流畅地设计与组织半日活动并非易事，有的教师甚至用"打仗"一词来形容幼儿园半日活动的组织。那么，幼儿园半日活动有哪些特点呢？

（1）活动包含的内容多

幼儿园半日活动时间跨度长，一般而言，上午的半日活动从早上入园开始，到中午餐后活动结束；下午的半日活动从组织幼儿午睡开始，到离园活动结束。因此，每个半日活动涉及的内容容量大。比如，上午的半日活动包括入园、晨间游戏活动、早操、集体教学活动、游戏活动、户外活动、生活活动（早餐、如厕、洗手、喝水、餐前活动、午餐、餐后活动）等。下午的半日活动包括生活活动（午睡、如厕、洗手、喝水、晚餐、餐后活动）、游戏活动、户外活动、离园。

当然，并不是每所幼儿园的半日活动都和以上列举的一模一样，有的幼儿园不提供早餐，有的幼儿园不提供晚餐，但即使除去这两个活动和餐前、餐后活动，上午的半日活动和下午的半日活动内容容量依旧很大。因此，幼儿园教师带班的半天要"眼观六路，耳听八方"，从容地在每个活动和环节中自然转换和过渡。

（2）活动形式多样

幼儿园半日活动内容多，而不同的活动，其组织形式也各有差异。一般而言，主要有以下几种活动形式：集体活动，如早操活动、集体教学活动、户外活动中的集体部分；小组活动，如晨间活动、生活过渡环节活动等；个别活动，如游戏活动、餐前活动、餐后活动等。当然，对于半日活动的形式，每所幼儿园有不同的管理规范。此处，只是针对通常情况下半日活动的主要形式而言。

（3）各类活动交叉融合

幼儿园半日活动中的各类活动存在一定程度的交叉和融合。例如，在上午的半日活动中，喝水环节一般至少有两次，一次是早操活动后，一次是户外活动和餐前活动之间。这两次喝水多由于幼儿进行了大量体育锻炼，在运动过程中流汗而导致身体缺乏水分，因此需要及时补充。当然，在晨间活动、集体活动、游戏活动中，幼儿也可以根据自己的需要及时喝水。如厕亦是如此。之所以会出现生活活动和其他活动的交叉融合，是由幼儿的个体差异和生理发展特点决定的。教师应该尊重幼儿的需要，在日常生活的细微之处随机渗透教育。

二、幼儿园半日活动设计的写作要点与示例

合理安排幼儿园半日活动的内容、选择适宜的组织形式、把握幼儿的年龄特点、关注幼儿园半日活动的整体性，对设计幼儿园半日活动非常重要。

这也是衡量一份幼儿园半日活动设计是否优质的重要依据。

1. 幼儿园半日活动设计的写作要点

根据《幼儿园教育指导纲要（试行）》和《3—6岁儿童学习与发展指南》的要求，幼儿园半日活动设计需遵循幼儿的身心发展规律及年龄特点，以游戏为基本活动，动静交替；室内活动与室外活动相结合，活动内容丰富，形式多样；集体活动、小组活动、个别活动相结合，关注游戏与生活活动；体现以幼儿为主体的教育理念，关注个体差异，因人施教。

（1）合理安排半日活动的内容结构和组织形式

根据《幼儿园教育指导纲要（试行）》的要求，幼儿园各类活动的安排要遵循幼儿的年龄特点和生理发展特点，活动设计体现"动静结合"，切勿使幼儿运动过度或长期处于教师的高控状态。因此，在写作半日活动设计时，幼儿教师可参照园所的"一日活动作息时间表"中的时间和内容，并结合本班幼儿的年龄特点，合理安排半日活动的内容结构和组织形式。

例如，小班上学期的幼儿年龄小，注意时间较短，生活自理能力差，动作较慢（如喝水、如厕、洗手等较慢），语言表达能力较差，因此，在设计半日活动时，在内容方面，可以增加一些有趣的、生活化的活动，适当减少需要集中、静坐的学习类活动；在时间方面，可以适当增加生活活动和游戏活动的时间，一则帮助幼儿在一日生活中学会自我服务，二则培养小班幼儿对幼儿园生活的热爱之情。当然，教师需要将半日中每个活动的时间节点和时间段（如小班集体教学活动时间不超过15分钟）铭记于心，不要出现"拖拉"和"催促"的现象；在组织形式方面，可以更多地采用游戏活动的形式开展。比如，生活活动中可以选择一些可爱的动物，让幼儿跟着动物宝宝学习良好的生活习惯和本领。

（2）根据年龄特点制定半日活动目标

虽然每所幼儿园小中大班的半日活动内容相近，但是不同年龄段幼儿的能力和发展需求不一样，其活动目标也有很大差异。活动目标主要从情感态度和价值观、知识和技能、过程和方法三个方面进行书写。因此，在写作半日活动目标时,也需要从以上三个维度,体现不同年龄段幼儿的发展差异。例如,针对喝水环节,根据《3—6岁儿童学习与发展指南》的描述,"3—4岁幼儿:愿意饮用白开水,不贪喝饮料;4—5岁幼儿:常喝白开水,不贪喝饮料;5—6岁幼儿:主动饮用白开水,不贪喝饮料。"由此可以看出,同一件事情(喝水),不同年龄段幼儿的发展重点是不一样的,以上描述主要突出幼儿情绪和习惯由"愿意"逐渐发展为"内在的主动性"。

除了情感和习惯的目标不一样以外,不同年龄段幼儿的能力目标差异较大。例如,针对幼儿使用文明的语言习惯,根据《3—6岁儿童学习与发展指南》的描述,"3—4岁幼儿:能在成人的提醒下使用恰当的礼貌用语;4—5岁幼儿:能主动使用礼貌用语,不说脏话、粗话;5—6岁幼儿:能依据所处情境使用恰当的语言。如在别人难过时会用恰当的语言表示安慰。"可见,不同年龄段幼儿使用文明语言的能力是由弱到强逐渐发展的。因此,活动目标要关注本班幼儿具体的能力水平。

同上,在"过程和方法"这个目标中,不同年龄段幼儿的发展目标也有所不同。例如《3—6岁儿童学习与发展指南》中关于幼儿"记录"的描述,在3—4岁幼儿发展目标中并没有提到"记录";4—5岁幼儿:能用图画或其他符号进行记录;5—6岁幼儿:能用数字、图画、图表或其他符号进行记录。

(3)整体设计半日活动内容

整体设计半日活动内容,不但要关注各个活动和环节的内容,而且要注意整个半日活动安排的科学性和合理性。首先,在书写半日活动方案时,需较为全面地呈现半日活动中的生活活动、集体教学活动、区域游戏活动和户外活动的活动目标、活动准备以及活动内容。此外,集体教学活动、区域游戏活动和户外活动还需要详细地呈现活动过程。其次,要关注半日活动的整体性,考虑不同活动相互间的渗透与融合。例如,有些半日活动方案会凸显一定的主题,半日活动会围绕相关主题开展。如某老师的大班半日活动设计——晨间谈话活动《绿色出行》、集体教学活动《垃圾分类》、户外游戏《观光车》以及区域游戏无不体现"环保""绿色"的主题,在生活环节中也提醒幼儿节约用水、垃圾要分类等。这种主题式的半日活动便于幼儿学习，使得半日活动更具整体性和系统性，有利于幼儿形成关于"主题"的完整经验。

有些半日活动会体现不同年龄段幼儿的典型特点，如关注小班幼儿的情绪、情感和适应能力，关注中班幼儿的社会性发展，关注大班幼儿的幼小衔接等。当然，不同幼儿园对教师的要求各不相同，教师可以根据自己园所的特点灵活地进行设计。

2. 幼儿园半日活动设计示例

幼儿园半日活动设计分为上午的半日活动设计和下午的半日活动设计，呈现的形式既有表格式的，也有文档描述式的。请参照以下示例。

示例1：小班上午半日活动计划[1]

一、早操活动

【活动目标】
1. 在老师的提醒下，情绪愉快地跟着老师做操。
2. 具有初步的安全意识，走跑的时候能按照顺序做动作。

【活动准备】
早操音乐、彩虹伞、户外自制器械。

【教师指导】
1. 带着幼儿有精神地做早操，提醒幼儿走跑时要一个接一个，并且闭上小嘴巴。
2. 组织幼儿有序取放户外自制器械。
3. 示范户外自制器械的玩法。

【保教配合要点】
1. 提醒个别幼儿做早操要动作规范，走跑时要一个接一个。
2. 提醒拿户外自制器械的幼儿注意安全。
3. 照顾个别有情绪的幼儿。
4. 帮助幼儿脱外套、擦汗。

---

[1] 本文案由四川省成都市第十三幼儿园悦水分园龙维老师提供。

二、集体教学活动

小班语言活动《大老鼠找小老鼠》

【设计意图】

　　故事中有小熊、小羊、小鸭子和老鼠，这些都是小班幼儿非常喜欢的小动物，幼儿有一定的知识经验，并且每个小动物都有自己的特征，从最大的小熊到最小的老鼠，幼儿非常感兴趣，《大老鼠找小老鼠》讲的是大老鼠到一间大房子去找自己的好朋友，最后找到了小老鼠的故事。故事简单易懂，而其中的礼貌教育对于刚入园两个多月的宝贝们来说是非常必要的，因此我选择了这个故事。

【活动目标】

　　1. 认真倾听故事，理解故事的基本内容。

　　2. 初步尝试学习对话——"咚咚咚，请问这是小老鼠的家吗？" "不是，不是，小老鼠的家在里面呢"。

【活动准备】

　　1. 四间由大到小的房子图片。

　　2. 五只小动物图片以及大老鼠、小熊、小羊、小鸭和小老鼠指偶。

【活动过程】

　　1. 出示图片，引起兴趣。

　　师：小朋友们，今天老师给你们带来了一位好朋友，它是谁呀？（小老鼠）老师要给你们讲一个关于老鼠的故事，故事的名字叫《大老鼠找小老鼠》。

　　2. 师有感情地讲故事（第一遍）。

　　师：这个故事的名字叫什么呢？

　　师：大老鼠有没有找到小老鼠呢？（找到了）大老鼠是怎样找到小老鼠的？那之前它都遇到了哪些小动物呢？请小朋友来回答（小熊、小羊、小鸭子）。

　　师：大老鼠敲门的时候说了什么呢？小动物们又是怎样回答的呢？我们再来听一听。

3. 分段讲述故事（第二遍）。

师：有一只大老鼠想要找他的好朋友小老鼠……大老鼠敲敲门说："请问这是小老鼠的家吗？"小熊走了出来，摇摇头说："不是，不是，小老鼠的家在里面呢。"

师：大老鼠来到第四间房子面前，敲敲门说："请问这是小老鼠的家吗？"小老鼠听了连忙跑了出来，大声喊道："是的，是的，这就是我的家。"

师：大老鼠敲门的时候是怎么说的？小动物们又是怎样回答的？最后小老鼠是怎样回答的？大老鼠在找到小老鼠的时候，心情怎么样？

4. 师幼用教具共同讲述。

师：这里有一间大房子，我们一起再来讲一遍这个故事吧。

5. 活动结束。

师：你们喜欢这个故事吗？那你们回家后把这个故事讲给爸爸妈妈听吧。

【保教配合要点】

1. 提醒个别不专心的幼儿以及说话的幼儿。
2. 照顾个别幼儿的需要，如有幼儿需要解便，尽量做到不打扰同伴学习。

三、盥洗、喝水

【活动目标】

1. 在厕所里能安静有序地解便，然后洗手、喝水。
2. 在老师的提醒下能接大半杯水，并喝完。

【活动准备】

肥皂、擦手帕；已消过毒的水杯、充足的水。

【教师指导】

1. 分组，并提醒幼儿在厕所保持安静。
2. 请幼儿接大半杯水，一手握杯把，一手扶杯肚，坐到座位上再喝。鼓励幼儿多喝水。

【保教配合要点】

1. 拿出两张餐巾纸放在餐台上，并帮助检查幼儿的喝水量。
2. 提醒幼儿用肥皂洗手，洗手之后要擦手。

四、户外活动

《能干的小蚂蚁》

【活动目标】
1. 能听信号向指定方向爬行。
2. 通过爬行游戏,感受爬行的快乐。

【活动准备】
1. 音乐《创造奇迹》《星星的心》。
2. 一面铃鼓、小蚂蚁头饰。
3. 小圈圈12个、飞盘、辫子、荷叶、有趣的瓶子。

【活动过程】
1. 热身部分。
律动《创造奇迹》,幼儿活动全身。
2. 基本部分。
(1)情景导入(出示蚂蚁头饰)。
师:蚂蚁宝贝,我是蚂蚁妈妈,我们一起去草地玩儿吧。
(2)幼儿向指定方向爬行及变速爬行。
①教师摇铃鼓,幼儿爬行。
师:蚂蚁妈妈要带宝贝们玩一个拍铃鼓游戏,等会你们听到铃鼓拍得快,你们就快快爬;铃鼓拍得慢,你们就慢慢爬;不拍铃鼓,你们就停下来。现在,先看看蚂蚁妈妈怎么爬。(请一个宝贝来协助示范。)
②教师拍铃鼓,幼儿分组爬行。
第一遍,集体爬行、练习;第二遍,分组爬行。
(3)幼儿绕障碍(小圈圈)爬行。
师:蚂蚁妈妈发现草地上有很多障碍物,等会儿宝贝们爬行的时候,要注意绕过障碍物。
3. 分散游戏。
幼儿自由玩飞盘、辫子、拉小猪、荷叶、有趣的瓶子。

4. 结束部分。

幼儿跟随音乐《星星的心》放松后，老师带领幼儿整理器械、场地，幼儿排队回到教室喝水。

【保教配合要点】

1. 提醒并指导个别幼儿听信号爬行，关注幼儿安全。
2. 关注个别出汗量大的幼儿，帮助他们擦汗。
3. 指导并和幼儿一起收拾、整理场地。

五、餐前活动

《水果拍拍》

【活动目标】

1. 在老师的引导下，仔细看图片，对水果图片做出快速反应。
2. 能愉快地参加游戏"水果拍拍"。

【活动准备】

各种各样的水果图片；不是水果的图片。

【活动过程】

1. 带幼儿熟悉水果。
2. 游戏"水果拍拍"。

（1）师幼游戏。

（2）幼幼游戏。

【保教配合要点】

1. 做好消毒工作。
2. 请个别幼儿帮忙发盘子、勺子。

六、午餐

【活动目标】

1. 幼儿能有序地端饭。
2. 愉快地进餐。

【活动准备】

幼儿有舒适愉悦的心情。

【保教配合要点】

1. 给幼儿添饭添汤，小声提醒幼儿有序端饭、保持桌面整洁。

2. 指导个别幼儿进餐。

七、餐后散步

【活动目标】

喜欢餐后散步，愿意跟着老师安静地散步。

【保教配合要点】

1. 提醒幼儿安静地散步。

2. 做好午睡准备工作。

八、午睡环节

【活动目标】

1. 能轻声地走进午睡室，有序地解便。

2. 在老师的提醒下，在午睡时保持正确的睡姿，平躺或向右侧躺。

【教师指导】

1. 提醒幼儿午睡前要小便。

2. 提醒幼儿保持正确的睡姿，指导、帮助幼儿脱衣服。

3. 每15分钟巡视一次，了解幼儿盖被子的情况和睡姿，及时帮助幼儿盖好被子、调整睡姿。

4. 提醒容易尿床的幼儿及时解便，注意如厕安全。

5. 保持室内安静，陪伴个别没有入睡的幼儿。

示例2：中班下午半日活动计划[1]

一、午睡及起床整理

（一）活动目标

1. 能自己穿脱衣服，并把衣服叠好放在指定的地方。

2. 起床后尝试用老师教的方法叠被子。

（二）指导重点

帮助和指导个别穿脱衣服有困难的幼儿，并指导幼儿叠被子。

二、喝水

（一）活动目标

1. 能够主动排队、按需取水。

2. 能够安静愉快地喝水，并保持地面和桌面干净。

（二）指导重点

鼓励幼儿有序等待及安静喝水的行为，提醒幼儿端水时注意安全，不要把水洒到地上。

三、空气浴

（一）活动目标

空气浴时精神抖擞，情绪积极愉快。

（二）指导重点

关注个别注意力不集中的幼儿。

四、户外游戏

【活动名称】

民间游戏。

【活动目标】

1. 自由选择不同的游戏材料，并探索不同的玩法。

---

[1] 本文案由四川省成都市第十三幼儿园悦水分园曹晴老师提供。

2. 能够情绪饱满地参加各项体育游戏。

3. 勇于挑战各种困难，体验获得成功的快乐。

【活动准备】

铁环若干；皮筋；跳房子场地准备。

【活动过程】

1. 介绍游戏，布置场地。

师：今天我们要玩户外民间游戏——滚铁环、跳皮筋和跳房子，请小朋友们将器械放好，按照自己选择好的区域进行游戏。

2. 强调游戏时注意事项。

（1）在老师或同伴的提醒下，出汗的小朋友自己取下毛巾架上的毛巾擦汗。

（2）游戏活动中注意与他人共享空间。

3. 幼儿游戏，老师适当指导。

（1）指导幼儿尝试让铁环滚起来。

（2）引导幼儿尝试用不同的方法跳房子，并做记录。

4. 结束部分。

老师带着幼儿做放松活动，并提醒幼儿整理器械。

五、喝水及自由活动时间

（一）活动目标

1. 幼儿能够根据自己的需要主动饮水，取水时有序排队。

2. 喝完水的幼儿能够自己安静地玩游戏，不影响他人。

（二）指导重点

提醒幼儿根据需要喝水；玩游戏的时候保持安静，不影响别人。

六、午点

（一）活动目标

1. 取餐时有序排队。

2. 能够安静进餐，注意保持桌面干净。

（二）指导重点

餐后自己收拾桌面，注意用抹布的两个面擦桌子。

七、室内游戏活动

【活动目标】

1. 游戏中能够使用礼貌用语，如"您好""请"。

2. 明确自己的角色并完成自己的职责，体验角色游戏的乐趣。

【活动准备】

准备材料及场地布置。

【活动过程】

1. 根据表格，回忆上次活动出现的问题以及提出的解决方法。

师：请茶馆的店长来说一说上次游戏中发现的问题，我们一起来商量怎么解决问题。

2. 幼儿自主讨论角色分配及任务。

3. 幼儿游戏，老师观察指导。

老师重点指导茶馆，提醒后厨关注客人的订单。

4. 游戏结束，评价总结。

师：游戏中大家是否相互尊重、有礼貌；出示茶馆表格，幼儿自己评价本次游戏是否按照讨论的方法解决了问题，后厨有没有按照客人的订单准备食物。

八、离园整理及自由活动

1. 能够自己整理衣裤并将换下的衣服叠好放进书包。

2. 尝试回忆在幼儿园里的一天，并做出简单的评价。

九、离园

1. 有序排队离园。

2. 能主动与老师说再见。

三、幼儿园半日活动反思

幼儿园半日活动具有内容多、活动形式多样、各类活动交叉融合的特点，因此教师在执教完半日活动后，可以进行反思的内容也有很多。对半日活动进行反思，不可能做到面面俱到。教师可以选择部分内容重点进行反思，但依然要把半日活动看作一个整体，对半日活动的整体设计或整体实施情况进行反思，如整个半日活动安排的合理性和科学性、活动之间的动静交替情况、环节之间转换的流畅度、教师的组织能力、幼儿的活动表现等。比如，一位教师对自己的半日活动情况反思[1]如下。

在整个半日活动中，我存在的一个普遍问题是：没有对每个环节小结或者小结不到位，对每个环节的要求提得不够清晰和具体。

在幼儿园，不管是喝水、小便环节，还是洗手环节，都有一定的目标和重点。例如，洗手环节，教师要求孩子能自己卷袖子、依次洗手，洗手时把水龙头开小点。每日的活动环节，教师的侧重点都不一样。每个环节结束后需要过渡到另一个环节，每个环节都应该有头有尾，所以教师应该对结束的环节进行一个总结或者点评。例如，从早操过渡到集体教学活动，教师可以说："刚才我们做早操锻炼身体了，现在老师要带你们去玩一个好玩的游戏！"环节与环节之间的过渡要紧凑和有关联，毕竟幼儿园一日活动环节是相关联的。在后期的工作中，我尤其需要注意各环节之间的联系和过渡。

上述案例中，教师对自己组织半日活动的过程中存在的普遍问题进行了反思，在各个环节，老师都有做得不到位的情况，从而影响了活动的开展。这位老师意识到了问题所在，并给出了解决的办法，相信这位老师在之后的半日活动过程中不会再出现这样的问题。

第二节　幼儿园集体教学活动设计

幼儿园集体教学活动是幼儿园较为重要的一种活动形式。在幼儿园课程

---

[1] 本文案来自四川省成都市第十三幼儿园。

的不断改革中,集体教学活动因强调共性、忽视个性而饱受争议。有的幼儿园甚至全面取消了集体教学活动,取而代之的是小组活动和个别化的学习活动。但是学前教育专家朱家雄教授强调,集体教学活动是当前中国幼儿园课程中很有特点的一类活动,它有非常重要的价值。尤其是在我国目前大班额、师生比例严重失调的情况下,集体教学活动仍然有特殊的价值,这也是目前幼儿园最为常见且最重要的教育活动之一。

一、幼儿园集体教学活动的内涵与特点

幼儿园集体教学活动设计的写作,需要建立在把握其内涵和特点的基础之上,以确保文案写作的方向准确。

1. 幼儿园集体教学活动的内涵

什么是"集体教学"?《幼儿教育词典》对"集体教学"进行了如下界定,"一种按学生年龄、学习程序分为固定人数的班,教师以班为单位,按各门学科教学大纲规定的内容,选择适当的教学内容,组织教材并选择适当的教学方法,按固定的时间表进行连续教学的教学组织形式,又称班级授课制。"[1] 朱家雄认为,"幼儿园集体教学活动主要是指一两个教师面对全体幼儿或许多幼儿开展的教学活动。一般而言,要求全体幼儿能在同一时间内完成同样的活动任务或者相关的活动任务。"[2] 集体教学活动不同于小组活动和个别活动,幼儿园的集体教学活动有着"教师主导""组织严密""面向全体""时间相对固定统一"等特点。

随着课程改革的不断深入,幼儿园的集体教学活动也发生了转变,从"重教师轻学生"到"教师主导、幼儿主体",从关注教师的"教"转向关注幼儿的"学",视角也从教师转向幼儿。集体教学活动有其他形式的教育所不能代替的教育价值,如有助于提高教学效率,尤其是在当前师生比例失调的

---

[1] 王忠民. 幼儿教育词典 [M]. 北京:中国大百科全书出版社,2004:216.

[2] 朱家雄. 对幼儿园课程改革的所见所思和所闻(下)[J]. 幼儿教育,2006(09).

情况下，集体教学活动有助于最大限度地实现教育目标。所以，组织好集体教学活动，是幼儿教师必备的一项基本技能。

2. 幼儿园集体教学活动的特点

很多新教师认为，与组织游戏活动相比，更愿意组织集体教学活动，因为集体教学活动"比较容易上""课堂也容易掌控"。教师们提到的"集体教学活动容易上"，是真的容易上，还是对集体教学活动的认识不到位？要想回答这个问题，离不开对集体教学活动特点的探讨。集体教学活动要求教师制定恰当的活动目标，选择适宜的活动内容，设计合理的活动过程，以保证教育活动科学、有序地进行，并能达到预期的教育目的。

（1）活动目标明确，针对性强

集体教学活动能够在较短的时间内提高教学效率，制定指向明确、针对性强的活动目标必不可少。活动目标的制定，是教师开展教育活动的起点和归宿，它既是整个活动设计的首要环节，也是整个活动的最终指向。指向明确、针对性强的活动目标，有助于教师理解和掌握教学活动的重难点，也有助于教师合理分配各个环节的时间，提高课堂效率。如果活动目标模糊不清、缺乏针对性，那么教师就会在整个教学活动中无所适从，找不到重点，最终大大降低活动的有效性，甚至出现无效课堂。

（2）活动内容精选，指向性强

活动内容的选择，要为活动目标服务，指向活动目标的实现。一次集体教学活动不可能解决所有的问题，也不是所有的学习内容都适合采用集体教学这种形式。所以，集体教学活动要求教师对活动内容进行选择，既要适合幼儿的现有水平，又要具有一定的挑战性；既要符合幼儿的现实需要，又要利于其长远发展；既要贴近幼儿的生活，符合幼儿的兴趣，又要有助于拓展幼儿的经验和视野。一般而言，根据幼儿的年龄特点和注意力分配时间的长短，开展集体教学活动的时间分别是：小班15～20分钟、中班20～25分钟、大班25～30分钟。有的幼儿园在大班进行幼小衔接时，会有意延长大班的集体教学活动时间。总之，幼儿园开展集体教学活动的时间在幼儿的一日活动中的比例是相对较少的。在如此短暂的时间内，要实现高效教学的目的，必然要求教师对教学内容进行精选，而精选的内容要有较强的指向性。《幼儿园教育指导纲要（试行）》按照幼儿学习活动的范畴，将幼儿园教育内容分为健康、语言、社会、科学和艺术五大领域，这五大领域的特点各有不同。教师在选择教学内容时，要体现五大领域的领域特征和关键特质，同时也要指向幼儿关键经验的学习，兼顾幼儿认知、能力和情感态度的发展。

（3）活动过程紧凑，设计性强

作为集体教学活动的设计者、组织者和指导者，教师教学行为和教学策略的选择是有计划性的，而且大多数教师，尤其是新教师要按照既定的方案来实施教学活动。有经验的教师在开展集体教学活动时，会有弹性地设计活动过程，即根据教学过程中幼儿的不同表现，灵活处理预设与生成的关系，同时灵活调整教学进度，以达到最佳的教学效果，但总体上不会偏离教学设计的主要内容。集体教学活动不同于其他类型的教育活动，教师除了要精心预设教学目标、精选教学内容，还要精心设计活动过程，以期达到最好的教学效果。活动过程的各个环节环环相扣、循序渐进、过程紧凑、设计性强，这正是教师的教学机智的重要体现。

二、幼儿园集体教学活动设计的写作要点与示例

对于幼儿园集体教学活动设计，教师并不陌生。但有些教师在写作的时候，仍然会存在这样或那样的问题。尤其对新教师而言，"写教案"成为一件头疼的事情，因此教师有必要把握幼儿园集体教学活动设计的写作要点，并结合示例进一步掌握此类文案的写作方法。

1. 幼儿园集体教学活动设计的写作要点

《幼儿园教师专业标准（试行）》指出，教师要制订阶段性的教育活动计划和具体活动方案。写好集体教学活动设计，是提升现场教学效率的重要保证。但一个优质的集体教学活动设计到底要怎么写，教师需要从"活动目标""活动准备""活动重难点""活动过程""活动延伸"几大基本板块去准备。

（1）活动目标要准确，表述清楚

目标指向要具体，可操作性强。制定具体化、可操作性强的活动目标，是教师把握整个活动重难点的关键。从幼儿园教育目标体系来看，不同层次的目标有不同的要求，越是高层次的目标，其目标表述越是笼统、概括；越是低层次的目标，其目标表述越是明确具体、可操作性强。集体教学活动属于下位活动，其目标要具体可操作，避免过于笼统和泛化。

例如，一位教师设计的小班关于"学习叠马甲"的教学目标——①知道自己的事情应该自己做；②体验自我服务带来的快乐。可以看出，这位教师设计的目标表述过于笼统，从目标中看不出本次活动的重点到底是什么，而"自我服务"的范畴也很宽泛，没有具体的指向。另一位教师设计的小班语言活动"土豆一家"的教学目标——①认识并了解土豆，学习儿歌《土豆一家》；②喜欢吃蔬菜，养成不挑食的好习惯。这位教师设计的目标就比较具体，有明确的指向性，更有利于指导教学过程。

目标表述的维度要一致。集体教学活动体现着"教师主导、幼儿主体"的价值，既要关注教师的"教"，又要关注幼儿的"学"。教学目标既可以从教师的维度进行表述，也可以从幼儿的维度进行表述。但不管选择哪个维度，一个集体教学活动的目标表述的维度要一致，切不可出现教师维度和幼儿维度的交叉。例如，中班活动"食品包装袋的秘密"的教学目标是："①通过观察、比较，了解包装袋的作用及种类；②激发幼儿对食品标志的兴趣以及初步的环保意识。"小班活动"特殊号码"的教学目标是："①了解119、110、120这三种特殊的电话号码及其作用；②培养幼儿初步的自我保护意识。"上述两个活动的目标表述，均存在维度不一致的问题。两个活动的第一个目标均是从幼儿的维度出发，运用了"观察比较""了解"等词语，暗藏的主语是"幼儿"；而第二个目标均是从教师的维度出发，运用了"激发""培养"等词语，暗藏的主语是"教师"。

如果教师分不清教学目标到底是从幼儿维度表述，还是从教师维度表述，有一个方法，就是把"幼儿"和"教师"两个常常被省略的主语加到目标前面读一读，就可以明显看出其目标维度了。一般而言，从幼儿维度进行表述的目标，常常会用到"愿意""感受""尝试""喜欢""学习""认识"等词语，而从教师维度进行表述的目标，常常会用到"激发""启发""帮助""培养""促进"等词语。

目标要体现领域学科特点。《幼儿园教育指导纲要（试行）》把幼儿园的教育活动内容划分为健康、语言、社会、科学和艺术五大领域。通常，集体教学活动也源于这五大领域的内容。不同领域教学活动的特点是不一样的，因此目标定位也各有不同，以"科学领域"和"艺术领域"为例。《幼儿园教育指导纲要（试行）》把科学领域的目标定位在：①对周围的事物、现象感兴趣，有好奇心和求知欲；②能运用各种感官，动手动脑，探究问题；③能用适当的方式表达、交流探索的过程和结果；④能从生活和游戏中感受事物的数量关系并体验到数学的重要和有趣；⑤爱护动植物，关心周围环境，亲近大自然，珍惜自然资源，有初步的环保意识。而艺术领域的目标则是：①能初步感受并喜爱环境、生活和艺术中的美；②喜欢参加艺术活动，并能大胆地表现自己的情感和体验；③能用自己喜欢的方式进行艺术表现活动。

对比这两个领域的目标可以看出，科学领域的学习更注重幼儿在探究具体事物的过程中培养科学探究精神，并运用数学解决实际问题；艺术领域的学习更多的是让幼儿去感受美、欣赏美和创造美。这也体现了两个领域的不同特点。因此，在定位目标的时候，教师要考虑是哪个领域的目标、是否体现这个领域的核心经验。虽然有的集体教学活动属于综合类活动，其领域性不是那么强，但综合类活动始终离不开各个领域的整合或渗透，终归有所侧重，这也是领域目标的表现。

关于目标的制定，通常可以从认知技能、能力方法和情感态度三维目标进行考虑，但这并不是说每一个活动都要有这三个维度的目标，而是要根据幼儿的年龄特点以及活动本身的情况而定。比如，小班幼儿注意力容易分散、活动时间较短，因此如果活动目标过多，往往不容易达到，可能只有其中一项或两项目标要求能够实现，这也是无可非议的。

（2）活动准备要充分，兼顾经验准备

要上好一堂集体教学活动，充分的准备必不可少。教师除了要"备"执教的内容，更重要的是"备"幼儿。就我们所讲的写好集体教学活动设计而言，活动准备大致可以分为三个方面：物质准备、经验准备和场地准备。其中物质准备是指教师准备的教具和学具，包括多媒体课件、教师的示范材料、幼儿的操作材料等。经验准备主要指向幼儿，指为了保证活动有效进行，幼儿在活动之前应该具备的已有经验或者能力。场地准备是指为保证活动有序进行而提前进行的环境布置，如桌椅的摆放、材料的摆放、环境营造等。也有人把场地准备与物质准备归为一类。很多新教师在写集体教学活动设计时，往往容易忽略幼儿的经验准备或场地准备。

有些领域的活动，如数学活动，经验准备显得特别重要。数学本来就是一门系统性和逻辑性很强的学科，如果幼儿没有前期的铺垫和准备，教师要上好一堂数学活动是很困难的。例如，某位教师在中班数学活动的活动准备中表述如下："①经验准备：幼儿能手口一致地点数 5 以内的物体，具有初步辨认左、右方向的意识；②材料准备：投影仪、计算机、教学演示文稿、操作纸、笔、图片若干；③场地准备：椅子围在桌子四周，摆放在教室中间。"这是一堂数学活动，如果幼儿不具备这样的已有经验，这位教师的活动恐怕难以达到目标。而场地准备可以让人更直观地了解师生之间的位置关系，以及教师对位置的考虑。上述场地准备"椅子围在桌子四周"，其实就是让幼儿围坐在桌子周围，方便幼儿进行操作。有的教师直接用画图的方式呈现场地准备，这样更直观明了。

（3）活动重点和难点要突出

有的教师在教案中容易忽视活动的重难点，或者不清楚活动的重难点到底是什么；有的教师虽然在教案中写出了重难点，但往往只是把活动目标的内容进行分解，对于是否是活动的重难点，依然分不清楚。到底什么是活动的重点和难点？活动重点，是指教学活动中最基本、最核心的内容，也是教师在活动中要让幼儿理解的主要内容。活动难点，是指教师从幼儿的实际出发，分析出的幼儿较难理解和领会的内容。难点不一定是重点，但有些内容既是重点也是难点。

确定活动的重点和难点，有助于教师在教学过程中突出重点、突破难点，更好地实现教学目标，提升有效教学的效率。要想准确地确定活动的重点和难点，教师不但要深入分析教学内容或教材，还要全面分析幼儿的实际水平和能力。例如，在小班故事教学活动"云朵棉花糖"中，某位教师把重难点定位在："①活动重点：理解故事内容和情节，复述故事中的重复句式。②活动难点：理解'分享'的含义，感受分享的快乐。"小班幼儿多以自我为中心，喜欢独自享用玩具，要让他们进行分享是很困难的。所以，把活动难点定位在"理解分享、感受分享"是比较恰当的，而活动重点聚焦语言活动中的"理解故事内容并复述重复句式"也是比较准确的。又如，在中班音乐活动"大浪和小浪"中，某位教师把重难点定位在："①活动重点：感受音乐的ABA结构，并用肢体动作表现大浪和小浪的特征。②活动难点：能够辨别并用肢体动作表现音乐中大浪和小浪的不同。""用肢体动作表现大浪和小浪的不同"，既是活动的重点，也是活动的难点，而在难点中还要幼儿跟随音乐的变化表现大浪和小浪的不同，在辨别音乐的基础上还要用动作进行表现，这就增加了对幼儿的挑战，也是活动中的难点。

（4）活动过程要紧凑

教学活动过程的设计，体现的是教师的教学理念和教学智慧。集体教学活动的过程基本可以分为"开始环节—基本环节—结束环节"三个部分。其中，开始环节，就是我们通常所说的导入环节，此环节发挥着激发幼儿兴趣、吸引幼儿注意的作用。教师通常会引导幼儿进入即将进行的活动主题中去，让幼儿在轻松愉快的氛围中学习。活动导入的方式有很多，如问题导入、谈话导入、情景导入、儿歌导入、游戏导入、直接导入等。教师可以根据活动内容，选择适宜的导入方式，引导幼儿主动思考和探索，保证活动顺利开展。但要特别注意，导入时间不宜过长、喧宾夺主，也不宜天马行空地导入。导入环节是为后面的环节做铺垫，短小而精致，才能让导入环节发挥其独特的作用。

基本环节，是活动过程中最重要的部分，也是实现教学目标的主体。基本环节的设计，通常可以分为层层递进式和并列式，其中层层递进式要求每个环节环环相扣，循序渐进，逐渐深入，每个环节之间的顺序不能调换。例如，在中班科学活动"有趣的连接"中，第一个环节是"欣赏：欣赏不同的连接方式"，第二个环节是"尝试：探索不同物体的连接方式"，第三个环节是"分享：分享不同材料的不同连接方式"，第四个环节是"迁移：生活中的链接"。每个环节都与下一个环节紧密相连、层层推进，而且环节之间各有侧重，有效地保证活动目标的实现。而并列式的环节之间是并列呈现的关系，即使调换顺序也不会影响整个活动的进行。例如，在小班活动"特殊号码"中，第一个环节是介绍110，第二个环节是介绍120，第三个环节是介绍119；在接下来的"解救小动物"的情景中，解救小猴（110）、解救小猪（120）、解救喜羊羊（119）都是并列的关系。活动中介绍三个特殊号码的顺序可以调换，解救三只小动物的顺序也可以变化，这样的设计可以强化教学目标，加深幼儿对特殊号码的理解。在这个基本环节的设计中，教师不可随意设计，要围绕教学目标进行，每一个环节都是为实现教学目标而服务的，切不可让活动过程呈现离散状态、没有重点。

结束环节，也就是活动的结尾。有的教师以活动延伸结尾，有的教师以提出问题、留下悬念结尾，有的教师以总结梳理经验结尾，也有的教师选择直接结束活动。不管是哪种方式，只要它是合理的，能够让活动顺理成章地结束，都不失为一种好办法。

（5）活动延伸要合理

一般来说，活动延伸不是每一个活动方案必须具备的内容，要根据活动的实际情况决定是否增加活动延伸这一部分内容。活动延伸的目的是帮助幼儿巩固经验，补充或扩展活动过程中没有完成的内容，也可以使幼儿获得新经验。活动延伸可以从区角活动、环境创设、家园共育或者生活活动等方面进行。需要注意的是，活动延伸并不只是教案上的几句话，也不是教师想当然地进行延伸,而是教师要在活动过后实施和兑现的内容。

2. 幼儿园集体教学活动设计示例

集体教学活动设计包括活动名称、活动目标、活动准备、活动重难点、活动过程和活动延伸几个基本部分,有些文案在前面部分还有活动背景(活动来源)。不过针对日常带班教师的集体教学活动设计来说,教师对活动背景(活动来源)是非常清楚的,所以一般不会写出来,但是如果要提供观摩课或者对外进行活动展示,通常是要介绍活动背景的。

示例1:小班故事教学活动"云朵棉花糖"[1]

一、活动意图

《云朵棉花糖》这个故事,以幼儿熟悉的老鼠为主要角色,以"云朵"为主要线索贯穿始终,讲述鼠老大、鼠老二和鼠小小一起做云朵棉花糖、分享云朵棉花糖的故事。棉花糖是幼儿熟悉的食品,故事中三只老鼠把云朵变成了棉花糖,这也是幼儿感兴趣的地方。故事主题鲜明,结构简单,画面优美,情节有趣,符合小班幼儿的年龄特点。

小班幼儿以自我为中心,喜欢独自享用玩具;而且现在的孩子,大多数都是独生子女,在家里倍受宠爱,往往缺乏分享的意识。本次活动,在帮助幼儿理解小老鼠把云朵做成棉花糖、分享棉花糖的故事情节的同时,也让幼儿发挥想象,用故事中的语言表达自己的想法;在过程中,引导幼儿感受老鼠三兄弟与朋友分享的快乐,感受温馨友爱的世界。

二、活动目标

1. 理解故事内容和故事情节,尝试复述句式"我看可以把它做成……肯定很……"

2. 喜欢听故事,感受小老鼠与朋友们分享云朵棉花糖的快乐。

三、活动准备

1. 物质准备:小房子、不同动物角色(鼠老大、鼠老二、鼠小小、其他

---

[1] 本文案由四川省成都市第十三幼儿园杜星梅老师提供。

动物）等。

2. 经验准备：幼儿熟悉棉花糖以及小老鼠的角色。

3. 场地准备：幼儿围坐成马蹄形。

四、活动重难点

1. 活动重点：理解故事内容和情节，复述故事中的重复句式。

2. 活动难点：理解"分享"的含义，感受分享的快乐。

五、活动过程

（一）问题导入，激发兴趣

师：有一种糖，白白的、松松的、软软的，吃起来甜甜的，这是什么糖？（棉花糖）

师：今天老师带来了一个故事，名字叫《云朵棉花糖》。你们见过云朵棉花糖吗？我们一起来听一听吧。

（二）完整倾听故事，初步了解故事内容和情节

提问1：故事的名字叫什么？

提问2：故事中的三只老鼠都是谁？

提问3：它们和朋友一起分享了什么？

提问4：云朵棉花糖是从哪里来的？怎么来的？

（三）分段倾听故事（边讲边出示教具），深入理解故事内容和情节

1. 倾听第一部分（第1段）。

提问1：这栋三层小楼里都住着谁？（可以引导幼儿从上到下或从下到上依次说）

提问2：为什么鼠老大住在一楼，而鼠小小住在三楼？

2. 倾听第二部分（第2段至第5段）。

提问1：白云飘进鼠小小的窗户，这朵云是什么样的？

提问2：三只老鼠分别想把白云变成什么？为什么？它们是怎么说的？

3. 倾听第三部分（第6段至第9段）。

提问1：三只老鼠是怎么做云朵棉花糖的？

提问 2：为什么动物们都来了？

提问 3：小老鼠是怎么做的？

提问 4：分到最后，云朵棉花糖只剩下这么一丁点儿了，但三只老鼠吃得很开心，为什么？（追问：什么是分享？你们有没有与朋友分享过什么东西？）

（四）师幼共同讲述故事，引导幼儿接重点句或接词

1. 出示教具，师幼共同讲述故事。

师：你们会讲这个故事了吗？和老师一起来讲一讲吧！

2. 引导幼儿发挥想象，运用故事中的句式进行表达。

师：如果云朵飞到你的窗户，你可以把它做成什么？为什么？（"我看可以把它做成……肯定很……"）

小结：今天，老师和你们一起分享这个有趣的故事，我觉得很开心。你们开心吗？我们把这个有趣的故事分享给其他朋友吧。

六、活动延伸

教师把故事和活动中的玩教具投放到图书区，帮助幼儿进一步理解故事的内容和情节。

示例 2：中班音乐活动"颠倒歌"[1]

一、活动来源

在开展"动物王国"主题活动中，幼儿对各种动物的形象特征以及习性有了一定的了解。《颠倒歌》这首歌与主题活动契合，本身形象生动，歌词幽默风趣，唱起来朗朗上口。儿歌的速度为中速，节拍为 2/4 拍，节奏平稳，易于幼儿掌握。儿歌描述了诙谐逗乐的场景，幼儿对这些描述既新奇又熟悉，容易理解歌词内容，在听的过程中又觉得搞笑且快乐。在活动中，我们尝试让幼儿多听、多熟悉儿歌的旋律和歌词，引导幼儿学唱，重点在于引导幼儿感受儿歌的诙谐有趣，同时享受唱歌的乐趣。

---

[1] 本文案由四川省成都市第十三幼儿园杜星梅老师提供。

二、活动目标

1. 在欣赏儿歌的过程中，理解歌词的意思，感受歌词的有趣和滑稽。

2. 熟悉儿歌的旋律，并学唱儿歌，享受唱歌的乐趣。

三、活动准备

物质准备：音乐课件、自制图片。

四、活动过程

（一）情景导入，激发兴趣

师：小朋友们，昨天晚上你们睡得香不香呀？我们的狮子大王可是一夜没有睡好觉，因为它做了一个奇怪的梦。你们想知道它梦到了什么吗？它的梦藏在一首歌里，我们一起来听一听。

（二）欣赏音乐，理解歌词内容

1. 听第一遍音乐，初步了解歌词内容。

师：你听到儿歌里都唱了哪些奇怪的内容？（老师把幼儿的回答唱出来，并出示相应图片）

2. 听第二遍音乐，补充没有说完的内容。

师：这次又听到了哪些内容？（教师做法同上，边唱边出示对应图片）

3. 理解"颠倒"的含义，感受歌词的诙谐有趣。

师：梦里发生的事情和我们的实际情况有什么不一样？

师：原来梦里的事情和实际情况都反了过来。事情反过来，有个好听的词语叫"颠倒"，所以这首儿歌的名字叫《颠倒歌》。

师：《颠倒歌》里哪些事情颠倒了？图片的顺序和儿歌里面是一样的吗？

4. 再次倾听儿歌，熟悉歌词并调整图片顺序。

师：我们再来听一遍，把图片顺序调整过来。会唱的小朋友可以轻声跟着一起唱。

（三）学唱儿歌，感受儿歌的快乐

1. 看图片，和老师一起唱儿歌。

2. 幼儿唱歌，老师纠正音准。

3．分组唱歌。

五、活动延伸

师：除了儿歌里唱的，森林里还有哪些动物也能编到《颠倒歌》里？你想找哪两个动物、在什么方面颠倒呢？你们还能想到其他颠倒的事情吗？活动结束后，小朋友们可以把它们画下来，再和大家一起分享！

示例3：大班美术活动"秋天的树"[1]

一、活动来源

在开展"美丽的秋天"主题活动中，孩子们到户外寻找秋天的足迹。孩子们观察后发现，并不是所有的树在秋天都会变黄，同一棵树上可能会有几种不同的颜色，不同颜色交织在一起很漂亮。这就是孩子们在大自然中感受美和发现美的过程。为了能让孩子们把发现的美表现出来，于是我们开展了这次美术活动，并且将摄影师、画家等看到的秋天与孩子们看到的秋天进行比较，鼓励孩子们大胆想象和创造，表现秋天色彩丰富、层次多样的特点。

二、活动目标

1．通过欣赏作品，感受秋天美丽的自然景象。

2．大胆尝试运用点彩的方式表现秋天的树（林），感受不同色彩叠加、混合的美。

三、活动准备

1．物质准备：轻音乐、关于秋景的课件、各种颜色的颜料（红、黄、蓝、绿、白）、油画棒、水粉纸、棉签、湿毛巾。

2．经验准备：幼儿有点画（如手指点画、棉签点画）的经验。

3．场地准备：幼儿的凳子摆成马蹄形，桌子依次放在凳子后面。

四、活动重难点

1．活动重点：感受秋天景色的美，并运用点画的方式自由创作。

---

[1] 本文案由四川省成都市第十三幼儿园杜星梅老师提供。

2. 活动难点：运用色彩叠加、混合的方式来表现秋天的树。

五、活动过程

（一）问题导入，引发思考

师：不知不觉，秋天已经悄悄来到我们身边。

提问1：从夏天到秋天，都发生了哪些变化呀？

提问2：秋天的树都有哪些变化呢？

小结：秋天和夏天完全不一样，秋天的树林也发生了变化。秋天有……秋天的景色真漂亮呀！

（二）欣赏作品，感受秋天的美

1. 摄影师眼中的秋天（出示摄影作品1）。

师：刚才小朋友们说出了你们看到的秋天，摄影师们也用相机拍下了秋天的美景。看看和你们看到的是一样的吗？

提问1：看到这一幅秋天的摄影作品，你有什么感受？

提问2：这些树都有哪些颜色？这些颜色混在一起让你有什么样的感受？

小结：原来秋天的树林颜色是这么丰富多彩，而且这些色彩层层叠叠，混在一起特别漂亮。

2. 画家眼中的秋天（出示摄影作品2）。

师：除了摄影师眼中的秋天，老师还带来了画家眼中的秋天。

提问1：看到这幅画你又有什么感受？画家用了哪些颜色来表现秋天的树呢？

提问2：你们猜猜这幅画的颜色是怎么画出来的？与我们平时涂色的方法一样吗？有什么不一样？

小结：原来，树叶是用一个个粗粗的、大大的点堆砌起来的。我们把这种方法称为点彩。

（三）了解点彩过程，感受颜色混合的美感

1. 师：看看一个一个的点到底是怎么变成树叶的。

2. 通过多媒体展示，感受点彩过程。

（1）猜猜这是什么？树干可以用什么画出来？

（2）出示单色点彩图，说说看到了什么？

（3）说说秋天的树叶还有什么颜色？

（4）出示完整作品，感受点彩过程——原来把颜色点满了，一层一层混在一起就是一棵美丽的树了。很多棵树在一起，就是一片漂亮的树林啦。

3. 师：我们可以用什么来点彩呢？（手指、棉签、刷子……）

小结：原来，我们可以选择……来点点点，帮助我们完成作品。

（四）幼儿自主表现与创造

1. 提供不同的颜料和材料，请幼儿来表现多姿多彩的秋天。

要求：①运用你喜欢的各种颜色的点点来表现树；②小心使用颜料，不要弄到自己或者他人身上；可以用桌子上的湿毛巾将手上的颜料擦干净；③完成作品后，请坐在前面和同伴一起分享你的作品。

2. 观察与指导要点。

（1）观察幼儿能否选择相近色或同种色大胆进行点画并层层叠加。

（2）指导幼儿大胆地将颜色混合、叠加在一起，表现混色的美。

（五）分享交流

1. 同伴分享：相互欣赏、介绍、分享作品，说一说你画的秋天的树是什么样的？

2. 集体分享：说一说你最喜欢谁的作品？为什么？

三、幼儿园集体教学活动反思

对集体教学活动进行反思，可以帮助教师了解自己在集体教学活动中存在的问题，有助于教师提升设计与组织集体教学活动的能力。除了要指出问题以外，教师还要找到理论支撑，寻找解决问题的办法，以免在下次活动中出现同样的问题。以中班剪纸活动"小兔的生日会"为例，教师对自己在活动中的评价进行了反思："评价包括对活动过程的评价和对幼儿作品的评价。首先，在活动过程的评价中，我除了鼓励幼儿表现与表达、关注幼儿的兴趣和构思之外，在幼儿的行为习惯、主动性、专注性、操作熟练程度等方面关注较少。在对幼儿的剪纸作品的评价中，没有抓住评价重点，而且评价语言单一，不知道如何去提升和提炼幼儿的回答。"这位教师已经发现了自己在活动评价环节存在的问题，也指出了问题的关键所在，但是没有进一步反思为什么会出现这样的问题、怎么解决这个问题，这就使得反思的效果大打折扣。

以下是一位老师对执教的大班绘本活动"爷爷一定有办法"进行的活动反思。

大班绘本活动"爷爷一定有办法"活动反思[1]

绘本《爷爷一定有办法》本身具有一定的吸引力，画面丰富，情节有趣。活动中，我请小朋友和我一起"猜"故事、"想"办法、"说"感受，欣赏绘本的丰富画面，并尝试使用故事中一些重复出现的文字来表达自己的想法。针对这次绘本活动，具体反思如下。

一、活动的优点

1. 语言目标与情感目标的达成效果较好。

（1）幼儿能够在老师的引导与提示下，充分发挥想象力，并且使用"这块料子还够做……"的句式表达自己的想法。

（2）情感目标基本达成，幼儿能够较为深切地体会爷爷对约瑟的爱。

2. 教师的语言较规范，提问简明清楚，并且基本能够给予幼儿有效的反馈和鼓励，让幼儿在原有知识经验的基础上有所提升，形成了自由交流的师幼互动氛围。

3. 活动中幼儿的参与度较高，表现积极、投入，大胆猜想与表达。

二、活动的不足之处

1. 活动中教师略显紧张，对于幼儿的回答没有及时进行追问，没有给予幼儿更多深入思考与表达的机会。比如，教师的临场语言处理能力仍需提高。当一位幼儿提到"这块料子还够做一个布水杯"时，另一位幼儿提出质

---

[1] 本文案由四川省成都市第十二幼儿园姚杨老师提供。

疑——"布水杯会被水打湿",此时,教师的回应比较模糊,显得不够机智,没有对幼儿的想法给予肯定。

2. 重点欣赏几个片段之后,应该设计一个教师完整讲述故事的环节。比如,可以将最后一个环节设计为:幼儿边听老师讲述故事,边完整阅读。

3. 对幼儿的语言发展水平把握不到位。本次活动的语言目标是,"尝试用故事中'这块料子还够做……'的句式完整表达自己的想法"。从活动现场来看,在此活动中幼儿能较快地掌握这句话,这一目标对幼儿来说偏简单。以后设计类似的绘本活动,需要注意这一点。

该老师在执教之后,从活动的优点和不足两个方面进行了反思。反思优点或亮点,有助于巩固已有的经验,在今后的活动中继续坚持;反思不足之处,有助于老师改进教育教学,提升课堂效率。这也是书写活动反思的一种思路。

第三节 幼儿园游戏活动设计

《幼儿园工作规程》明确规定:"幼儿园以游戏为基本活动,寓教育于各项活动之中。"《幼儿园教育指导纲要(试行)》再次强调,幼儿园教育应"尊重幼儿身心发展的规律和学习特点,以游戏为基本活动"。可见,游戏在幼儿园教育工作中的重要地位。游戏,是幼儿生活的主旋律,也是符合幼儿身心发展特点的最佳学习方式。《幼儿园教师专业标准(试行)》对教师也提出了要求:"重视环境和游戏对幼儿发展的独特作用,创设富有教育意义的环境氛围,将游戏作为幼儿的主要活动。"教师对幼儿园游戏活动的理解和重视程度,直接影响幼儿在园的游戏情况。

一、幼儿园游戏活动的内涵与特点

理解幼儿园游戏活动的内涵和特点，对教师撰写游戏活动设计文案、开展幼儿园游戏活动具有重要的作用。

1. 幼儿园游戏活动的内涵

说到"幼儿园游戏活动"，首先我们要明确什么是"游戏"。邱学青认为："游戏是儿童在某一个固定时空中，遵从一定规则，伴随愉悦情绪，自发自愿进行的有序活动。"[1] "自主性"和"愉悦性"是被公认的游戏的两个典型特征。"幼儿游戏"和"幼儿园游戏"不同。"幼儿游戏"主要指在自然状态下的游戏。在这种情况下，幼儿总是在他需要的时候，以特有的方式玩他想玩的内容，所以游戏内容有极大的无意性，游戏中实现的发展也具有很大的偶然性[2]。而幼儿园游戏，"是在整个教育目标的宏观关照下，由教师组织开展的，它已成为整个幼儿园教育方案中的基本活动和重要组织形式，所以游戏发生的背景具有一定的有意性，游戏中实现的发展具有一定的方向性。"[3] 所以，不能单纯以游戏发生的地点来区分幼儿游戏和幼儿园游戏，也就是说幼儿园游戏一定存在于幼儿园（幼儿园也可能出现幼儿游戏），幼儿游戏可能存在于幼儿园以内或以外的任何地方。幼儿游戏强调游戏的自然发展价值，而幼儿园游戏更多强调的是游戏的教育价值。无论是幼儿游戏还是幼儿园游戏，游戏的本质都是一样的，切不可直接将游戏变成教育，否则就会失去游戏本身的意义。

2. 幼儿园游戏活动的特点

根据上述幼儿园游戏的内涵，我们可以归纳出幼儿园游戏活动的两个典型特点。

（1）游戏性

幼儿园游戏活动首先属于游戏，因此满足游戏本身的特点，能够让幼

---

[1] 邱学青. 学前儿童游戏：第4版[M]. 南京：江苏教育出版社，2005：19.
[2] 华爱华. 幼儿游戏理论[M]. 上海：上海教育出版社，2015：118.
[3] 刘焱. 幼儿园游戏教学论[M]. 北京：中国社会出版社，2000：120.

儿有玩游戏的体验。所以，游戏性是幼儿园游戏活动的首要特征。幼儿拥有自主自发选择的权利，可以选择在哪里玩、玩什么、和谁玩、怎么玩，同时也可以改变游戏规则。在这个过程中，幼儿是自由的、自主的、愉悦的、放松的。

（2）教育性

幼儿园游戏活动是在整个教育大背景下进行的，属于幼儿园课程的重要组成部分。教师有思考、有预设，幼儿在游戏中的发展也具有一定的导向性。所以，教育性是区别幼儿园游戏活动与其他幼儿游戏的主要依据。幼儿园游戏活动，是幼儿在教师或教师与幼儿共同创设的情境中进行的游戏。教师将教育目的和意图有机地渗透到游戏环境中，通过环境对幼儿的影响来达到有效指导的目的[1]。在幼儿的游戏过程中，教师可以通过观察和分析，为有需要的幼儿提供适时的和适宜的指导，从而更好地实现游戏的教育价值。在这个过程中，教师扮演着积极的角色——虽然为幼儿创设了游戏情境或环境，但不会在游戏中指挥幼儿或干涉幼儿，而会在这样一个有准备的环境中追随幼儿的脚步，在不影响幼儿的游戏体验的同时，促使幼儿更好地学习和探索。

二、幼儿园游戏活动设计的写作要点与示例

幼儿园游戏活动有多种不同的类型和划分方式。当前，很多幼儿园游戏活动以区角活动为主要形式。黄瑾从幼儿活动的功能出发，把区角活动分为学习性区角活动和游戏性区角活动。学习性区角活动包括生活区、探索区（偏重自然和科学领域）、表达表现区（偏重语言和艺术领域）等；游戏性区角活动包括角色游戏区、建构游戏区、表演游戏区等[2]。也有人把幼儿园游戏活动分为自发性游戏、探索性游戏和规则性游戏。华爱华按照游戏在教育中

---

[1] 邱学青. 学前儿童游戏：第4版［M］. 南京：江苏教育出版社，2005：101.

[2] 黄瑾. 幼儿园教育活动设计与指导：第2版［M］. 上海：华东师范大学出版社，2014：203-204.

的作用，把游戏分为创造性游戏和规则性游戏[1]。创造性游戏包括角色游戏、建构游戏、表演游戏，规则性游戏包括体育游戏、智力游戏、音乐游戏等，一般来说语言游戏、数学游戏、科学游戏以及幼儿园常见的手指游戏都属于智力游戏。华爱华对游戏的分法也是目前运用较多的分类方式。

1. 幼儿园游戏活动设计的写作要点

上述幼儿园游戏的特点说明，教育性是区别幼儿园游戏活动与其他幼儿游戏的主要依据。不论是创造性游戏活动，还是规则游戏活动，都有教师的预设目标，也有准备环节和主体环节两个主要部分。准备环节就是在游戏活动开始之前教师所做的各种准备工作，包括游戏目标、游戏内容、游戏材料、游戏场地、游戏时间等，有些游戏还需要幼儿的经验准备等。不是所有的准备环节内容都要写在方案里，但教师一定要做到心中有数。主体环节简单来说就是幼儿开展游戏的过程，但创造性游戏活动和规则游戏活动存在一些不同。所以，写作这两种游戏活动方案时有一些差别。

（1）创造性游戏活动设计的写作要点

示例1：小班角色游戏"娃娃家"活动方案[2]

【活动目标】

1. 对娃娃家感兴趣，喜欢玩娃娃家的游戏。
2. 能够明确知道自己在娃娃家中扮演的角色，有初步的任务意识。

【活动准备】

1. 娃娃家环境创设及材料投放。
2. 幼儿对家庭主要成员的角色有初步认识。

【观察与指导要点】

1. 观察幼儿在游戏中是否扮演了娃娃家的角色，并观察幼儿是否了解对应角色的任务。

---

[1] 华爱华. 幼儿游戏理论[M]. 上海：上海教育出版社，2015：157.

[2] 本文案来自四川省成都市第十三幼儿园悦水分园。

2. 能够以游戏同伴的身份（扮演其中的某个角色）进行指导。

示例2：大班建构游戏"高架桥"活动方案[1]

【活动目标】

1. 尝试与同伴合作，运用不同的材料搭建造型独特的高架桥。
2. 积极参与建构游戏，体验成功搭建高架桥的快乐。

【活动准备】

1. 物质准备：各种不同的建构游戏材料、各种造型的高架桥图片。
2. 经验准备：幼儿对高架桥有初步了解，有合作的能力。

【活动过程】

1. 图片导入：引导幼儿观察各种高架桥并讨论。

讨论：这些桥都有哪些特点？是什么造型的？是如何建成的？（搭建技巧）

2. 分组讨论（引导幼儿用笔和纸记录下讨论的内容）。

要造什么样的高架桥？需要用到哪些材料？如何分工？

3. 幼儿游戏，老师巡回指导。

重点指导：幼儿是否根据计划运用不同材料搭建高架桥。

4. 高架桥博览会。

请各组幼儿代表分享成功的喜悦（高架桥的造型、运用的材料、角色分工等，或者遇到了哪些问题和困惑）。

从示例1和示例2的游戏活动设计方案可以看出，幼儿园创造性游戏活动设计方案的撰写并非一成不变，教师可以从"活动目标""活动准备""观察与指导要点"几个方面来写，也可以从"活动目标""活动准备""活动过程（包括导入环节、游戏环节、评价环节）"来写。在示例1中，教师也有导入和评价，只是没有呈现在方案中。"导入环节"就是游戏的开始阶段，解决

---

[1] 本文案来自四川省成都市第十三幼儿园悦水分园。

"如何引导幼儿进入游戏"的问题。游戏活动的导入环节与集体教学活动的导入环节异曲同工，因此导入方式也有共同之处，如谈话导入、问题导入、图片导入、材料导入等。

示例 3：大班建构游戏——"高架桥"导入环节[1]

【游戏背景】

在昨天的游戏评价中，幼儿发现高架桥容易出现倒塌，并且讨论了解决办法。幼儿即将进行第二次高架桥的搭建。

【导入过程】

老师：孩子们，昨天我们在搭建高架桥的过程中出现了什么问题？

幼儿：容易倒塌 / 被别人不小心碰倒了 / 搭建的时候没有放好……

老师：今天你们在搭建的时候要注意什么问题呢？

幼儿：搭建的时候要放好，不能马马虎虎；放稳以后再继续搭建；提醒旁边的小朋友不要碰到高架桥；增加一个施工队长，检查搭建的情况……

示例 2 和示例 3 的主题同样是"高架桥"，但教师的导入方式不同。示例 3 是第二次游戏，教师的导入是基于上一次游戏中存在的问题再次与幼儿讨论，共同找出解决问题的办法。教师的导入不但可以帮助幼儿梳理解决问题的办法，而且增加了游戏中的角色，促进游戏更深入地进行下去。导入环节过后，就是幼儿的游戏过程。在这个过程中，教师不能干涉游戏的进行，更不能"导演"游戏，教师要做的就是观察、分析，必要的时候进行介入与指导。这都要基于幼儿的意愿。

在游戏结束后通常都有一个"评价环节"或者"分享环节"。为什么要进行评价呢？评价既是一种导向，也是一种激励；既是快乐的分享、经验的交流，也是帮助解决问题的头脑风暴。评价可以进一步引发幼儿的活动兴趣，同时促进幼儿个体与群体之间的共同发展。那么评价的内容是什么呢？有些

---

[1] 本文案由四川省成都市第十三幼儿园杜星梅老师提供。

评价内容是教师提前预设的，如对游戏目标、游戏技能、认知经验、行为习惯、学习品质或社会交往等的评价。而有些评价内容则是教师在观察幼儿游戏的过程中捕捉到的。教师无法提前知晓，要靠教师的敏锐性和灵活性来把握。

综上所述，幼儿园游戏活动设计方案并非一成不变，教师可以根据自己的需要或者幼儿园的要求撰写活动方案，只要目标明确、准备充分、过程或重难点清晰即可。

（2）规则游戏活动设计的写作要点

规则游戏，顾名思义，就是要明确游戏规则，并且人人都要遵守规则才能使游戏进行下去。规则游戏活动设计方案需要体现游戏的规则和玩法，对于一些比较难的规则和玩法，教师还要进行讲解和示范。

示例1：中班体育游戏"丢手绢"活动方案

【活动目标】

1. 遵守游戏规则，提高自身的观察和反应能力，以及大肌肉运动能力。
2. 积极参与游戏并体验丢手绢游戏的乐趣。

【活动准备】

1. 手绢1块、空旷的操场。
2. 幼儿提前熟悉儿歌《丢手绢》。

【游戏玩法与规则】

1. 游戏玩法。

挑选一名丢手绢的幼儿，其余幼儿围成圆圈坐。在游戏开始时，幼儿齐唱儿歌《丢手绢》。丢手绢的幼儿在圆圈外围走，在儿歌结束之前把手绢悄悄地丢到一个小朋友的身后，被丢手绢的小朋友要迅速发现身后的手绢，并拿着手绢去追逐丢手绢的人，两人围着圆圈奔跑，丢手绢的幼儿要跑到被丢手绢的小朋友的位置并坐下。如果丢手绢的幼儿被抓住，则要在圆圈中间表演一个节目，并继续担任丢手绢的人。如果被丢手绢的幼儿没有发现手绢或者没有抓到丢手绢的幼儿，那么他就要表演一个节目，并担任下一轮丢手绢的人。

2. 游戏规则。

（1）其他幼儿不能提醒被丢手绢的幼儿。

（2）要围着圆圈走或者奔跑，不能跑到圆圈以外的地方。

【游戏过程】

1. 老师介绍游戏玩法和规则，并担任首轮丢手绢的人。

2. 观察幼儿的游戏情况，并对出现的问题进行小结。

示例2：大班数学游戏"斗价格"活动方案

【活动目标】

1. 能够理解并遵守游戏规则，听信号并迅速找到对应的数字抱团。

2. 喜欢玩具有挑战性的游戏，提升数学运算能力。

【活动准备】

音乐、6以内不同数字牌若干（老师要对数字牌进行设计）。

【游戏过程】

1. 介绍游戏玩法和规则。

（1）游戏玩法：参与游戏的每个幼儿抽取一个数字牌；幼儿围成圆圈，并听音乐走圈；音乐停时，根据老师报的数字抱团。

（2）游戏规则：

①抱团人数为两人，抱团以后不能随意走动。

②抱团幼儿数字牌的数字相加总和与老师的报数不一致者，淘汰出局。

③音乐再次响起，游戏继续。

④最后剩下的两人即获胜。

2. 请少数幼儿试玩游戏，明确游戏规则和玩法。

例如，6名幼儿分别手拿1、2、3、4、5、6的数字牌，大家围成圆圈并跟随音乐走圈。老师暂停音乐，同时报出数字"6"。手拿"1"和"5"、"2"和"4"的幼儿两两抱团相加为"6"，这样即为成功；而手拿数字"3"和"6"的幼儿抱在一起后，两个数字相加不等于"6"，于是这两名幼儿被淘汰。

如果两人没有抱在一起，不满足"抱团人数为两人"的游戏规则，那么也会被淘汰。

3. 请幼儿进行游戏，老师观察指导。

重点指导：幼儿是否遵守游戏规则、幼儿能否快速正确地进行数的运算。

4. 调整游戏规则，再次游戏。

视幼儿的游戏情况和能力水平，教师可以调整游戏规则，如抱团人数变成3人或4人；增加游戏难度；加大数字牌的难度。如果幼儿能力达不到，那么可以重新抽取数字牌并重复游戏，不必调整规则。

不同的规则游戏，玩法和规则的难易程度各不相同，教师在书写活动设计方案的时候各有侧重。如示例1中的"丢手绢"是一个经典的传统游戏，游戏规则很简单，只要教师讲解完规则，再带头玩一次，幼儿就能理解怎么玩了。因此，教师在方案里面没有详细描述游戏过程。有些规则游戏甚至可以不用写出游戏过程，只要交代清楚游戏目标、活动准备及游戏规则就可以了，如小班游戏"木头人"，教师可以和幼儿一起玩。在示例2"斗价格"的数字游戏中，即便教师讲解了玩法和规则，幼儿仍然可能不理解怎么玩。遇到这种情况，教师就要进行讲解和示范，可以是教师进行示范，也可以请幼儿代表进行示范。

不管是创造性游戏还是规则游戏，活动目标、活动准备、活动中观察与指导的重点是教师必须要明确的。有些游戏可以在方案中写出游戏过程，而有些游戏则不必，教师可以根据班上幼儿的情况或者幼儿园的要求灵活进行调整。

2. 幼儿园游戏活动设计示例

游戏是幼儿园的基本活动，幼儿园游戏活动设计方案的撰写对一线教师来说是非常重要的。请看以下示例。

示例1：小班体育游戏"老狼老狼几点了"活动方案

一、活动目标

1. 提高反应的灵敏性和奔跑速度，锻炼下肢力量。

2. 喜欢玩追逐跑的游戏，体验游戏的快乐。

二、活动准备

老狼头饰（大号和小号各一个）、小羊头饰若干、空旷的户外场地。

三、活动过程

（一）热身活动：重点活动下肢

师：老狼睡醒了，要去找吃的。出发之前，先来活动活动筋骨，这样可以在追寻猎物时跑得更快。（跟着老师做老狼热身操）小羊也要出门了，为了避开坏人，也要活动活动腿脚，方便更快地跑回家。（跟着老师做小羊热身操）

（二）玩游戏：老狼老狼几点了

1. 讲解游戏规则。

师：今天我们要玩一个游戏，名字叫"老狼老狼几点了"。老狼饿了去找吃的，小羊就悄悄地跟在老狼的身后问老狼——"老狼老狼几点了？"老狼会回答大家，但如果老狼的回答说"天黑了"，它就会转身来追小羊。这时，小羊要赶紧逃跑并找个地方蹲下来躲避，这样老狼就抓不到小羊了。如果小羊站起来或者随意走动，那么就会被老狼抓走。

2. 第一轮游戏：老师扮演老狼，小朋友扮演小羊。

师：我是老狼，我可厉害了。我跑得快，耳朵又灵敏，小羊们要小心了。

小结：小羊在跑的时候不能推挤，找到空位赶紧跑回家，跑回家蹲下后就不能动了哦。

3. 第二轮游戏：小羊躲在山洞里（用呼啦圈创设山洞）。

师：这次小羊们的家在山洞里，每个山洞只能住一只小羊，否则会被老狼抓走，没有很快找到山洞的小羊也会被抓走。我们先来试试吧。

4. 第三轮游戏：山洞减少了（5个）。

师：怎么一只小羊都没有抓到，真是气人。我看那边有几个山洞，我去破坏几个，没准就能抓到小羊了。可是，山洞减少了，没有找到山洞的小羊怎么办呢？（小羊要互相帮助，挤在一起住）

师：现在我要把一只小羊变成小狼，来和我一起抓小羊。

（可以根据幼儿参与游戏的情况或者观察幼儿的活动量来决定是否继续游戏，可以继续减少山洞的数量，增加游戏难度）

（三）放松活动

师：天黑了，老狼累了，小羊们也累了，大家都要休息了。请大家给自己捏捏腿，也可以和小伙伴相互捶一捶、拍一拍。

示例2：中班角色游戏活动方案[1]

一、活动目标

1. 知道自己扮演角色的任务，对角色之间的关系有进一步的认识。
2. 尝试寻求多种方法，解决游戏中出现的问题，享受游戏的乐趣。

二、活动准备

角色游戏环境布置和材料准备。

三、活动过程

1. 问题导入（基于前一次游戏中的问题）。

老师：我们新开的"万象城演艺中心"非常火热，这些新的材料和道具吸引了很多小演员，小观众也都很想看表演。但是在上次的游戏中，演员们在后台化妆、穿衣服时花了好长时间，台下的观众都等不及了。你们有没有什么办法解决这个问题呢？台下的观众要遵守什么规则呢？

2. 幼儿游戏，教师观察指导。

3. 活动评价。

（1）今天在游戏中你扮演了什么角色？玩得开心吗？

（2）在游戏中有没有遇到什么问题，你是怎么解决的？或者有没有问题需要大家帮忙一起解决？

---

[1] 本文案由四川省成都市第十三幼儿园杜星梅老师提供。

示例 3：大班语言游戏"悄悄话"活动方案[1]

一、活动目标

1. 通过传话游戏，提高幼儿良好的倾听能力和表述能力。

2. 遵守游戏规则，在游戏中有团队合作的精神。

二、活动准备

1. 提前准备一些需要幼儿传话的句子，难度不一。

2. 幼儿分组围坐。

三、活动过程

1. 交代规则，明确玩法。

师：老师先把悄悄话说给我旁边的××听，请他悄悄地告诉他旁边的小A听，小A再悄悄地告诉小D，这样一个接一个，传给后面的小朋友。听悄悄话的小朋友要仔细听，说清楚，不要把别人传的话说错了。其他小朋友要保持安静，最后一个听到的小朋友要把你听到的内容大声说出来，我再把我说的话告诉大家，看看我们说的是否一致。

2. 游戏开始：老师做第一个传话的人。游戏结束后和幼儿讨论游戏中的问题。

3. 分组比赛：现在我们有四组小朋友，比一比，赛一赛，看看哪些小朋友说得最清楚、听得最仔细。

4. 挑战赛：增加游戏难度——对语句、速度都有要求，完成得又快又准确的小组获胜。

三、幼儿园游戏活动反思

教师可以从自己的角度和幼儿的角度，对幼儿园游戏活动进行反思。具体来说，从教师自身的角度，包括游戏环境的创设、游戏材料的提供、师幼

---

[1] 改编自妈咪爱婴网. 幼儿园中大班语言游戏：悄悄话［EB/OL］.（2013-08-10）［2019-01-15］. http://www.baby611.com/jiaoan/db/yy/201308/10114361.html.

互动、教师的介入与指导、教师的评价等方面；从幼儿的角度，则包括幼儿的游戏状态、幼儿的情绪情感、幼儿的游戏认知和游戏技能、幼儿发现问题和解决问题的能力体现、幼儿的社会性发展与同伴交往等方面。

以下是教师对自己组织的角色游戏进行的反思。

在本次区角游戏中，我不仅看到了幼儿真实的游戏状态，而且看到了幼儿的游戏水平。但在区角材料和环境创设方面，我还需要进一步做出调整。例如，美工区的内容和形式很好，将范例、步骤图等压在桌子的透明塑料垫子底下，一目了然，且不占用空间，还有一种温馨的感觉，这是一次很好的尝试。画脸谱有一定的层次性，从涂色到将面具补充完整，对幼儿的要求层层递进。但是幼儿的泥塑作品没有合适的地方展示，下次是否能将美工区两侧的墙重新布置一下，这样便于展示幼儿的作品，且不影响整体效果。另外，益智区的内容有些分散，可以通过调整，使之相对集中。

最后，在分享交流环节，我说的话比较多，没有给予幼儿表达的机会。大班幼儿完全有能力表述清楚问题所在，而这次的分享主要由我代劳。这种做法不太妥当，我应该退到幼儿身后，把话语权交给幼儿，让他们自己表达发现的问题，或者让幼儿与同伴一起来讨论解决问题的办法。

这位老师从区角游戏的环境创设和分享交流环节两方面进行了反思，既看到了自己的优势，也看到了存在的不足，而且也提出了解决的办法。这位老师意识到在分享交流环节自己的话太多，如果下次能真正做到"退到幼儿身后"，那么这样的分享交流可能更有价值。

第四节　幼儿园户外活动设计

《3—6岁儿童学习与发展指南》指出，要保证幼儿的户外活动时间，提高幼儿适应季节变化的能力（幼儿每天的户外活动时间一般不少于2小时，其中体育活动时间不少于 1 小时,季节交替时要坚持,气温过热、过冷的季节或地区要因地制宜)。幼儿园户外活动是幼儿园一日常规中必不可少的部分,幼儿既可以接受阳光、空气等的刺激,还可以与大自然亲密接触;既可以锻炼健康的体魄,又可以培养良好的品质;既可以在宽松愉悦的环境中游戏,又可以与同伴开心地沟通交流,促进社会性发展。

一、幼儿园户外活动的内涵与特点

什么是幼儿园户外活动?幼儿园户外活动有哪些类型?又具有什么特点?弄明白这些问题,对于教师撰写幼儿园户外活动设计方案具有重要的意义。

1. 幼儿园户外活动的内涵

"户外"是与室内相对应的空间位置。"户外活动",从字面意思理解,就是在户外进行的活动。幼儿园户外活动是幼儿教师有计划、有组织地对幼儿所进行的室外活动,以幼儿园为分界点,幼儿园所开展的户外活动有园内和园外两大类型[1]。园内户外活动,即在幼儿园里开展的户外活动,园外户外活动,即幼儿园组织的在幼儿园以外的室外空间进行的活动,如远足、春游等。但出于对安全等多种因素的考虑,很多幼儿园取消了园外户外活动。所以,幼儿园户外活动更多是指幼儿园园内的户外活动,这也是我们在下文重点讨论的部分。

幼儿园户外活动根据不同的分类标准,可以分为不同的类型:按组织形式分为集体活动和自由活动;按活动内容分为户外体育活动、户外游戏活动以及户外文化娱乐活动;而根据班级一日活动的常规安排,幼儿园最常见的户外活动类型有晨间活动(如分区域的中小型器械活动)、早操活动、户外体育活动、餐后散步等[2]。也有人把幼儿园户外活动分为正规性和非正规性两种:正规性户外活动主要指户外体育活动,户外体育活动组织严密,在组织与实

---

[1] 舒姣云. 幼儿园户外活动组织的研究 [D]. 武汉:华中师范大学, 2014.

[2] 舒姣云. 幼儿园户外活动组织的研究 [D]. 武汉:华中师范大学, 2014.

施的过程中，教师通常采取直接指导的方式，它有利于教师有目的、有计划地对幼儿实施促进其身心健康的活动；非正规性户外活动组织较松散，教师大多采用间接指导的方式来组织和实施活动。幼儿园户外体育活动涉及面广，内容丰富，各类游戏、大中型器械练习、小型多样的体育游戏、基本体操等都可以成为幼儿园户外体育活动的内容[1]。

一般而言，幼儿教师撰写的幼儿园户外活动的文案，多指向户外体育教学活动。户外体育教学活动，是一种以幼儿的身体练习为主要内容，以激发幼儿参与活动的兴趣，发展幼儿的基本活动能力，提高幼儿的身体素质，增强幼儿体质为主要目的，同时注重培养幼儿品质，促进幼儿认知、个性和社会性发展的活动组织形式[2]。有的幼儿园又把它称为体能课或者体育锻炼活动。因此，下文将着重分析幼儿园户外体育教学活动的特点，以及相关文案的写作要点与示例。

2. 幼儿园户外体育教学活动的特点

幼儿园户外体育教学活动具有以下特点。

（1）目标性和严密性

目标对幼儿园户外体育教学活动的开展方向与效果起着极为重要的指引和规范作用。教师要结合幼儿教育的总目标和不同年龄段幼儿的身心发展特点，制定阶段目标，最后落实到具体的教学活动目标中。体育锻炼活动，不但要增强幼儿的体质，还要培养幼儿的品质，促进幼儿身心健康发展，所以在目标的制定中既有生理目标，又有心理目标。而且目标的制定基本围绕走、跑、跳、钻爬、平衡、攀、投掷等身体动作练习，也可以将不同身体动作练习或者对器械的操控结合在一起，目标指向性较强。

户外体育教学活动的严密性较强，主要是指户外体育教学活动是一个循序渐进的过程，教师要严格按照不同幼儿的身心发展特点来设计活动，切不

---

[1] 李瑜. 潍坊市幼儿户外体育活动的现状及其对策研究 [D]. 烟台：鲁东大学，2014.

[2] 刘计轻. 城市幼儿园体育教学活动现状研究 [D]. 重庆：西南大学，2012.

可急于求成。正如我们不会让一个孩子还没有学会站的时候就学走，也不会让他还没有学会走的时候就学跑。教师在设计户外体育教学活动的时候也一样，幼儿的动作发展不可能一步到位，也不可能呈现跳跃式发展。只有遵循规律，由易到难、由简到繁，才能达到想要的目标。以跳跃基本动作分析为例，具体见表7.1。

表7.1 跳跃基本动作分析[1]

级别	形式	主要功能
一级	向上纵跳（触物）	增加腿部力量，领会空间位置
	向下纵跳（一定距离）	增加腿部力量，领会空间位置
	跨越	增加腿部力量，培养技巧
二级	双脚行进跳	增加腿部力量，领会空间位置
	双脚跳跃障碍物	发展耐力
三级	立定跳远	增加腿部力量，提高身体协调性，领会空间位置
	单脚行进跳	增加腿部力量，领会空间位置
	夹物跳	增加大腿部肌肉力量与腹部肌肉力量
四级	不同方向跳跃	增加协调，领会空间位置
	转身跳	发展平衡，培养协调性
	助跑跨跳	发展灵敏，培养协调性
五级	跳绳、跳皮筋、跳蹦床	发展灵敏，培养协调性
	跳箱	培养空间感、灵敏性、协调能力

　　跳跃是幼儿喜欢的动作之一，随着幼儿年龄的不断增长，他们掌握跳跃动作的种类、熟练程度以及速度等在不断发展。但从一级到五级，不是一蹴而就的，而要经历一个过程。每一级的重点不同、难易程度不同、对幼儿的要求不同，对幼儿发展的能力也存在差异。因此，教师除了遵循幼儿的身心发展规律，同时还要掌握不同动作技能的规律性和严密性，设计出适宜的户

---

[1] 王佳丽. 从最近发展区理论看幼儿体育教育之重构［J］. 南京体育学院学报（社会科学版），2010，24（6）.

外体育教学活动。

（2）趣味性和挑战性

教师组织幼儿进行体育锻炼，要遵循趣味性的原则，引导幼儿积极主动地参与活动，培养幼儿参与体育活动的兴趣，切不可用枯燥的"训练"来达到目的。教师在户外体育教学活动中常常用到的策略有情景法、游戏法、竞赛法等。越是低龄的幼儿，越适合运用情景法。情景的创设要贴近幼儿的生活或者幼儿熟悉的场景，这样更能吸引幼儿的兴趣、引发幼儿的共鸣。游戏法则贯穿各个年龄段的活动，运用游戏法设计体育锻炼活动，既可以让幼儿愉快地进行游戏，又可以达到锻炼的效果。中大班的幼儿对于"竞赛"或者"竞争"有一定的理解，运用竞赛法可以有效地激发幼儿的参与热情，但竞赛法也要运用得当，切不可伤害幼儿的积极性。

而挑战性，就是让活动设计在幼儿的最近发展区内，幼儿"跳一跳就可以摘到苹果"。说到挑战性，就要同时提到层次性，挑战性和层次性是不可分割的。在活动设计中，教师如何关注个别幼儿的发展呢？层次性的设计就显得尤为重要。层次性的设计，既可以满足不同幼儿能力发展的水平，也可以增强活动的挑战性。例如，在某教师设计的中班体育锻炼活动"小小解放军"中，主要进行匍匐前进的动作练习。在活动过程中，设计了"学习解放军匍匐前进""男兵女兵分组空地匍匐前行""小小解放军匍匐过草地、钻山洞"等环节。让幼儿扮演解放军的角色，从动作练习到分组比赛，再到集体挑战，既提高了幼儿参与活动的兴趣，又达到了练习动作的目的，同时也具有一定的挑战性。挑战的内容有"匍匐过草地""匍匐钻山洞"，其中草地有一定的高度，山洞有一定的空间限制，这让幼儿的活动兴致更高昂。

（3）生理负荷和心理负荷相结合

生理负荷又被称为运动强度，一般用心跳频率来表示；心理负荷是指人在运动时所承担的心理负担，包括认识、情感、意志等方面的负荷。在运动能力的学习和发展中，需要合理地安排和调节生理负荷和心理负荷，才能达到最佳的锻炼效果[1]。例如，平衡能力的练习需要较大的心理负荷。当在平地上走平衡木时，幼儿直接就能走过去，不会紧张；当平衡木有一定高度或者悬空的时候，幼儿就会有一定的紧张或者畏惧心理，走的时候也不会那么稳当，容易失去平衡，这和心理负荷有很大的关系。因此，教师在设计户外体育教学活动的时候，既要关注幼儿的生理负荷，即是否达到一定的运动量，还要具有挑战性，鼓励幼儿克服困难，兼顾心理负荷。教师要注意，活动负荷过小，效果差；活动负荷过大，容易超过幼儿的身体承受极限，这两种情况都是不妥的，因此，合理安排生理负荷和心理负荷尤为重要。

二、幼儿园户外体育教学活动设计的写作要点与示例

要想写好一份较好的户外体育教学活动方案，教师除了要对幼儿身心发展特点有一定的了解，还要对体育锻炼本身有深入的认知。

1. 幼儿园户外体育教学活动设计的写作要点

在撰写户外体育教学活动设计时，除了要考虑一般教学活动的基本要素之外，还需要考虑户外体育教学活动的独特性。一般来说，户外体育教学活动的过程包括三个部分：开始环节（也可称为热身环节或准备环节）、基本环节和放松环节，这三个部分相互联系、相互协调。

（1）教学活动的基本要素不可少

户外体育教学活动，也是集体教学活动中的一种，所以撰写方案时同样包括活动名称、活动目标、活动准备和活动过程等。具体来说，活动目标的制定要有针对性、可操作性；活动准备要兼顾物质准备、经验准备和场地准备；活动过程的设计要有趣味性、层次性、挑战性，同时能达到锻炼的目的等。这些内容与集体教学活动的设计具有一致性，此处就不赘述。

---

[1] 柳倩，周念丽，张晔. 学前儿童健康学习与发展核心经验［M］. 南京：南京师范大学出版社，2016：27.

（2）注重热身环节

俗话说："好的开始就是成功的一半。"热身环节是户外体育教学活动必不可少的一部分，既是活动的前奏，又是活动的缓冲。热身环节主要是指借助一些准备性的身体活动，帮助幼儿克服生理、心理、思想上的惰性，提高机体的活动能力，确保其尽快进入运动状态并预防运动损伤，从而提高体育活动质量的过程[1]。从生理保护的角度来说，教师在开展热身活动之前，幼儿是处于静止状态的，如果直接进入有强度的体育活动，容易加重身体机能的运转，造成突然性的意外损伤[2]。对幼儿来说，热身活动可以提高幼儿的注意力。有趣的热身活动还可以激发幼儿的兴趣，对接下来的活动内容产生期待。但是，当前很多教师在组织体育锻炼活动时，热身环节做得不是很理想，主要表现在：热身环节不受重视；热身内容随意性强、形式单一；热身活动缺乏重点，更多是为完成任务等。这些不良现象在很大程度上会影响活动的质量和效果。

所以，教师在思考热身环节的时候，首先在思想上要重视，充分认识热身的重要性，认真做好热身准备。热身活动一般分为两种：一般性热身活动和专项热身活动[3]。一般性热身活动是由慢跑、徒手操以及伸展性体操组成的普通身体活动，在体育教学中，一般性热身活动占主导地位。专项热身活动是以一般性准备活动为基础，并结合此次课的专项教学内容而设计的热身活动，对教师的专业化程度和幼儿自身的运动条件要求较高。

幼儿园的热身活动以一般性热身活动为主，但教师要结合具体的教学内容，进行有针对性的热身，如针对投掷活动，教师在热身的时候就要重点帮助幼儿活动上肢、打开上肢；在进行有关跳跃的活动中，就要重点帮助幼儿活动下肢。教师还可以提高热身活动的趣味性，如带幼儿跑步的时候，可以

---

[1] 全国体育学院教材编写组. 运动生理学 [M]. 北京：人民体育出版社，1996：235-237.

[2] 卢保文. 关于体育课堂热身活动的思考 [J]. 西部素质教育，2018（8）：52-53.

[3] 许欣. 体育课堂热身活动的生理学剖析 [J]. 当代体育科技，2017，7（6）：121-123.

进行花样跑圈；做徒手操的时候，可以设置情境；教师也可以运用幽默的语言，调动幼儿的积极性。另外，教师还要把握热身活动的时间，时间过短达不到热身的目的，时间过长又会让幼儿产生疲劳，影响接下来的活动。

（3）基本环节是重点

户外体育教学活动的基本环节，也是活动的重点环节。基本环节的设计，直接影响活动目标的达成。在基本环节中，教师要关注以下几点。

◆趣味性

中班户外体育教学活动"学习立定跳远"的基本环节[1]

1. 教师讲解、示范要领：双脚并拢，屈膝、摆臂，用力向前跳，前脚掌先落地。
2. 幼儿练习，分四路队站好，听口令进行跳跃。
3. 幼儿站在平行线一侧，自由练习双脚立定跳远，教师巡回辅导。
4. 游戏：比一比"看谁跳得最远"。
5. 请跳得最远的幼儿表演。

从上述案例可以看出，教师在示范立定跳远的动作和技能时，一味地让幼儿进行枯燥的练习，哪怕幼儿根本没有理解动作要领。长此以往，幼儿容易对体育活动失去兴趣。可见，教师在设计基本环节时，趣味性很重要，既要做到动作规范，又要符合幼儿的兴趣点。最有效的增强趣味性的方法就是游戏，从教师的示范开始，借助游戏情节、游戏角色或游戏语言，让幼儿在游戏中领会动作要领，然后再进行模仿练习，这样效果可能更好。

◆层次性和挑战性

仍以上述案例为例，教师设计的五个小环节中，除了第一个环节是教师示范，其余四个环节都是幼儿练习。环节之间看不出任何层次性，也看不出对幼儿的挑战。对于能力较强的幼儿来说，很容易失去兴趣；对于能力较弱

---

[1] 周希冰. 幼儿园体育活动评点［J］. 学前教育研究，1996（5）.

的幼儿来说，也容易失去信心。对于这个活动，教师可以创设"小青蛙过河"的情景，让幼儿自由探索，引导幼儿讨论"小青蛙如何跳过河"。活动基本环节则可以设计为："探索小青蛙如何过河"（跳过河）—"小青蛙怎么跳过河"（教师示范动作要领）—"小青蛙们尝试自己跳"（自由练习，教师个别指导）—"小青蛙选择跳过不同宽度的小河"（在地面画出宽度不同的波浪线，用来表示不同宽度的小河）。最后一个环节，由于小河的宽度不同，幼儿可以根据自己的实际情况，选择由窄到宽进行尝试，能力较强的幼儿可以选择更宽的小河进行尝试。这样一来既可以满足能力较弱的幼儿，让其进行尝试并获得成功感，又可以引导能力较强的幼儿"跳得更远"。

◆ 兼顾自由与规则

户外体育教学活动，是教师预设的活动，幼儿在活动中要遵守活动规则并且按照教师预设的内容开展活动。但在预设之外，教师还应该给予幼儿一些自由探索和学习的空间。

大班户外体育教学活动"助跑跨跳"的基本环节

1. 幼儿自由探索跳过垫子的不同方法（人手一张垫子）。

2. 两个幼儿一起玩：探索跳过垫子的方法（两张垫子进行组合，引出助跑跨跳）。

3. 教师请个别幼儿示范，教师再讲解动作要领，幼儿练习。

4. 幼儿自由组合（3—5人），用垫子制作不同的障碍物，并运用助跑、跨跳等方式通过。教师个别指导，并找到典型动作进行集体讲评。

5. 终极大挑战：助跑跨跳通过人体障碍（老师把身体变成障碍物，引导幼儿克服心理困难）。

上述案例中的大班幼儿在学习助跑跨跳时，教师并没有一开始就教幼儿进行助跑跨跳，而是让幼儿自由探索并尝试跨过障碍物——有的幼儿双脚并拢立定跳，有的幼儿直接跨跳，有的幼儿单脚跳。大家分享了不同的方式以后，教师启发幼儿总结出最好的方法——助跑跨跳。这时教师再来示范讲解动作，幼儿自由练习。在最后一个环节，教师设置了人体障碍，这对幼儿来说具有一定的挑战，尤其是心理上的挑战，这也是活动的高潮和幼儿的兴奋点。整个活动过程既有幼儿按照预设的内容进行活动，也有教师给予幼儿充分的自由探索和游戏的时间，同时还设置了符合大班幼儿年龄特点的合作游戏。幼儿是遵守规则的，但幼儿又是自由的；教师的设计方案既达到了活动目标，又符合幼儿在游戏中学习的特点。

（4）放松环节不能少

放松环节也叫整理环节，放松环节和热身环节一样，虽然时间不是很长，但是很重要。美国学者雅各布森（Jacobson）将"放松"定义为：是对自主神经系统兴奋和平静两方面转换进行控制的一种意志控制的行为科学的方法。[1] 放松环节，一方面可以缓解中枢神经系统的疲劳，使紧张的肌肉和韧带得以放松，减少运动损伤发生的概率；另一方面可以让幼儿的心理得到有效的调适，改善运动后的紧张状态和激动情绪，同时帮助幼儿养成良好的锻炼习惯。但是放松环节往往存在教师不重视、随意性强等问题，在教案中对放松环节也是一笔带过或者轻描淡写。究其原因主要是教师没有意识到放松环节的重要性，有些教师也不知道如何引导幼儿进行放松。

那么有哪些放松的方法呢？比较常见的有肌肉放松法，可以运用按压、拍打、抖动或者按摩等方法达到放松的目的，这种放松方法既可以一个人进行，也可以同伴之间相互帮助进行；游戏放松法，如运用儿歌、音乐等方式开展小游戏，帮助幼儿达到放松的目的；心理放松法，可以采用深呼吸、听舒缓的音乐、讲有趣的笑话、语言暗示等引导幼儿从心理放松到身体放松。还有做简单的放松操、慢步走等多种方法。教师要根据教学活动的内容，有针对性地选择放松的方法，让放松环节真正发挥作用。

---

[1] 何生全，张波，杜更. 渐进放松训练对体育院校游泳运动员训练后恢复状况的对比研究［J］. 武汉体育学院学报，2011（6）：88-91.

2. 幼儿园户外体育教学活动设计示例

示例1：小班户外体育教学活动"小兔跳跳"[1]

一、活动目标

1. 在游戏中学习双脚并拢向前行进跳，提升腿部肌肉的力量。
2. 喜欢扮演小兔子，积极参与体育活动。

二、活动准备

1. 物质准备：萝卜道具若干、兔妈妈头饰。
2. 经验准备：幼儿熟悉小兔子。
3. 场地准备：宽敞的空地、垫子若干。

三、活动重难点

1. 活动重点：学习双脚并拢向前跳。
2. 活动难点：双腿夹物并拢向前跳。

四、活动过程

（一）开始部分（重点活动下肢）

师：我是兔妈妈，你们是我的兔宝宝。兔宝宝跟着兔妈妈做小兔热身操吧！

（儿歌：小兔陶陶真淘气，学学小鸡点点头，学学小鸭耸耸肩，学学小狗弯弯腰，学学小鸟踢踢腿，忘了自己怎样走，小兔子怎么走呀？蹦蹦跳跳向前走，蹦蹦跳跳向前走！）

（二）基本部分

1. 在游戏中练习双脚并拢向前跳。

师：兔宝宝肚子饿了，请跟着兔妈妈一起去找吃的吧！东找找，西找找，看看有什么好吃的。

2. 小兔拔萝卜（邀请跳得好的同伴进行示范，教师讲解）。

师：刚才兔妈妈发现有的兔宝宝跳得真好，快到前面来跳一跳吧。那边

---

[1] 本文案由四川省成都市第十三幼儿园杜星梅老师提供。

有块萝卜地，我们也像兔宝宝一样，两只脚并齐一起跳，一下一下跳到萝卜地里去。

师：每只兔宝宝只拔一个萝卜，拿到萝卜后到兔妈妈这里来吧。

3. 运萝卜回家。

师：每只兔子都有萝卜了，可是怎么把萝卜拿回家呢？（有的幼儿夹在双腿之间，有的幼儿直接拿在手上，有的幼儿放在头上顶着）

师：这些办法都可以，选择一种你喜欢的办法。我们回家啦！

（三）放松部分：吃萝卜

师：终于到家了，兔宝宝找个位置坐下来，我们要准备吃萝卜了。洗萝卜洗萝卜洗洗洗，切萝卜切萝卜切切切，炒萝卜炒萝卜炒炒炒，吃萝卜吃萝卜吃吃吃，啊呜啊呜一大口！摸摸肚子吃饱了，拍拍小腿休息啦！

示例2：中班体育教学活动"好玩的沙包"[1]

一、活动目标

1. 大胆探索沙包的不同玩法。
2. 练习单手用力向远处投掷的动作，发展上肢力量。
3. 积极参与活动，体验与同伴游戏的快乐。

二、活动准备

沙包、靶子、矿泉水瓶、浮板、呼啦圈等辅材。

三、活动重难点

1. 活动重点：探索沙包的不同玩法，并练习投远、投准。
2. 活动难点：理解并掌握单手投掷沙包的动作要领。

四、活动过程

（一）热身活动

幼儿跟随老师跑圈，初步热身；跟着音乐《加油歌》跳操，重点活动

---

[1] 本文案由四川省成都市第十三幼儿园悦水分园牟瑞老师提供。

上肢。

（二）基本活动

1. 自由探索沙包的多种玩法并分享。

师：每个小朋友手里都有一个沙包，你可以一个人玩沙包，也可以和小伙伴一起玩沙包，看看谁能玩出新花样。

师：许多小朋友都玩出了新花样，谁愿意来和大家来分享你的玩法？

2. "打靶游戏"的基本动作练习。

师：刚才有很多小朋友在打怪兽，他们是怎样做动作的？

（指导幼儿练习单手肩上投掷的动作，引导幼儿理解动作要领：双脚前后分开一定距离站立，右手持沙包放在肩部位置，身体向后倾，重心向后；往前用力投掷，重心前移。）

3. 游戏"自由打靶"。

在多个方向设置不同距离的靶子（包括靶子的大小、高矮以及远近），幼儿分组进行打靶游戏。教师指导幼儿的基本动作。

4. 打靶比赛。

设置打靶比赛现场，并有记分牌。幼儿分成四组，每组8个小朋友。每组依次派出选手与其他组选手比赛，投得准的小朋友得2分。最后分值最高的小组获胜。

5. 幼儿自选材料进行分散游戏。

（三）放松、整理活动

1. 小朋友之间相互按摩、捶肩、捏手臂，进行简单的放松。

2. 请幼儿和老师一起整理场地、材料。

示例3：大班体育教学活动"玩转气球"

一、活动目标

1. 乐意尝试用身体部位垫气球（不让气球掉落），锻炼肢体的协调性和灵活性。

2. 在游戏中能充分发挥创造性，与同伴合作，享受玩气球的快乐。

二、活动准备

气球若干、垫子、小黑板、记录纸、音乐。

三、活动重难点

（1）活动重点：探索用身体部位垫气球的方法。

（2）活动难点：与同伴合作，用不同的身体部位垫气球。

四、活动过程

（一）热身活动

教师带领幼儿进入活动场地，一起跟随音乐做热身操。

（二）探索用不同身体部位玩气球的方法

1. 出示气球，引发兴趣。

师：你们看看老师带来了什么？（气球）你们能用手把气球拍上去，不让它掉下来吗？（鼓励幼儿用手掌、手指、手背等不同部位垫气球。）

2. 幼儿自由探索，用不同身体部位玩气球。

师：除了用手，还能用身体的哪些部位玩气球，不让气球掉下来呢？

（教师把幼儿的创新玩法记录下来。）

3. 幼儿分享不同的玩法。

（1）师：小朋友都有各种不同的玩法，谁来和大家分享一下？气球连续5次不掉下来就算成功哦。

（2）师：你们觉得用身体哪些部位玩气球，不让气球掉下来比较容易？

（三）气球挑战赛

1. 个人挑战。

师：现在我们用头顶气球，不要让气球掉下来。如果气球掉下来，那么挑战就失败了。请大家回到位置上，看看哪些小朋友能坚持到最后？

2. 小组挑战赛（可以选择不同的身体部位重复比赛）。

（1）师：现在我们进行传气球比赛。规则：用不同的身体部位传气球，中途气球掉下来就算输，气球没有掉下来并传到对面就算成功。给大家10分钟时间，组建两个小组，10分钟后我们开始比赛。

（2）师：现在我们开始计时5分钟，每组为对方选一个小朋友做记录，传球个数较多的小组获胜。

（四）放松活动

用气球做按摩操；幼儿唱《头发肩膀膝盖脚》，教师表演垫气球。

三、幼儿园户外体育教学活动反思

户外体育教学活动，其实质也是集体教学活动，故其活动反思的撰写，也和集体教学活动反思的撰写有共同之处，不同的是教师在户外体育教学活动中要考虑幼儿的身体负荷和心理负荷的问题。

以下是一位新老师对自己组织的户外体育教学活动进行的反思。

对小班户外体育教学活动"乌龟爬爬"的反思[1]

一、从活动设计本身来看

本次活动设计的两个活动目标各指向一个方面，目标之间缺乏联系性。前一个目标指向手膝着地爬，后一个目标指向匍匐爬，两个目标之间没有关联，重点不突出。活动目标也没有体现认知技能、过程与方法、情感态度的三维层次。活动过程设计的层次不明显，缺乏趣味性。在第二个环节，锥形筒随意散放，加之场地较为宽敞，没有发挥该器械的价值。在第三个环节，匍匐爬与《马兰花开》的游戏结合，与前面的活动没有关联，且模糊了户外活动主要是锻炼幼儿体质的概念。

二、从活动开展的过程来看

第一部分让幼儿听铃鼓变速爬行，幼儿出现不听信号一股脑地往前冲的现象，爬得快的幼儿很快就爬到终点，而爬得慢的幼儿则在后面显得"异常艰难"。第二部分让幼儿绕过障碍物爬行，此环节的设计目的是通过设置障碍，增加难度和趣味性，但由于考虑不周，导致器械没有起到增加难度的作

---

[1] 本文案由四川省成都市第十三幼儿园悦水分园陈若芸老师提供。

用，且由于没有提"听到敲响铃鼓才能出发"的要求，小朋友们直接就冲出去了。只有部分幼儿做到了听信号变速爬行，但由于场地没有预设好，导致爬得快的幼儿听不到铃鼓的声音，再一次阻碍了目标的实现。第三部分让幼儿分男女两组，从"马路"的右边爬过，要求不够明确，导致小女孩从右边爬回来后没有再爬回去，且这个过程本身也没有增加活动的难度，体现不出层次性。另外，由于没有提前跟保育老师沟通好，导致活动效果不好。

三、从活动开展的效果来看

本次活动的两个目标都没有很好地实现，活动更多地让幼儿"机械"地练习了爬行。幼儿出汗较多，运动量也很大，但参与的积极性不高，连续爬行三个来回对幼儿来说较难。可能是因为有难度，运动量也比较大，所以影响了幼儿参与的积极性。总的来说，本次活动的效果不佳。

四、从活动中的保教配合来看

在活动准备的过程中，主班老师与保育老师仅就材料的摆放进行了沟通，并没有提醒保育老师在活动中要引导幼儿，所以保育老师对于如何参与指导幼儿十分茫然。

因此，综合活动设计、活动开展、活动效果和保教配合中存在的问题，我对本次活动进行了分析。幼儿在刚开始时之所以没有听信号一股脑地往前冲，原因有：老师的要求不明确，幼儿对快慢的概念不清楚；幼儿喜欢爬得快快的感觉，想快速爬过去，而老师没有支持幼儿的发展。

在第一遍爬行时，我的设计是让幼儿先自由爬行，满足他们想爬的欲望；在第二遍爬行时，我将幼儿分成两组，同时设置红绿灯、堵车等情景，增加一定的趣味性，分组也能更好地保证幼儿在本次活动中达成目标；在第三遍爬行时，我结合《我们都是木头人》的游戏，让幼儿绕S线爬行，增加活动的趣味性，体验爬行的乐趣。而对于保教配合，作为新老师，有时候不知道如何与保育老师沟通或者忽视了与保育老师沟通，导致活动效果不太好。这也是我在今后的活动中，不管是户外活动还是室内活动，都应该改进的。

从书写角度来看，这位老师从四个方面进行反思，思路非常清晰，能够比较深入地指出活动存在的问题，可见这位老师一定进行了认真的思考。如果这位老师能够再进一步反思问题存在的原因以及解决问题的办法，那么这个反思就更有价值。

第八章

幼儿园观察记录写作

撰写观察记录是幼儿园教师文案工作的一项重要内容，要求教师在客观、真实地观察和了解幼儿的基础上，客观地记录和描述幼儿有意义的表现，积极评价幼儿的进步，努力推动幼儿的学习与发展。也就是说，撰写观察记录需要客观地观察和了解幼儿，科学地分析和发现幼儿有意义的行为表现，积极评价和推动幼儿的学习与发展。本章将从教育现场的观察、观察的记录和整理两个方面进行探讨。

第一节　教育现场的观察

说到观察，教师可能会说："班上那么多孩子，我怎么观察得过来？我对孩子已经很熟悉了，不需要再观察了！每天看到的都差不多，观察不观察没什么区别！"真是这样的吗？上述教师所谈到的观察和本章探讨的观察有没有区别呢？

一、观察的内涵

《辞海》对"观察"做了如下解释：有计划、有目的地用感官来考察事物或现象的方法。是对某个对象、某种现象或事物有计划的知觉过程。常与积极的思维相结合。由此可见，观察是知觉的过程，常与积极的思维相结合。

大多数人主要通过"看"来获取信息,其次是"听"。就学前儿童的观察来说,倾听的价值更甚。"儿童在教育生活中的欲望和需求往往不是通过他们的行为,而是通过他们的声音表达出来的。它可能是一段叙说、一个句子或者一个简单的感叹词,以及一声呼喊和连绵不断的啜泣。"[1]倾听能帮助我们收集更全面、更丰富、更准确、更深入的信息。因此,在认真、细致地观察的基础上,我们还要重视倾听,以便了解儿童的真实想法。

在"西餐厅"里,两位"大厨"正有条不紊地忙碌着,只见炜炜将做好的"草莓蛋糕"放进微波炉里转了转,打开微波炉,边端蛋糕边对旁边正在做"牛排"的小雅说:"哎呀!烤煳了!"小雅没有答话。一旁的老师接过话茬说:"是啊,我都闻到香味了。"炜炜不以为然地说:"都烤煳了还香啊?"老师说:"对呀,烤煳了就是煳香煳香的,没烤煳就是甜香甜香的。"两位"大厨"相视而笑。过了一会儿,炜炜故技重演,然后对小雅说:"哎呀,都烤煳了!"小雅很自然地回应道:"就是,我都闻到香味儿了……"

游戏中,炜炜主动发起交往,小雅没有回应,教师及时察觉并回应了炜炜的游戏需要,小雅也在旁观、旁听中积累了相应的经验。我们发现,炜炜对自己发展出来的游戏情节很感兴趣,有了再次的玩味,小雅也自然而然地加入了与同伴的交流。如果教师对炜炜的游戏需要视而不见、听而不闻,那么炜炜发起的交往就会不了了之。由此来看,教师必须注意看、倾听与思考,分析、发现幼儿的需求,把握机会,适时回应,这样才能较好地满足幼儿的游戏需要,支持幼儿的学习与发展。

观察不是随便看看,观察也不只是技术,没有足够的专业知识准备,在教育的场景里很可能无法识别有价值的信息。教师的视线和反应是衡量教师专业水准的重要依据。[2]

---

[1] 姜勇. 幼儿教师专业发展 [M]. 北京:高等教育出版社,2015:93.

[2] 虞永平. 怎么看 怎么评 怎么干——学前教育质量问题需要三思而笃行 [N]. 中国教育报,2013-10-13.

这样来说，观察不只是看，还包括倾听与思考。看、倾听、思考三者有机融合，才是完整的观察。其中，"看"是起点，"倾听"是重要的补充，"思考"始终伴随其间——通过思维参与，让我们能"看到、听到、觉察到、了解到"，努力理解"寻常时刻"和"关键事件"的价值与意义。

南京师范大学虞永平教授指出，观察能力是决定教育质量最关键的专业能力之一。他说："我们的师范教育体系长期以来忽视了对幼儿教师观察能力的培养……实际上，观察是幼儿教师的基本功，观察也是适宜性教育的基础，是教师指导的前提，更是幼儿园课程设计的依据。"

实施教育，观察先行。《幼儿园教师专业标准（试行）》明确提到了观察、了解幼儿的能力。其中，在"激励与评价"能力中指出，"关注幼儿日常表现，及时发现和赏识每个幼儿的点滴进步，注重激发和保护幼儿的积极性、自信心""有效运用观察、谈话、家园联系、作品分析等多种方法，客观地、全面地了解和评价幼儿"；在"教育活动的计划与实施"能力中强调，"在教育活动中观察幼儿，根据幼儿的表现和需要，调整活动，给予适宜的指导。"

可见，观察具有重要的价值和意义，与及时发现和赏识幼儿的点滴进步、客观全面地了解和评价幼儿、给予幼儿适宜的指导等教育行为紧密联系在一起。观察，会让我们快乐地体味每个儿童的独特之处。[1] 观察，能让我们更好地支持幼儿的学习与发展。

二、观察的内容

教育观察的对象是鲜活、灵动、独特的个体，教育观察的目的是"了解儿童、支持发展"，因此，观察的内容主要包括以下三个方面。

1. 观察幼儿的发展——找准"最近发展区"

幼儿不是一张白纸，幼儿的学习基于已有经验，只有找准幼儿的"最近

---

[1] 莎曼，等. 观察儿童·实践操作指南：第3版［M］. 单敏月，王晓平，译. 上海：华东师范大学出版社，2008.

发展区",才能更好地支持和推动幼儿的学习与发展。

大班的幼儿在学跳竹竿舞。老师和一名幼儿控制着竹竿的开合,其余幼儿轮流跳过竹竿。为了帮助幼儿掌握动作和节奏,老师口中说着口令:"1、2、1、2。"但在练习的过程中,不时有幼儿出错。看着幼儿屡屡出错,老师有点泄气,也很无奈。这时,由于一名幼儿没有把握好节奏,不小心碰掉了老师手中的竹竿,游戏也就此中断。

幼儿存在哪些困难?他们需要怎样的支持?老师"呼口令"本是为了帮助幼儿掌握跨跳的节奏,但这种提醒属于"他人语言提醒",无法给予幼儿足够的反应时间。幼儿的学习还存在以下困难:对跨跳动作不熟悉,更不能配合竹竿的开合。也就是说,幼儿的学习同时面临三种困难。在这种情况下,"呼口令"的单一策略起不到有效支持幼儿学习的作用。

幼儿的学习应该由浅入深,用旧经验搭建起通往新经验的桥梁。因此,较好的做法应该是逐一破解幼儿面临的难题。

(1) 引导幼儿熟悉儿歌及节奏——为运动游戏中节奏的把握奠定基础,变"他人语言提醒"为"自我语言提醒",让幼儿能"预见",有足够的反应时间。

(2) 让幼儿在座位上练习边念儿歌边用手做动作——先练习手部动作,让幼儿进一步熟悉节奏,并练习儿歌与动作的匹配。

(3) 边念儿歌边原地跳——从手的动作练习转变为脚的动作练习,同时,逐渐掌握动作的节奏。

(4) 齐念儿歌轮流跳——保持节奏的稳定性,允许幼儿"犯错"。

(5) 边念儿歌边跳竹竿——挑战与竹竿的配合。

只有准确观察、了解、评估幼儿的发展水平,看到幼儿的学习障碍,才能逐一化解幼儿在学习过程中遇到的"拦路虎"。更为重要的是,通过运用障碍消解策略,让幼儿在学习的过程中建立自信心,感受成功的喜悦,逐步掌握学习的方法。

2. 观察幼儿的兴趣——把握"发展增长点"

兴趣是最好的老师。顺应幼儿的兴趣来设计、组织活动能收到事半功倍的效果。因此，观察、了解幼儿的兴趣非常重要。同时，教师还要对幼儿的兴趣进行价值判断，弄清幼儿的兴趣点有无发展价值，弄清是幼儿个体的兴趣，还是集体的兴趣。

草地上，孩子们正忙着办"锅锅筵"。这时，飞飞和乐乐跑到老师面前报告："不好了，着火了！"老师说："哎呀，这可怎么办呢？"飞飞赶忙安慰老师："别急，我们是消防员。"说着，他跑到玩具架旁，拿来许多"泡沫筒"在地上铺排成长长的"水管"……

两名幼儿的举动引起了老师的思考：是前几天的消防逃生演练引发了幼儿对消防游戏的兴趣吗？户外游戏场地能满足幼儿自发生成的消防游戏的需要吗？是否会对其他幼儿的游戏造成干扰呢？消防游戏只是个别幼儿的兴趣吗？该怎样支持、发展幼儿的兴趣呢？

在游戏的讲评分享环节，老师特意请飞飞和乐乐介绍他们的游戏，两个孩子讲得眉飞色舞，其他男孩也很羡慕地说："我也想当消防员。""消防员要开消防车。"大家决定将"汽车叭叭叭"里的纸箱车改装成有水管的消防车，于是，消防队的游戏应运而生。

观察是基础，思维是重点。教师"怎么看"幼儿的行为表现直接关系到教师的回应。上述案例中，教师没有将"跑来跑去"的幼儿视为"捣蛋鬼"，而是多角度地思考幼儿的行为表现，从幼儿的前期经验、游戏场地、活动秩序、兴趣需要等方面分析幼儿自发生成的游戏行为。从后面的环节我们看到：在教师的"推动"下，个体的兴趣需要已转化成集体的兴趣，并且产生了基于幼儿兴趣的新游戏。

当然，并不是所有的个体兴趣都是有价值的，并能成功地转化为集体的兴趣，进而生成新的游戏。但是，敏锐地捕捉幼儿的兴趣，多角度地解读幼儿的需要，并提供机会让幼儿在集体面前交流、讨论，是每一位教师应该做到的。事实上，幼儿正是通过自主参与决策看到了自己的力量，体验到了创造的喜悦。

3. 观察幼儿的需要——发现"成长支持点"

多元智能理论告诉我们，每一个人的智能构造都是独特的，每一个儿童的学习途径和能力发展都是不同的……教育需要在尊重儿童发展的个别差异性和注重儿童发展的全面性方面寻找一种平衡。[1] 尊重发展的差异性、注重发展的全面性是学前教育要努力做到的"专注与平衡"，这既是对发展规律的顺应，更是对儿童个性发展、和谐发展的极大呵护。发挥儿童的优势智能，帮助其树立信心，带动其全面发展，应该成为教师努力的方向。

有时，幼儿的需要并不是由发展过程中的"不平衡"引发的，而是教师的活动设计与组织本身缺乏预见，由准备不足引发的。

大班的孩子们正在学习袋鼠跳。老师的指导重点为"引导幼儿掌握跳的方法，鼓励个别胆小的幼儿勇于尝试"，却忽略了孩子们在"穿、脱"袋子时面临的真实困难：口袋的深度约为幼儿身高的一半，当孩子站立着伸进去一只脚时，往往踩不到袋底，等到两只脚都进去之后，还要小心翼翼地挪动双脚调整平衡，不仅耗时，还有跌倒的安全隐患；当他们想从袋子里跨出来时，口袋缩成一团。为了保持平衡，孩子们跌跌撞撞，还把袋口的花布踩脏了。后来，老师也发现了孩子们遇到的困难，她们开始忙于协助幼儿穿脱口袋，已无暇观察、了解幼儿"袋鼠跳"的情况了。

其实，穿脱口袋是本次活动的重要组成部分，位于游戏活动的开始和结束环节，这一过程的情绪体验会直接影响幼儿的心理感受。穿脱口袋耗时、有跌倒的危险，这让幼儿的游戏情绪大打折扣。而教师的协助也有一定的负面影响：幼儿可能会因此"认识"到自己的"不足"，产生需要外援的心理，甚至养成被动接受成人帮助的习惯；而教师忙于应付不断出现的状况，失去

---

[1] 周兢，张杏如. 幼儿园活动整合课程教师用书［M］. 南京：南京师范大学出版社，2014：9.

了观察幼儿、了解幼儿学习状态的最佳时机。为了让幼儿充分体验游戏的快乐，确保幼儿在活动中的安全，我们可以提供辅助材料"小椅子"。让幼儿坐在椅子上从容不迫地穿、脱口袋，不仅能确保幼儿的安全，还能把教师从忙乱中解放出来。

三、观察的误区

观察，使"我们可以通过一个或多个感官获取信息，理解其意义，并以有意义的方式运用这些信息"[1]。然而，审视日常的教育实践会发现，很多教师要么忽视观察，要么无视观察，要么不会观察。

1. 观察只是随便"看看"

观察不是随便看看，而应该是多感官参与和思维参与的过程。而实践中却常常发现，教师多将观察简化为随便"看看"，当蜻蜓点水、浅尝辄止的"看看"收效甚微时，却误认为观察没什么价值，"反正天天在看，还有什么好看的？"对随便"看看"引发的问题（粗浅、片面、盲目）缺乏清晰的认识。

在认真"看"的同时，我们还要积极地倾听儿童——倾听儿童的兴趣、需要、情感、发现等。真正的倾听不只是一种"听"的姿态，而是尊重儿童、了解儿童的重要途径。实践中，有些教师喜欢问："你画的是什么？""你在做什么？"这并不是真正意义上的倾听，反而是对幼儿活动的打扰。

观察离不开思维的参与。观察儿童行为所获得的信息远比用眼睛看到的要多，而且我们用以从周围环境中收集信息的身体感官，仅仅是通道而已，只有大脑才能为这些感觉信息赋予实际意义。观察包括有目的地获取儿童行为中的信息，并给这些信息赋予意义，促进儿童成长、发展和全面幸福。[2]正

---

[1] 本特森. 观察儿童——儿童行为观察记录指南 [M]. 于开莲，王银玲，译. 北京：人民教育出版社，2009：2.

[2] 本特森. 观察儿童——儿童行为观察记录指南 [M]. 于开莲，王银玲，译. 北京：人民教育出版社，2009：2.

如虞永平教授强调的那样,"没有足够的专业知识准备",会导致"无法识别有价值的信息"。正所谓"外行看热闹,内行看门道"。在教育场景中,不同的视角、不同的反应都源于"思维"的不同,而非"视力"或"听力"的差异。

一次苏东坡和佛印禅师在林中打坐,日移竹影,一片寂然。很久了,佛印禅师对苏东坡说:"观君坐姿,酷似佛祖。"苏东坡心中欢喜,看到佛印禅师的褐色袈裟逶迤在地,就对佛印禅师说:"上人坐姿,活像一堆牛粪。"佛印禅师微笑不语。苏东坡心想这回让佛印禅师吃了一记闷亏,暗暗得意,禁不住告诉苏小妹,想不到苏小妹却说:"你又输了,试想佛印禅师以佛心看你似佛,而你又是以什么样的心情来看佛印禅师呢?"[1]

有人说,教育是"看"的艺术,不能主观。换言之,实践中的"看"大多充斥着"主观臆断"。在同一个场景中,常常是"仁者见仁,智者见智"。我们对幼儿的观察受我们的生活经验、对幼儿发展的理解、对自己和他人的态度以及固有的思维偏向和喜好等因素的影响。不同的人常常从不同角度看待同一个事物。一个好的观察者,会经常反思自己的认识偏好,力求对幼儿的观察记录是客观和真实的。[2]

2. 观察仅仅指向"评估"

教育实践中的观察是为了了解幼儿当前的发展水平、兴趣、需要等,为有效支持、推动幼儿的发展做准备,而不是止于"了解",指向"评估"。我们不是旁观者,而是参与者。"旁观者"会把收集数据放在首位或唯一重要的位置,而"参与者"会更有"温度"和"作为":通过现场观察,收集幼儿多方面的表现,通过深入分析和综合评估,发现每个幼儿的需要与特点,积

---

[1] 个人图书馆. 佛印与苏东坡趣事几则[EB/OL].(2011-09-07)[2019-01-06]. http://www.360doc.com/content/11/0907/14/7612693_146452296.shtml.

[2] 李季湄,冯晓霞. 3—6岁儿童学习与发展指南解读[M]. 北京:人民教育出版社,2013:199.

极看待幼儿的点滴进步,努力支持幼儿全面、富有个性地发展。

当然,我们也要警惕另外一种极端:为了指导而指导。当缺乏观察和分析时,常常会出现"教师所到之处,就是幼儿自己的游戏终止之时"的状况。我们提倡的是基于观察和分析的"有所作为",而不是"不作为"或"胡作非为"。为此,我们倡导走在幼儿身后或身边的细心观察、持续观察,在适当的时机,给予幼儿适度的挑战或"一根手指的力量",让幼儿在和谐的师幼互动中体验快乐,获得发展。

3. 观察仅仅囿于"片段"

在根据王朔小说改编的同名电影《看上去很美》中,方枪枪和同伴玩"打针"游戏的片段被教师"演化"为"小男孩脱小女孩裤子",进而上升到道德层面的"不知羞",两个懵懂的孩子无端遭受了一顿"劈头盖脸、莫名其妙"的呵斥!如果成人根据自己"捕捉"到的某个片段妄加推论,凭着自己的经验、阅历妄下定论,极有可能误解孩子,伤害孩子。

我们观察到的儿童行为多是一个又一个的片段,仅仅基于片段不可能得出客观的结论,因此,多一些宽容、多一些互动、多一些了解是非常重要的。"多一些宽容"是允许幼儿"试误",给幼儿减压;"多一些互动"能更全面地了解客观事实,读懂幼儿的需要;"多一些了解"需要进一步地观察、倾听、思考,能避免妄下结论。由于幼儿的表现可能有多种原因或者背景,我们要经过不同情境中同一表现的多次观察,获得充分的证据后,得出评价的结论。[1]

4. 观察仅仅着眼于"某点"

《幼儿园教育指导纲要(试行)》指出,对幼儿发展状况的评估要注意:全面了解幼儿的发展状况,防止片面性,尤其要避免只重知识和技能,忽略情感、社会性和实际能力的倾向。这也可以作为对观察的要求,即对班级中的每一个幼儿都有比较完整的了解,同时看到他的兴趣、偏好、性格、能力、

---

[1] 李季湄,冯晓霞. 3—6岁儿童学习与发展指南解读[M]. 北京:人民教育出版社,2013:201.

优势、发展点等多方面的信息。要避免仅仅关注显性的、自己感兴趣的、便于量化的"某点",应努力看到"完整的儿童",尤其要避免的是仅仅关注幼儿的"问题点",忽视幼儿的"发展点"。

成人常常感慨"一个宝宝两个样",说的是同一个幼儿在园与在家时会出现截然不同的表现。其实,很多幼儿在教师的"口中"与"笔下"也是截然不同的"两个样":教师往往喜欢在"口中"夸幼儿"机灵、乖巧、聪慧、可爱……",可幼儿到了教师"笔下"则可能成为"问题儿童"——自我中心、自闭、内向、多动、早产儿……也许,教师"口中的"和"笔下的"幼儿都是真实存在的,那么,教师"笔下"记录的幼儿仅仅是其中一部分;如果"两种孩子"都是夸大其词的产物,那么,教师"笔下"的幼儿就是"创作出来的形象",而非客观真实的存在。

教师的观察"视角"为什么会这样?究其原因,是教师挂在口中的观念并不是真正"相信"和"认同"的理念。我们把"尊重儿童"挂在嘴边,宣称"幼儿是有能力的学习者",却又在潜意识里认为这是我们的"培养目标"。如此一来,教师的眼中少了许多"哇"时刻,多了若干"问题儿童"。我们无限夸大"教育的力量",认为幼儿的动作发展、智力水平、语言表达、习惯养成、性格特点、意志品质等仅仅通过三言两语的"教"或"几条措施"就能起到立竿见影的成效。

事实上,教师的观察对象是一个个鲜活、灵动、独特的生命个体,教师既要全面了解他们发展的整体状况,又要努力发现他们与众不同的个性特点,特别是发展优势,而不能"只见树木,不见森林"。

5. 观察仅仅关注"两端"

面向全体是教育的重要原则,观察也应如此。然而,教师在教育现场却有意无意地关注"两端"的幼儿,更多地关注少数优秀、出彩的幼儿和个别所谓的"问题儿童",对大部分处在中间地带的"平凡孩子"缺乏关注。

客观性的其中一方面涉及目标儿童的选择。一些行为总是出人意料、不遵守纪律或者与其他儿童和教师沟通困难的儿童,可能会让观察者积累起厚厚一摞记录档案。但是，也存在一些遵守纪律、与其他儿童和教师相处融洽的儿童。这些儿童则很少被教师选做观察对象，可是每个儿童本应得到平等的对待。[1]

随便"看看"是非专业人士的做法，指向"评估"放弃了教育人的天职，囿于"片段"、着眼"某点（问题）"、关注"两端"都是十分危险的做法，不仅会导致"一叶障目"的后果，更会直接影响观察记录的客观性、后续评估的科学性与教师支持的针对性。因此，教师要加强学习反思，坚持长期练习，不断提高自己的观察水平。

第二节　观察的记录和整理

有效的观察，需要有明确而具体的观察目的、对所观察对象有一定的预备知识、对客观事物有一定的分析和判断能力，以及记录和整理材料的具体方法等。可见，记录和整理材料是有效观察的重要组成部分。实践中，不管教师是边观察边记录，还是观察时做简要记录，等待观察后整理草稿，都需要注重客观性，追求有意义。客观性是指"对幼儿的表现要客观地记录和描述"，有意义是指"在观察中重点记录有意义的行为表现"。

一、观察记录的意义与方法

良好的观察记录不仅是幼儿成长的轨迹体现，也是教师了解幼儿以及制定下一步教育策略的基础。[2] 观察记录不仅能展示幼儿的学习与发展，而且能有力地促进幼儿的学习与发展。

---

[1] 尼尔森. 一周又一周——儿童发展记录：第3版［M］. 叶平枝，孟亭含，等译. 北京：人民教育出版社，2011：31.

[2] 李季湄，冯晓霞. 3—6岁儿童学习与发展指南解读［M］. 北京：人民教育出版社，2013.

1. 观察记录的意义

"观察记录是一种证据形式……通过呈现观察记录,你将展示出你在儿童发展方面的丰富知识,以及构成各种不同类型的观察需要遵循的原则和方法。"[1]不仅如此,我们还能"通过记录找到儿童发展的影响因子,同时教师会发现,每个儿童都是独特的,有必要为每一个孩子或小组创造适合其发展的环境及课程"[2]。由此可见,观察记录的意义十分重要。

(1)观察记录是了解幼儿发展情况的凭据

观察记录能让教师客观地了解幼儿的发展处在怎样的水平。其中,叙事/自由描述能客观、丰富、详细地记录幼儿的行为及行为所发生的情境,这种记录可以永久保留,并能同以后的记录做比较,客观地呈现幼儿的发展情况及其原因;检查清单/预编码类用途广泛,使用简便,能帮助教师清晰地了解幼儿的发展需要;时间抽样/结构化描述可以研究的行为是无限的……无论哪一种观察记录方式,都客观记录和呈现着幼儿发展的真实情况,都能让教师了解幼儿的发展水平与需要。

观察记录:大家一起盖房子[3]

观察时间:2018年3月12日

观察班级:××幼儿园大四班

观察教师:杨姣

观察内容:建构游戏

观察目的:建构游戏中,大班幼儿交往合作能力的发展

观察记录:晨间游戏时,熙熙和琳琳都选择了球状和柱状的拼插玩具各自玩耍。过了一会儿,熙熙走过去对琳琳说:"我的玩具不够了,我们可以一起玩吗?我想搭房子。"琳琳想了想说:"好吧!你在搭什么样的房子?"熙

---

[1] 莎曼,等. 观察儿童·实践操作指南:第3版[M]. 单敏月,王晓平,译. 上海:华东师范大学出版社,2008:1.

[2] 李季湄,冯晓霞. 3—6岁儿童学习与发展指南解读[M]. 北京:人民教育出版社,2013:156.

[3] 本观察记录由四川省成都市青白江区城厢中心幼儿园杨姣老师提供。

熙说："我想搭高楼，可我的玩具不够了，把你的玩具也拿过来，我们一起搭！"熙熙和琳琳将玩具合在一起开始搭建，搭到一半，材料又不够了。琳琳看了看周围，走到黎黎身边说："我和熙熙在搭高楼，可搭到一半玩具不够了，你可以把玩具拿过来，我们一起玩吗？"黎黎说："好啊，那我把全部玩具都拿过来哦。"于是他们几个人一起搭高楼——在一楼安装了路灯（柱状的电线杆、球状的灯泡），在顶楼安装了一根避雷针（柱状）。熙熙得意地说："路灯可以照明，回家就不怕黑了！"黎黎说："有了避雷针，住在顶楼也不怕打雷了！"

观察发现

1. 幼儿能主动交往，积极想办法解决问题。

熙熙、琳琳发现玩具不够时，能主动向同伴寻求帮助，用清晰的语言说明自己的意图，吸引同伴一起游戏。幼儿的任务意识较强，能主动克服困难。与同伴交往时，能有礼貌地征求同伴的意见，有一定的与同伴交往的技巧。

2. 幼儿能合作搭建，具有初步的合作能力。

琳琳和黎黎加入游戏后，能按照之前的设想搭建高楼，合作完成任务，并能主动完善计划（安装了路灯和避雷针）。

发展建议

1. 关注材料提供，引发交往合作。

游戏中三名幼儿的交往源于"材料不够了"，因此，从幼儿交往合作能力的发展考虑，材料的提供并非越多越好。对此，可思考更有"针对性"的材料提供：①观察各游戏区材料的数量，根据游戏主题有目的地增减材料。②发挥"百宝箱"的作用，满足幼儿的游戏需要。

2. 引导计划制订，促进交往合作。

使用"游戏计划表"，引导幼儿提前做游戏计划，如：寻找合作伙伴、商定建构主题、设计建构图、计划材料数量等，以图文结合、前书写的形式进行，让幼儿的交往合作能力在做计划、商量分工中得到提升，并促进幼儿统计（数量、形状）、绘画、记录等多方面能力的发展。

（2）观察记录是展示教师专业水平的证据

对幼儿教师而言，乐于观察儿童，客观记录儿童的成长，科学评价儿童的发展，努力发现儿童的需要，既是对儿童学习与发展的有力支持，也是对自身专业成长的积极关注与展示。在同一个场景中，专业的教师"看到、听到、想到的"与非专业人员了解到的信息截然不同。丽莲·凯兹指出，"专业的幼教教师所需的知识来自发展心理学以及有关儿童社会认知发展的研究。其实，幼儿教师所需要的专业知识范围远不止这些。"[1]她以"三轮车争夺事件"为例，呈现了专业的幼师在"典型困境下"判断思考及反应的过程（此情境可以教导幼儿什么、临床诊断、课程设计与管理上的参考等）；而非专业人员的反应"多是出于一般常识或常理"。也就是说，观察记录呈现的是专业人士基于专业理念与师德、专业知识、专业能力的综合判断，思考的是"幼儿可以从中学习和发展什么"，而不是简单的"停止争端"或"灭火"。

在"幸福餐厅"里，服务员正忙着收拾杯盘碗碟，她要将"剩菜剩饭"倒进垃圾桶，厨师风风火火地冲过来说："不能倒！"服务员说："这是剩菜，应该倒掉！"两人争执不下，老师走过去问："怎么啦？"厨师说："我辛辛苦苦做出来的菜，不能倒，倒了就没有了！"服务员说："吃剩下的就应该倒掉！"老师问："倒垃圾时应该怎样做才环保呢？"厨师一下子来了精神，"要分类，有些垃圾是可以回收的。"孩子们从"百宝箱"里找来几个空盒子，画上简单的标记，厨房垃圾就可以分类回收了。一场冲突就这样化解了，孩子们都很开心。

丽莲·凯兹指出：有的儿童可以从自行解决问题中学到比较成熟、比较有效的方法，有的则不能，反而会弄得一团糟。因此教师要问自己："我什么时候应稍加干涉？我是否应该完全不过问？"游戏中，两名幼儿争执不下，教师选择了及时介入。如果教师仅仅关注争端，就会把"灭火"放在首位，

---

[1] 凯兹. 与幼儿教师对话——迈向专业成长之路[M]. 廖凤瑞, 译. 南京：南京师范大学出版社, 2004: 186.

认为停止争端就没事了。但教师敏锐地把矛盾转化为教育的契机——引导幼儿自主、智慧地解决问题。"从这件事中幼儿可以学些什么"的思考与实践充分体现了教师的专业性——从幼儿长期学习与发展的角度来认识问题,从幼儿游戏需要的角度来解决问题。

(3)观察记录是制订幼儿发展计划的依据

观察记录为制订儿童的发展计划提供参照依据,鲜有用不上的时候。[1]因此,观察记录不应该被弃若敝屣或束之高阁,而是教师开展工作、指导实践的重要依据。观察记录让我们清晰地了解儿童的已有经验、发展水平、兴趣需要,成为制订"行动计划"的重要依据,在此基础上"开展活动",并再次"观察、评价",能让我们了解既有的行动计划是否成功,是否需要改变。

观察记录:我没有抢他的玩具[2]

观察日期	2018年5月22日	观察时间	11:55—12:05
幼儿姓名	天天	幼儿性别	男
幼儿年龄	5岁1个月	观察环节	餐后游戏
观察目的	观察天天在自由活动中与同伴的相处情况。		
观察目标	观察并记录天天与同伴相处时的行为和语言。		
观察实录	餐后游戏时,阳阳跑过来对我说:"王老师,天天拿走了我的玩具。"天天嘟着嘴站在走廊里,两只手扯着自己的衣角,看着阳阳不说话。这时,易易也跑过来说:"天天也抢了我的玩具。"天天马上跑过来拉着易易的手,望着我说:"我不是要抢他的玩具,只是借来玩玩。"我赶紧走到他们身边,蹲下身子握住天天的手,对他们说:"看来你们遇到了不开心的事,到底是怎么回事呢?谁先来讲一讲?"易易说:"他抢了我的玩具。"说完,还用手指着天天。我对天天说:"是这样吗?"天天说:"我也想玩那个玩具。"我说:"你们俩都想玩,该怎么办呢?"易易说:"是我先拿到的。"我对天天说:"咱们教室里还有这种玩具吗?"两个孩子一起说:"没有啦!"我说:"只有一个玩具,你们俩都想玩,谁有好办法?"易易想了想说:"我让你玩一会儿,你要还给我哦。"我问天天:"你同意吗?"天天点头说:"好。"我对他们俩竖起大拇指说:"这个办法不错!"		

---

[1] 凯兹. 与幼儿教师对话——迈向专业成长之路[M]. 廖凤瑞, 译. 南京: 南京师范大学出版社, 2004: 36.

[2] 本观察记录由四川省成都市青白江区城厢中心幼儿园王涛老师提供。

（续表）

行为分析	1. 天天的情绪容易激动，行动往往比语言快。因此当他跑过去拉易易的手时，我快步走到两个孩子身边，蹲下身握住天天的手，给幼儿行动上的回应，同时，也是为了避免幼儿之间发生身体伤害。 2. 针对矛盾冲突，我扮演"中间沟通人"的角色，引导幼儿说出事情发生的经过和原因，既能帮助幼儿稳定情绪，也利于了解冲突产生的原因。同时以提出建议的方式，引导幼儿思考解决问题的办法。 3. 针对天天和易易想到的办法，以语言和行为及时加以肯定，帮助天天逐步建立正确的与人相处的方式。
发展建议	这次冲突在我的协调和易易的让步中得到了化解，天天应该怎样更好地与同伴相处，还需要教师在生活和游戏中对他逐步进行引导。 1. 及时交流分享：在游戏的讲评分享环节，将天天和易易的故事讲给幼儿听，引导幼儿讨论他们解决问题的办法，肯定他们积极想办法解决问题、与同伴友好相处的共同努力。 2. 丰富交往经验：提出问题，引导幼儿讨论，如："当我们想玩朋友的玩具时，可以怎么做？""可以对朋友说什么？""如果朋友不同意，怎么办？" 3. 持续拓展经验：在阅读区投放交往类绘本《敌人派》《大猪和小虫》等，读给幼儿听，帮助天天继续积累与同伴相处与交往的经验。

需要强调的是：我们既不能根据单次观察记录来评价幼儿的发展，也要努力避免以"检测"的形式来观察了解幼儿。

2. 记录的方法

观察是在多种场合（特别是在日常生活和游戏中）用充足的时间，以足够的细心，采用多种方法进行的，这意味着观察记录的形式是多样的。莎曼等人在《观察儿童·实践操作指南》（第三版）一书中列举了观察记录常用的五种形式[1]，对这些观察记录形式的综合运用、灵活运用能帮助教师客观、全面、详细、完整地了解幼儿，评估幼儿的需要，拓展幼儿的经验，促进幼儿的学习与发展。

---

[1] 莎曼，等. 观察儿童·实践操作指南：第3版[M]. 单敏月，王晓平，译. 上海：华东师范大学出版社，2008：4.

（1）叙事 / 自由描述

这是教师最常用的观察记录形式，也是最容易上手的，多用于观察一个或一群幼儿，描述周围的情境，重心是正在观察的幼儿。这类观察记录能较好地展示过程、呈现轨迹，了解到丰富、全面、细致的信息。

观察记录：小小特种兵[1]

观察时间：2018 年 5 月 10 日

观察对象：××幼儿园，大五班，猎豹组幼儿

观察环节：户外体育活动

观察记录：在户外体育活动"战旗行动"中，孩子们自由结伴，组成四个小分队闯关。猎豹组的队员们顺利闯过前两关，来到了第三关。

"看，那里也有一个信封。"一名队员发现了第二个信封。

"快，我们去把它取下来。"另外一名队员兴奋地叫起来，所有的队员都跑向挂有信封的树枝。"呀，好高呀，拿不到。""跳起来试试。"大家争先恐后地跳起来取信封，却没有成功。

"要不，我们再把竹梯搬过来试试。"（在第二关中，他们曾成功地用竹梯取下了钉在大树树干上的一个信封）几名队员搬来竹梯，却发现旁边没有可以架竹梯的地方。

"我们用沙包和纸球把它打下来，怎么样？"队员们跑去拿来了沙包和纸球，尝试用沙包和纸球打信封，可是信封挂得又高又稳，怎么都打不下来。

"还是不行，怎么办？"一名队员有点泄气。

这时，一名队员突然发现场地旁的材料摆放处有一些高矮不一的凳子，叫了起来："我们可以搭凳子上去拿呀！"

"对呀。"队员们争先恐后地跑向了凳子，合力将凳子抬了过来。两名队员站上凳子取信封，可还是取不到（见图 8.1）。这时，一名女队员说："来，让我来，我个子最高。"可依然够不着。又失败了，队员们的士气低落下来。

---

[1] 本观察记录由四川省成都市能投润嘉幼稚园向崇华老师提供。

"哎,看来拿不到,完不成任务了。"

"不,还有办法。"个子最高的女队员一路小跑,到场地旁又搬来一张小凳子,把小凳子叠放在大凳子上,队员们一下兴奋起来,"对,再搭个凳子,我们就能拿到信封了。""有点危险,我们一起帮忙把凳子稳住。"几名队员帮忙把凳子稳住,个子最高的女队员又一次站上凳子,非常轻松地取到了信封(见图8.2),孩子们欢呼起来!

图8.1

图8.2

观察分析:因为信封挂得比较高,且周围没有可以固定竹梯的物品,孩子们的"闯关"面临一系列的挑战和挫折,也引发了一系列的探索、合作、调整,让我认识到幼儿的学习无时不在。当孩子们"屡战屡败"时,我没有"及时"介入,是想多给孩子们一些探索的时间。孩子们不负期望,在面对困难和挫折时,不断想办法、找对策,在坚持和调整中最终收获了成功。

幼儿学习的过程,本质上就是探索的过程。幼儿在探索中表现出的积极主动、不怕困难、勇于坚持的品质尤其可贵。在幼儿发现问题并尝试解决问题的过程中,教师的角色非常重要:要善于观察,珍视幼儿学习与发展的机会;要"不动声色",给幼儿足够的时间去尝试;要善于激励,鼓励幼儿的试误行为，支持幼儿在探索中积累经验，体验成功。

发展建议：在讲评分享环节，可以请猎豹组的孩子们在集体面前交流他们的经验与感悟，并激励大家学习他们不怕困难、敢于尝试、勇于坚持、团结协作等良好品质。

（2）检查清单/预编码类

检查清单/预编码类用于记录一个或一群幼儿的活动，需要教师预先做好准备工作，设计相应的表格，简要记录幼儿取得的成就。需要注意的是，应尽量避免要求幼儿"按指令做"（测查），建议在日常生活和游戏中观察了解幼儿的真实水平。

实践中，有的教师用大表格动态记录并在环境中展示幼儿取得的成就，这种做法值得借鉴。这类记录不仅能清晰地呈现幼儿的已有"成就"，而且能激励幼儿奋勇争先，让记录与呈现的过程成为有力的支持、推动孩子们学习与发展的过程。

（3）时间抽样/结构化描述

它是指在整个时间段内，每隔一段时间做一次记录，观察之间的间隔及每次观察的时长，通常根据整个记录的时间安排来决定，而完整的观察记录时间通常取决于观察的主要理由。

（4）追踪/结构化描述

它是追踪一个幼儿很长一段时间，观察其去了哪里、做了些什么。追踪观察记录可以是描述性的叙述，也可以用图表将结果呈现出来。

（5）饼图和直方图/结构化描述

这是一种非常有用的记录方式，以图形来表示对群体幼儿的观察结果，主要呈现对数据的统计和分析。

以上五种常用的观察记录形式各有特点，教师需要考虑不同记录方法各自的优缺点及可能存在的偏差，在实践中灵活选用适宜的观察记录方法。

二、观察记录的写作要点与示例

正如观察不仅仅是"看"一样,观察记录也不仅仅是对视知觉结果的呈现,它是对多感官知觉结果的综合呈现,更是对思维的梳理。撰写观察记录既是对观察过程的回顾与重温,更是对教师"观察到"的、有意义的信息进行梳理与分析。

1. 基础信息应完备,关键信息需保密

观察记录的基础信息应是完整的,以便为后续的分析评价、教育建议等提供有效的依据。一般来说,一份完整的观察记录包括观察日期、开始时间、结束时间、幼儿姓名、出生日期/年龄、环境/背景、记录人、观察目的、观察目标、观察记录、结论、评价、建议等。写明观察日期,既便于对同一个幼儿或同一群体的发展水平做纵向的比较,还能准确推算被观察者的年龄,让后续的结论、评价、建议有依据;记录起止时间,能帮助教师了解幼儿对活动的投入程度、坚持性等;周边环境包括物理环境的大致情况和人员情况等,因为情境会直接影响儿童的行为方式。

观察记录:入园第一天[1]

观察对象:海海　　**幼儿年龄**:3岁6个月　　**幼儿性别**:男

观察环节:晨间活动　　**观察时间**:8:30—8:50　　**观察教师**:彭斗

观察目的:了解海海的入园适应情况。

观察目标:识别并记录海海的情绪、行为、语言等。

观察实录:海海在爷爷奶奶的陪同下来到活动室,未等老师和奶奶交流,他已跑进活动室,找到一张桌子,玩起了桌上的玩具。过了一会儿,海海又跑到另一张桌子,拿桌上的玩具玩。10多分钟时间里,海海将活动室逛了个遍,没找爷爷奶奶,也没有与其他小朋友交流。

爷爷奶奶一直在旁边看着孩子,准备走时,走到孩子身边说:"海海再见,爷爷奶奶走了啊!"海海抬头看了看,说:"我要你们陪。"于是爷爷奶

---

[1] 本观察记录由四川省成都市青白江区城厢中心幼儿园彭斗老师提供。

奶继续站在一旁看着海海玩。叶老师轻轻走到海海的爷爷奶奶身边说:"你们放心,我们会照顾好海海,有事会打电话联系。现在,你们可以离开了。"爷爷奶奶离开2分钟左右,海海抬头看了看,找了找,大声喊道:"我要奶奶。"边哭喊边跑向门口。叶老师抱起他走到玩具柜旁边,一边轻拍他的背一边说:"爷爷奶奶先回家,下午就来接海海,我们先玩玩具。看看你想玩什么新玩具?"差不多过了5分钟后,海海选了一个玩具玩起来。

分析评价

海海一进活动室,注意力就集中在玩具上。爷爷奶奶走后5分钟,他就能调整好情绪,继续玩玩具,能看出孩子喜欢玩玩具,对新环境的适应能力较强,在老师的劝慰下,情绪调整得比较快。

发展建议

1. 海海入园第一天的情绪较稳定,可能是对新环境感到新奇,喜欢幼儿园的新玩具;能听从老师的劝慰,情绪调整得较快,可能与老师亲和、宽松、接纳的态度有关。应继续观察,增进对海海的了解。

2. 海海的爷爷奶奶较依从孩子,可多与家长沟通,建议家长入园时及时道别、离园时准时接孩子、多与孩子谈谈幼儿园快乐的事。

需要说明的是,周边环境既属于基础信息,又属于关键信息,教师需要隐去场所的名称。儿童的姓名、照片等关键信息,也需要用代指或遮挡来保密。

2. 观察目的应清晰,观察目标需具体

要让记录工作变得轻松、有针对性,我们需要提前明确"为什么观察某个儿童、想发现什么"。想清楚了这两个问题,观察就有了目的和目标,观察及记录整理就能做到有的放矢、事半功倍。莎曼等人在《观察儿童·实践操作指南》（第三版）[1]一书中为我们列举出可供参考的37条"目的和目标"，可以帮助我们轻松上路。

3. 过程记录应客观，关注成就重需要

客观地记录和描述，而不是解释性、判断性的笔记，这是观察记录的要求。客观的记录指记下的是实际发生的、描述性的笔记，而非解释性或者判断性的话。[2]不加任何解释地记录儿童的言行是记录者的职责。[3]应避免"××是一个爱挑食的小朋友""××养成了饭来张口的习惯"等解释性、判断性的话语。在努力观察周围发生的诸多事件的同时，还要详细记录一切，这的确很难。此时，教师可以通过"速记"和"技术"的综合运用来突破困境。

"速记"是指使用代码、关键词、表格等方式，快速记录我们在现场的所见所闻，这就需要我们及时整理草稿，尽快将"涂鸦"补充完整，趁着所观察的情境在脑海中还十分鲜活的时候整理出来，既能避免"模糊不清"，还能帮助我们更清晰、更客观地认识现场观察到的信息，从中提取出有意义的、有价值的部分。"技术"是指适当运用拍照、录音、录像等方法，记录现场情境，这在我们练习观察的阶段以及需要借助集体智慧来分析现场的时候都独具价值。当使用饼图和直方图做记录时，则需要注意数据的准确，这样才能得出科学的结论。

我们记录的是儿童的成就，而不是他们没有做到某事。[4]观察幼儿的目的是了解幼儿，促进发展。我们知道，幼儿是积极主动的建构者，他们的发展基于自身的已有经验，这就要求我们关注幼儿的已有经验，评估其发展水平，

---

[1] 莎曼，等. 观察儿童·实践操作指南：第3版［M］. 单敏月，王晓平，译. 上海：华东师范大学出版社，2008：82-85.

[2] 李季湄，冯晓霞. 3—6岁儿童学习与发展指南解读［M］. 北京：人民教育出版社，2013.

[3] 尼尔森. 一周又一周——儿童发展记录：第3版［M］. 叶平枝，孟亭含，等译. 北京：人民教育出版社，2011.

[4] 莎曼，等. 观察儿童·实践操作指南：第3版［M］. 单敏月，王晓平，译. 上海：华东师范大学出版社，2008：5.

思考我们可以做些什么来促进其学习与发展。

观察记录：娃娃家[1]

观察时间：2018年3月13日　　　　**观察班级**：××幼儿园，小一班

观察教师：陈玉华　　　　　　　　**观察区域**：娃娃家

观察目的：娃娃家游戏中幼儿的角色意识。

观察目标：观察并记录娃娃家中幼儿的角色行为、角色语言等。

观察实录：小雨和涵涵商量好去娃娃家玩，小雨对涵涵说："你还当爸爸，我当妈妈好不好？"涵涵使劲点点头说："好，好。"

两人一前一后走进娃娃家，涵涵找到"爸爸"和"妈妈"的图卡吊牌，伸手把"妈妈"的牌子拿给小雨说："这个是妈妈的牌子，你戴，我戴爸爸的牌子。"涵涵戴好牌子，站在那儿看了看，走到小床边用两只手抱起了娃娃。他抱着娃娃来到小雨身边，把娃娃递给小雨，说："你在家带宝宝，我去上班了。"说完就走出娃娃家。刚走出娃娃家几步，他马上又返回去，大声地说："我下班了，我来看一下娃娃。""糟了，我们的娃娃好像生病了，额头好烫，是不是发烧了？"涵涵说着用手在娃娃额头上摸了一下，小雨说："哎呀！我们的宝宝发高烧了，快带他去医院吧！"

小雨把娃娃小心地抱起来，涵涵用毯子把娃娃包好。他们抱着娃娃去了"糖果医院"。

小雨抱着娃娃坐在医生旁边，医生还没开口问，小雨就对医生说："医生，快给我们的宝宝看一下吧！他发高烧了！"涵涵说："嗯，烧得可厉害了，他这会儿很难受。"医生说："让我先检查一下宝宝。"说着把听诊器拿了出来。涵涵说："医生，你把我们的宝宝吓到了，轻一点。"医生没理他，拿着听诊器在娃娃的肚子上听了听，就给他们开了药。

从医院回到家，涵涵说："我们快给他喂药吧！吃了药，宝宝的病就会好。"小雨抱着娃娃坐在桌旁，涵涵拿来药放在娃娃嘴边说："快吃吧，吃完

---

[1] 本观察记录由四川省成都市青白江区城厢中心幼儿园陈玉华老师提供。

药就好了。"喂完药还用手巾给娃娃擦嘴，然后把奶瓶拿出来递给小雨说："还要给娃娃多喝点水。"给娃娃喂完水后，小雨小心翼翼地把娃娃放在床上，轻轻地盖上毯子，让娃娃睡觉。

观察发现

1. 小雨和涵涵对娃娃家游戏很感兴趣，喜欢当娃娃家的"妈妈"和"爸爸"，能商量着分配角色。

2. 两个孩子都能将生活经验迁移到娃娃家游戏中，角色行为很丰富，如上班下班、照顾娃娃、带娃娃去医院看病、喂娃娃吃药、喂娃娃喝水等。同时，他们照顾娃娃的动作比较轻柔，有很多精细的动作，如摸娃娃的额头、给娃娃包裹好毯子等。

3. 两个孩子的语言都比较丰富，且与角色相符。

4. 此外，他们用小熊玩偶代替娃娃；涵涵主导着游戏情节的发展（上下班、去医院、提醒医生、给娃娃喂药喂水等）；小雨在角色选择、游戏伙伴挑选上表现得比较主动，积极配合涵涵发展出来的游戏情节。

发展建议

1. **材料支持**：在娃娃家增添与角色相关的生活类材料，如妈妈用的包包、丝巾、帽子，以及爸爸用的包包、领带、眼镜等，让幼儿有更多选择（取代图卡吊牌），支持幼儿拓展游戏情节。

2. **经验分享**：用拍照或录像的方式记录幼儿的游戏，在分享讲评环节播放，引导幼儿讨论交流。比如：娃娃家的爸爸、妈妈是怎样照顾宝宝的？他们哪些地方做得好？帮助幼儿丰富游戏经验。

儿童会用各种各样的个性化方式来表达他们的需要。[1]这就给我们提出了极大的挑战，需要看懂幼儿的"跌跌撞撞、扭扭捏捏"或攻击行为，听懂幼

---

[1] 莎曼，等. 观察儿童·实践操作指南：第3版［M］. 单敏月，王晓平，译. 上海：华东师范大学出版社，2008：9.

儿的"哼哼哈哈、嘀嘀咕咕"或者大笑、尖叫、哭闹、啜泣、沉默等。

走廊上，奔跑的玲玲（4岁）跌倒了，跟她一道的茜茜连忙向迎面走来的老师解释："我没有，我不小心。"倒在地上的玲玲愣了愣神，哇哇大哭。老师快步走上前去，平和地伸出双臂，蹲下身子扶起了玲玲，发现玲玲跌倒的一个重要原因是：她的鞋子穿反了。老师平静地说："没事，鞋子穿反了就会不舒服，跑起来还容易摔跤。来，我们坐到长凳上去换鞋。"跑在前面的一个小男孩也坐到了玲玲身边，"我的鞋也穿反了。"边说边忙着脱鞋。老师由衷地说："你的眼睛可真亮，一下子就发现应该把鞋换一换。"

急于辩解的茜茜、哇哇大哭的玲玲分别用语言、哭泣向老师传递自己的紧张与担心：茜茜怕被老师误会"推倒同伴"，摔倒的玲玲由最初的平静变成"哇哇大哭"，也许，她已经意识到：在走廊上奔跑的错误行为将受到除了自然惩罚（跌倒——对她来说并没什么）之外的附加惩罚（教师的批评、教训——这才是真正让她感到害怕的）。读懂幼儿的"小心思"，需要教师的宽容，需要教师理解与尊重幼儿，很多时候，大发雷霆、讲大道理并不能收到期望的"教育"效果，退一步却能收获幼儿的主动学习与发展。

4. 观察结论应科学，观察评价重发展

结论应该概括地叙述你观察到了什么，与你期待发现什么（即你的目标）相呼应。[1] 评价应该将你的发现与你的目标年龄群体应有的表现相比较。为了做比较，你须采用大家公认的信息来源……你也可以将观察的某个儿童与班级中同一年龄段的其他儿童做比较。[2]

在观察记录《入园第一天》中，我们看到，教师对海海晨间活动中的行为、语言、情绪等做了较细致的观察，从而发现：海海喜欢幼儿园的玩具，

---

[1] 莎曼，等. 观察儿童·实践操作指南：第3版[M]. 单敏月，王晓平，译. 上海：华东师范大学出版社，2008：19.

[2] 莎曼，等. 观察儿童·实践操作指南：第3版[M]. 单敏月，王晓平，译. 上海：华东师范大学出版社，2008：20.

并能在教师的劝慰下较快地调整好情绪。这些基于预设目标、针对性观察得出的结论客观、科学，具有一定的参考价值。

在观察记录《娃娃家》中，教师客观地记录了涵涵和小雨的游戏行为、语言等，从中发现两名幼儿在角色分配、角色行为、角色语言、角色交往等方面的发展现状，对涵涵善于发展游戏情节、小雨主动参与游戏且能积极回应同伴发展出来的游戏情节等做出了积极的评价。

5. 发展建议应具体，切合实际可操作

观察应当成为"成就的记录"，并针对如何取得进一步的成就提出建议。[1] 教师是观察者，更"应成为幼儿学习活动的支持者、合作者、引导者"。在观察了解幼儿的基础上，评估其发展水平，提出发展建议是观察的最终追求。这就需要我们思考：是否需要开展后续的观察，以明晰幼儿的发展到底处于何种水平？或者我们需要开展哪些活动，以促进幼儿向期望的目标迈进？这些"观察和活动计划"，即我们的"发展建议"，应该是切合实际的、具体可操作的。

观察记录：树叶的故事[2]

观察时间：2017 年 11 月 7 日

幼儿姓名：萱萱、子诺

幼儿年龄：4 岁 5 个月

观察教师：蹇璐

观察区域：美工区的"瓢虫画室"

观察目的：美工区投放了各种树叶后，孩子们的创作情况。

观察目标：观察并记录萱萱和子诺制作拓印画的能力和她们的互动性语言。

观察背景：开展了树叶系列活动后，幼儿对叶脉格外感兴趣，除了喜欢

---

[1] 莎曼，等. 观察儿童·实践操作指南：第 3 版 [M]. 单敏月，王晓平，译. 上海：华东师范大学出版社，2008：88.

[2] 本观察记录由四川省成都市青白江区城厢中心幼儿园王涛老师、蹇璐老师提供。

用纸和蜡笔印画叶脉、用水粉拓印叶脉以外,还想出了用超轻黏土拓印叶脉的办法,并对这种留住叶脉的新方法十分感兴趣,纷纷到美工区尝试。

观察过程:萱萱进入瓢虫画室后,从柜子里拿了一块超轻黏土搓圆、压扁,从篮子里拿起一片梧桐叶,和超轻黏土放在一起比了比,又用力将黏土压成与树叶一样宽,再把树叶放在黏土上用手压了压。过了一会儿,萱萱用手轻轻地去拉黏土上的树叶。她一拉,树叶就破了,黏土也被撕坏了。她愣了愣,一把将黏土揉成一团。

萱萱又拿了一片梧桐叶来试,拉的时候,树叶又破了,有的撕下来了,有的却留在了黏土上。萱萱一只手轻轻地按住黏土,另一只手将留在黏土上的树叶一点一点地抠下来。黏土上的树叶被抠完后,变得坑坑洼洼,萱萱歪着脖子,嘟着嘴小声地说:"又坏了。"

子诺扭过头看了看说:"是不是叶子太干了,干了就会坏掉的。"

萱萱听了这话,在装有树叶的筐里翻翻找找,选出一片绿色的长叶子,又开始尝试。萱萱用手捏住叶柄,轻轻地揭下树叶,这次,黏土上留下了清晰的叶脉。

萱萱笑嘻嘻地转过身对子诺说:"你看,我的叶脉印下来了,因为这一次我选了绿色新鲜的叶子。"

子诺看了看萱萱手中的树叶,又看了看自己的梧桐叶说:"你的叶子比梧桐叶厚。"两人开始仔细比对这两片叶子,你一言我一语地讨论起来。

子诺还对萱萱讲:"如果把梧桐叶贴在超轻黏土上,等到黏土干掉后把树叶拿下来,这样梧桐叶和黏土是不是都不会坏,叶脉也能留下来呢?"说完子诺便开始尝试,他将树叶贴在超轻黏土上,对我说:"寒老师,我要等到超轻黏土干掉后再拿下叶子,这样也许叶脉能留下来,超轻黏土也不会坏了。"

观察发现:萱萱能独立、有条理地在超轻黏土上尝试拓印叶脉(她先搓后压,再比对调整、完成拓印)。前两次失败的原因在于所选的树叶太干、易碎)。听到同伴的提示后,萱萱能迅速领悟,及时修正,很快取得了成功,并乐于与同伴交流分享。她调整情绪较快(第一次失败时,她直接把叶子揉掉;

第二次失败时，有一点小情绪：嘟着嘴、小声说"又坏了"），对树叶特质的认识很准确（绿色的树叶是新鲜的）。第二次的"失败"也说明她对作品的美感是有追求的。三次尝试才取得成功，表明她的坚持性、耐挫力、专注力都很不错。

子诺主动给同伴"出主意、提建议"，当同伴成功后，他能比较观察、制订新计划、展开新尝试、及时与老师沟通等，均表明他的知识经验、交往技能、创新能力都发展得比较好。

发展建议

1. 注重同伴间的经验分享。

在讲评环节，我请萱萱来分享自己的经验，萱萱说："要选新鲜的绿色叶子，把超轻黏土按平，让黏土的大小超过叶子的大小，然后再把树叶放上去，轻轻地按一按，再揭下树叶，叶脉便印了上去。"我追问："为什么要用新鲜的绿色树叶？""因为一开始我选择了梧桐叶，试了两次都坏掉了。"子诺大声地说："因为梧桐叶太干了，脆脆的，一拿就会坏掉，所以我们才用新鲜的、厚一点的叶子。"

游戏后的讲评分享能有效地引导孩子们梳理经验、解决问题。萱萱和子诺在多次尝试中发现树叶的不同特点（厚薄）和干湿程度（变薄、易碎）会影响拓印的效果。他们的交流既是个人经验的梳理与提升，又是经验的分享与拓展，能帮助更多的孩子从中获得间接经验，激发他们的探究欲。

但在本次讲评分享中，问题的发现、解决过程辐射面偏窄，未引发更多幼儿的深度参与、思考与讨论，这应该成为今后要注意的一个方面。

2. 注重跨区域的材料投放。

萱萱和子诺发现树叶的干湿、厚薄都可能影响拓印的效果，并尝试用新的做法来验证这一结论。接下来，孩子们的兴趣可能会较多地关注叶脉之外的树叶特征，这就要求我们及时跟进（包括观察与支持），如：在美工区和科学区提供多种多样的树叶，满足幼儿探索的需要；在阅读区提供相应的书籍、图册、有声电子读物等，供幼儿查阅，支持幼儿在游戏中主动建构、快乐学习。

跨区域的材料投放不仅能支持幼儿积累更丰富的经验，还能有力地支持幼儿在整合的活动中（对阅读区材料的运用可以从游戏延展到日常生活和学习中）开展整合的学习，建构整合的经验。

3. 注重互动墙的动态支持。

展示幼儿的拓印作品能激发幼儿的创作欲，呈现幼儿的新发现能激发幼儿的自主学习，因此，关于"树叶"的互动墙可以成为幼儿发表新探究、新发现、新表征的"期刊"，及时记录并展示幼儿的成功与困惑、探索与发现。

同时，继续关注子诺的新尝试。可以在互动墙记录幼儿的猜测、验证、探寻等，还可以在美工区提供一些树叶作品（树叶做的书签、拓印画、粘贴画等）供幼儿欣赏，满足他们的审美需求。

该观察记录提出了三条具体、可操作的发展建议：第一条是对讲评分享环节的反思与调整建议，后面两条是后续活动的计划，我们可以从中了解接下来可以怎么做、为什么要这样做。

第九章

教育随笔与教育反思

基于教育实践进行总结归纳、探讨思考，是幼儿教师必备的能力，也是幼儿教师专业成长的重要阶梯。在文案工作中，教育随笔与教育反思正是帮助幼儿教师形成自觉思考的习惯，提高反思技巧的有效手段。本章将帮助幼儿教师明确如何写好教育随笔与教育反思，促进幼儿教师专业能力的提升。

第一节　教育随笔

苏联教育家苏霍姆林斯基是教育随笔最早的倡导者，他在《给教师的建议》一书中提倡教师写教育日记，他认为教育日记是一种个人的随笔记录，在日常工作中就可以记。这些记录是思考和创造的源泉，是一笔巨大的财富。

一、教育随笔的内涵与特点

教育随笔是以随笔的形式，反映教师在教育实践中的经验、教训、感受、体会，或针对教育实践中的问题发表自己的意见、见解的短小文章，其价值在于对教育教学实践过程进行总结、归纳、探讨，通过随笔进行反思，逐步形成对现象或问题的认识，基于认识进一步改进实践或引发新的学习。

教育随笔的写作简捷易行，能有效地激发教师主动思考。教育随笔的写作，能让看似寻常的时刻不再"平常"，让教师的专业发展在现实的常态工作中得以实现。同时，教育随笔对一线教师提升文字驾驭能力有较大帮助，也有利于他们提高撰写科研文章的能力，在提升专业素养的同时，服务于教育教学的可持续发展与良性循环。教育随笔具有以下特点。

短小精悍，层次和结构比较简单。教育随笔一般篇幅不长，多则千字左右，少则几百字。它不用经过缜密的构思后再动笔，而是像写日记一样，兴之所至，一挥而就，把教育实践中有意义的所见、所闻、所感、所历铺展成文。教育随笔没有特定的格式和字数的要求，文章结构可以夹叙夹议或先叙后议。教师可以从利于促进自己反思的角度来安排文章的结构，可以从有利于表达自己思想的角度来组织文章的语言。

灵活多样，不拘一格。教育随笔像新闻体裁一样，有较强的时效性。教育实践中的见闻、体会、意见、看法等若不及时记录，则会稍纵即逝。教育随笔内容单纯，涉及面较小，有感而发，随时可写。教育随笔涉及的往往是在教育教学中、与幼儿的互动中、与其他教师的接触中即时发生的事件和稍纵即逝的想法，如果这些事件或想法被及时捕捉、记录下来，则有利于教师进一步思考，积累教育智慧。

形式自由。教育实践中主要有这样一些样式：教学笔记、教学后记、读书笔记、教学札记、教育教学随感录等，这些都属于教育随笔的范畴。

取材广泛，写作素材便于收集、整理和使用。对于一线幼儿教师而言，虽然不一定每一次活动都有体会和心得，但幼儿园生活丰富多彩，活动多种多样，班级幼儿在活动中的行为表现、需要等也不尽相同，只要教师做个有心人，善于发现，教学随笔的素材就会随处可得。

教育随笔也可视作教师立足实践、及时整理和记录自身感悟的教育研究方式，有利于教师挖掘实践知识，并逐步走向理性分析与思考。教育随笔产生于教师亲历的教育现场，其内容比较广泛：可以记录教师在教育教学过程中的尝试，比如活动设计的创新、运用新的方法或策略产生的效果、因偶发事件而产生的瞬间灵感、师幼互动过程中对幼儿有效地评价和指导等；也可以记录日常教育过程中发现的问题,以第三者的视角审视自身处理教育情境问题的时机是否适宜、方法是否恰当;对幼儿的想法(观点)、行为是否真正理解;对某些教育契机的捕捉是否及时、利用是否有效等。通过不同角度的思考与辨析,从而有效地选择、采取积极的教育策略,促进幼儿的发展。

下面这篇教育随笔,就是教师在游戏中偶然发现小班幼儿收放小发夹时遇到的问题,引发了持续地关注,并从小班幼儿的年龄特点、游戏需要等方面进行分析、思考,最终有效地调整了材料投放的方式。这样的随笔记录,呈现教师亲历教育现场后的所思所想,而这些思考中既有已有经验的梳理,又有对旧经验的质疑、分析、调适,从而产生新的认识性经验。

娃娃家的变化[1]

娃娃家里,"妈妈们"特别喜欢到梳妆台前为宝宝打扮、化妆。妞妞"妈妈"抱起宝宝来到梳妆台前,准备为宝宝化妆。她从小筐里挑选出一个小发夹夹在宝宝的头上,一旁的"姐姐"洋洋拍着小手说:"真漂亮!再夹一个。"不一会儿,宝宝头上夹满了各式小发夹,"妈妈"和"姐姐"满意地抱起宝宝出门了。过了一会儿,"妈妈"抱着宝宝回家。"洗澡啦。"妞妞一边说着,一边将宝宝头上的小发夹取下来,随手放在了地上,一直到游戏结束也没把小发夹放回小筐。

望着散落一地的小发夹,我开始思考:为什么有了小筐,幼儿玩后总是忘记将它们送回家?怎样才能帮助小班幼儿在游戏中逐步养成自主收拾整理的习惯呢?在接下来的几天,我更加注意观察娃娃家的幼儿如何拿取、收放这些小发夹。我发现他们为了寻找某种发夹,在小筐里翻来覆去找好几遍,要不就全部倒出来。而使用完后,常常随手一放。小发夹的投放引发了幼儿游戏的热情,并出现了更多"打扮"的情节,也为幼儿的动手操作提供了更多的机会。小班幼儿受材料的暗示性影响强,游戏中材料更换的频率也较高。教师提供盛放发夹的小筐,本意是让幼儿学习分类、有序取放材料,但娃娃

---

[1] 本文案由四川省成都市金苹果新蒙特梭利幼稚园刘佳老师提供。

家中很多物品都是用小筐装的，幼儿很容易混淆，而发夹这种材料体积较小、数量多，在收放时往往更容易被幼儿忽略。另外，混装在一起的发夹也不便于他们观察、使用。因此，小发夹随意丢弃的现象就会频频发生。

小班幼儿喜欢动手操作，发夹正是锻炼幼儿小肌肉灵活性的好材料。一番讨论后，我舍弃了小筐，还原生活中的场景——将发夹夹在布条上（见图9.1）。游戏时，幼儿很容易从布条上选取心仪的发夹，放回去也变得容易多了，而且取放之间，捏取不同发夹的动作自然地锻炼了幼儿的小手肌肉。乐乐高兴地告诉我："刘老师，我把发夹送回家啦！"

图9.1

对幼儿而言，游戏和生活是密不可分的。即使是小小材料的收放，融入生活真实的情景，从利于幼儿游戏和发展的角度去调整，就能为他们在游戏中运用和发挥材料的价值提供机会和条件，不断提高幼儿的游戏水平。想到这里，我不禁笑了……

二、教育随笔的写作要点与示例

要想写好教育随笔，幼儿教师需要有一双善于发现的眼睛，有一个乐于思考的大脑，养成爱阅读、勤动笔的习惯。当教师抱着敏感、真诚的态度观察生活、审视工作时，很容易就会发现教育生活中令人感动、值得思考的细节，写出有真情实感的教育随笔。教师可以在口袋里装一个小笔记本，及时记录精彩的事件和思考的收获；可以用手机随时拍下一个个令人感动的场景和画面。对于发现的教育细节、领悟的教育智慧和阅读的收获等，要及时记录下来，因为灵感稍纵即逝、不可重现。对已经记录的想法，需要及时进行整理，通过对事件的梳理指向对教育现状的关注，如果间隔时间过长，当时的真切感受就会消失。

1. 标题拟定，明确简练

标题是文章的眼睛，是对所描述事件和阐述道理的高度概括，好的标题能够引起读者的兴趣，使读者产生共鸣。任何文章都要重视标题的拟定，教育随笔也不例外。教育随笔的标题除了简洁鲜明外，还要生动、有趣、传神、富有吸引力。教育随笔的标题拟定可以有以下几种方式。

中心式。将教育随笔的中心内容归纳出来作为题目，这个中心通常是作者议论的主要观点，例如《幸福从接纳开始》《孩子，我希望你哭出来》《向孩子"示弱"》。

事件式。以文中所写的主要事例（事件）作为标题，这也是教师通常使用的标题命名方式，例如《由"黑痣"引发的探究》《开心航班的故事》《向日葵搬家了》。

提问式。以问题作为标题，直接指向文章的主题，例如《我该介入吗？》《怎样让蜗牛盒变干净？》《没有"比萨"怎么办？》。

名言名句式。引用恰当的名言、俚语、俗语等做标题。有时可以反其意而用之，有时也可改动个别字词，例如《爱的教育》《听了我会忘记，做了我会记住》《学为人师，身为示范》。

2. 观点提炼，聚焦问题

提炼观点的价值在于透过现象看本质，发现其中的规律、经验，是从感性认识到理性认识的过程。虽然教育随笔是有感而发，但也应该形成观点或对问题的思考。文章立意的高低，反映出教师对问题思考的深浅，也决定着教育随笔的价值。教师要从某些习以为常的现象中挖掘出新意，让人看后耳目一新；教师要具有良好的洞察事物的能力，筛选出有价值的典型事件。

例如，在下面这篇教育随笔中，教师发现女儿在游戏和生活中对待"饼干被弄错了"这一情况表现出截然相反的态度，关注到幼儿解决问题能力发展的影响因素，并借助生活情境的经验推进游戏，让幼儿通过迁移运用经验来解决问题。这样的视角反映出教师对幼儿在生活、游戏中学习的敏锐捕捉能力，借助专业理论书籍，教师也在实践中，更好地厘清了对问题的认识与解决思路。

当"妈妈"遇上"老师"[1]

本学期我和女儿班上的 Bella 老师一起做关于角色游戏的小专题研究，因此到女儿班上的时间会多一些。老师和妈妈的"双重身份"不仅增加了我和女儿共处的时间，还给我带来了意外的惊喜。

一天，女儿在小兔饼干屋扮演客人，她点了巧克力饼干，服务员端来的却是草莓饼干。女儿没有提出异议，吃得津津有味。放学回家的路上，我问女儿："今天玩游戏，你点了巧克力饼干，可服务员端给你的是草莓饼干，你怎么不告诉她端错了呢？"女儿说："没事的，草莓饼干也很好吃啊！"

看来是我有些"斤斤计较"了，对于一个4岁的孩子来说，她在做假想游戏，在抽象的世界分辨是非有一定的困难，如果发生在真实的生活中呢？她还会这样"宽宏大量"吗？

于是，我抱着试一试的态度带女儿去了超市，我问她今天想吃什么？她说要吃小熊饼干。我问她想吃什么味道？她说巧克力味道。我顺手拿了一盒牛奶味道的小熊饼干带着她去结账。从超市出来，女儿一看不是巧克力味道的饼干，开始发起脾气来："明明我要的是巧克力味道的饼干，怎么变成牛奶味道的了？妈妈，你怎么搞的。"我说："没关系，牛奶味的也很好吃，你不是刚刚说了吗？没事的，草莓饼干也很好吃啊。"女儿两手叉腰、噘着嘴说："那个饼干又不是吃的，这个是我要吃的，我要去换一包。"

《儿童怎样解决问题》一书中提道：在幻想情景中，儿童缺少现实经验，没有评价事实准确性的尺度。因此也就没有任何凭借从逻辑中做出有歧义的推论。而在熟悉的情景中，逻辑效度常常会与事实准确性发生冲突。女儿两种不同的表现正说明了这一点，在游戏时，她没有将自己生活中真实的体验带入游戏中，也就没有意识到端错饼干是有问题的，可在现实生活中却觉得拿错饼干是大错特错。

---

[1] 本文案由四川省成都市金苹果蓝谷地幼稚园蒋琳老师提供。

我的内心开始纠结，我应该引导女儿把现实生活的"较真"迁移到游戏中，还是引导她将游戏中的"大度"迁移到现实生活中呢？

我把事情发生的始末告诉了 Bella 老师，经过一番讨论后，我们一致认为不能把经验强加给孩子，需要寻找恰当的时机。过了几天，Bella 老师告诉我饼干店的客人越来越少。我们随机询问了几位小客人："你为什么不去买饼干了呢？"亮亮说："我去饼干店，服务员不理我。"若曦说："我对服务员说吃饼干，她非要给我端蛋糕。"努力说："去吃饼干要等很久，服务员都不理我，我就自己去拿饼干吃。"

在游戏中与幼儿同行，应包含正确的解读与有效的回应。如果幼儿在游戏中已经出现问题，阻碍了游戏的推进，那么教师应该适当地进行引导。我们现在要做的是：把真实体验带入游戏中，孩子才会意识到这是一个问题。

Bella 老师和班上另外一名老师将这样的情景再现出来，引导幼儿说出情景中自己的真实感受，引导幼儿发现问题，讨论怎样才不会弄错客人的餐点。于是，小兔饼干屋出现了点餐单和服务员的记录单，客人又开始络绎不绝了。

和很多同事一样，我既是教师，也是家长。作为教师，我们在不断地学习解读、分析幼儿在不同活动中的行为表现；作为家长，我们更近距离地观察孩子在生活中的点点滴滴。两种身份的重合，让我们得以更好地将教育和育儿结合起来，从中获得更多有益的启迪。

3. 叙议结合，以小见大

叙议结合是教育随笔最常用的写作手法。如果只描述事件经过而不阐述自己的观点、看法，教育随笔就会流于肤浅；如果只阐述理论而没有事例支撑，教育随笔就会过于空洞。因此，教育随笔中的叙事与议论要做到有机结合，可以先叙后议，也可以先议后叙，还可以叙议交替。叙事要尽量用生动、简洁的语言描述清楚。议论则应针对事件、感受进行深层次分析，不泛泛而谈。同时，教育随笔因篇幅较小，不宜展示复杂的事件和探讨深奥的问题，要抓住事件中的精彩之处和重点环节来写，以小见大，避免蜻蜓点水、面面俱到。

4. 感情真挚，笔法丰富

教育随笔不同于计划、总结等应用文体，是基于教育生活中真实事件的反应和提炼，因此，教育随笔的写作应该反映真实事件和真实情感，不能随意编造，通过自己感情的渗透与流露引起读者的共鸣。与此同时，撰写教育随笔不是记录工作的流水账，应该能够吸引别人去阅读，因此，教师要掌握一定的写作技巧，越是带有文学色彩的教育随笔，越能引起读者的阅读兴趣，也越能提升自己的写作水平。比如，运用倒叙、插叙等叙事方式，运用比喻、夸张、拟人等修辞手法以及细节描写、心理描写等描写手法。优秀教师撰写的教育随笔往往充分体现出这一特点，教师可以在日常多阅读、学习，不断提高自己撰写教育随笔的能力。

5. 不断反思总结

撰写教育随笔的过程是教师与自己心灵进行对话的过程，是一种反思性实践。教师的专业发展依赖自我反思，或者说反思是教师专业发展的决定性因素，它能帮助教师更好地将经验和理论联系起来，从而更加有效地磨炼、提高自己的专业技能。在撰写教育随笔的过程中，教师可以思考自己的教育实践，对自己的决策、行动和结果进行审视和分析，省察自己行为背后的理念，这些感悟、心得体会不仅有利于个人提升，也为后续的教育教学工作、研究打下了良好的基础。在教育随笔的写作过程中，教师也要注意不断总结关于写作的经验，积极改进存在的问题和不足，注重文章的遣词造句、结构安排，用文字"讲述"生动的教育故事。学习在教育生活中收集、整理素材，让教育生活变得更加丰富多彩。

第二节　教育反思

反思是指个人对自己的行为以及由此产生的结果进行剖析、解读的过程，其本质是一种理论和实践之间的沟通，反映一个人对身心状况的认知。反思不仅包括引起思维的怀疑、困惑及心智上的困顿，还包括寻找和探索的活动，找到解决疑难、处理困惑的方法。教育反思，即教师自觉地以自己的教育实践为思考对象，对自己的行动、做出的决策以及由此产生的结果进行审视、分析和总结。[1]

一、教育反思的内涵与特点

教育反思是一种有益的思维活动和再学习方式，是教师借助行动研究，不断探究与解决自身和教学目的以及教学工具等方面的问题，将"学会教学"与"学会学习"统一起来，努力提升教学实践的合理性，使自己成为学者型教师的过程[2]。每一位教师（特别是优秀教师）的成长都离不开反思。如果教师仅仅满足于获得经验，而不对经验进行深入的思考，那么，即使是有"20年的教学经验，可能也只是一年工作的20次重复；除非……善于从经验反思中吸取教益，否则就不可能有什么改进"。我国著名心理学家林崇德教授也提出"优秀教师＝教学过程＋反思"的成长模式。叶澜教授说："一个教师写一辈子教案难以成为名师，但如果写三年反思则有可能成为名师。"

教育反思对教师、学生乃至教育整体都具有重要的意义。教育反思可以为教师改进教学方法、提升专业素养奠定基础[3]。在这一过程中，教师不断探寻适合幼儿发展的教学方法与教育方式，以有效的教育行为支持并促进幼儿的成长与发展。教师和幼儿是教育的两大主体，教师素养的提升和幼儿发展水平的提升，自然而然地会促进教育的整体发展。

依据国内外较为权威的分类法，教育反思可以分为以下类别。

教学反思。教师针对自身在教学活动中的行为和幼儿的行为进行的反思。依据教学反思进行的时间，将教学反思分为教学前反思、教学中反思、教学

---

[1] 李铁安. 中小学教师如何开展教育反思［OL］. https://www.tceic.com/l572kij028kg81i758l578lk.html.
[2] 熊川武. 论反思性教学［J］. 教育研究, 2002（7）.
[3] 刘忠喜. 反思教学模式与教师专业化评价体系的构建［J］. 教育教学论坛, 2015（26）.

后反思。美国学者舍恩教授也将其称为行动前反思、行动中反思、行动后反思。美国教育学家布鲁巴赫等从时间维度上把教学反思分为三类：为实践反思、实践中反思、对实践的反思。虽然表述存在细微的差异，但其具体内涵基本一致。

主题式反思[1]。教师围绕某一教育主题进行思考的过程，教师通过反思，对这一主题下的多方面问题均有系统、全面的反思和了解。

随笔式反思。这类反思往往较为具体，教师可以不受主题、问题的限制，随时记下自己的思考与感想，做出反思。上一节讲述的教育随笔即为此类教育反思。

案例式反思。一般在较为系统的问题框架下进行，需要思考诸如问题情境、问题发生原因、问题解决对策等一系列问题。

马克斯·范梅南认为，一位优秀教师的最基本素质在于："职业使命感，对儿童的喜爱和关心，高度的责任感，道义上的直觉能力，自我批评的开放性，智慧的成熟性，对儿童主体性的机智的敏感性，阐释的智力，对儿童需求的教育学的理解力，与儿童相处时处理突发事件的果断性，探求世界奥秘的激情，坚定的道德观，对世界的某种洞察力，面对危急时刻乐观向上，最后，幽默和朝气蓬勃也很重要。"[2]

教师最基本素养的描述实际上也指出，教师全部的教育行为和教育智慧在于，教师作为学生成长的引导者，要关心和喜爱儿童，理解儿童的身心发展特点和需要，遵守《儿童权利公约》中的儿童利益原则，展开所有与儿童有关的实践活动，敏感地意识到儿童的意见和观点，尊重儿童的尊严，自觉地实施促进儿童发展的教育行为，时刻反省自身教育行为的适切性、正当性、伦理性以及教育性，真正促进儿童的健康成长与发展。因此，教师的教育反思是以幼儿的健康成长和发展得以体现和反观的。教师通过教育反思记录经

---

[1] 石华灵. 教学反思概述、影响因素与策略［J］. 教学与管理，2017（33）.
[2] 范梅南. 教学机智——教育智慧的意蕴［M］. 李树英，译. 北京：教育科学出版社，2015.

验，为其进行教育科学研究提供原始积累和素材，并成为教师成长的有形证明。由此可见，教育反思具有以下三个特征。

（1）实践性

这是反思的背景。教育反思是在具体的实践操作中的一种行动性反思，是教师在行动中面对问题，重新思考已经进行的教育教学工作之后产生新的结果，形成新的行动模式。它是对实践的反思，在实践中反思，为实践而反思。在日常教育教学工作中，教师遇到的各种教育教学事件，是教师进行教育反思的素材，教师得以从自己的教育实践出发，从事实出发，进行事实性、情境性、过程性研究。

（2）内省性

无论是何种反思，它总是指向过去，是对自己已经做的决策及其结果进行的解剖分析、反观和思考。反思立足于自我以外所做的多视角、多层次的思考，是教师自觉意识和能力的体现。教师开展教育反思，是一种意在改进教育行为而进行的反省、思考和探索。它从教育教学实践中发现的问题出发，通过不断分析、解决问题，将普遍性的理论知识内化为自己的知识、经验、理论，实现自身实践能力的提高。

（3）研究性

反思不是一般意义上的个人"回忆"，而是一种教育科学研究的态度，为解决教育教学实践过程中存在的问题；是教师将教学、学习和研究结合起来，努力提升教育教学实践的合理性过程，具有研究的性质。教师基于对优质教育的追求，以自身经历的教育活动为对象，以自己为研究工具，对自身行为、决策、结果进行审视和分析。

二、教育反思的写作要点与示例

教育反思是一种批判性思维活动，而把这些思维活动记录下来，则可视为一种写作文体。作为一种研究方式，它运用简便，可贯穿教育教学过程的始终；作为一种研究成果的表达形式，它写法灵活，可成为教师成长发展的忠实记录和反映。

1. 教育反思的步骤

发现问题。教师关注教育教学中的特定问题，并从环境、课程设计、师幼互动等方面收集相关资料。收集资料的方法包括自述与回忆、他人的参与性观察、角色扮演、逸事记录、各种观察表、访谈，也可以借助音像资料等。

分析问题。教师分析所掌握的资料，特别是关于自己教育教学活动的信息。教师要以批判的眼光审视自己的思想、行为，其中还包括自己的信念、价值观、态度、情感和技巧方法等，以形成对问题的表征，明确问题的根源所在。这里，教师可以利用自我提问来帮助理解问题，也可以通过合作的方式（相互观察和分析）来进行。

确立假设。明确问题以后，教师开始在已有的知识结构中（或通过请教专家和同行、阅读专业书籍、网上搜索文献资料等途径）搜寻与当前问题相关的信息，以建立解决问题的假设性方案。这种寻找信息的活动是自我定向式的，它所产生的研究结果有助于教师形成新的、富有创造性的解决办法。

验证假设。预设不同行动的效果后，教师就开始实施解决问题的方案。在检验的过程中，教师会遇到新的问题、新的经验。当这种行动过程再次被观察和分析时，就开始了新一轮的反思循环，形成一种螺旋式的上升形态。[1]

2. 教育反思的写作要点与示例

（1）教育反思应从自己的心灵获取真切的感受

教师在从事了一项教育教学活动后，通过撰写"教育反思笔记"的方式真切地记录下自己的感受和思考，其中包括活动的成功之处，如引发师生互动的有效方式、对问题的准确预设或根据幼儿表现的灵活调整、环节设计的巧妙等；活动中的不足，如活动组织是否利于幼儿的自主学习、解决问题的方式是否恰当等；以及针对问题找到的解决办法或新的思路，这样才能为今后的教学活动积累深层次、有价值的经验。通过不断探索、总结，提高活动

---

[1] 李铁安．中小学教师如何开展教育反思［OL］．https://www.tceic.com/l572kij028kg81i758l578lk.html．

质量和自身的专业能力。

例如，下面的文案中，从教师对中班数学学习活动进行的反思可以发现，教师的教学设计围绕幼儿量的比较核心经验，采取不同方式，帮助幼儿在确定属性特征的基础上进行比较，严谨而科学。教师在反思过程中，从对幼儿学习效果（目标达成）的分析、材料对幼儿学习的支持、问题策略的运用等方面展开，梳理了活动设计与组织的有效经验。同时，针对自身教学过程中行为的反思，分析了可以调整、优化的策略，为后续数学活动的开展和促进幼儿思维的发展积累了有意义的经验。

"让谁先吃好呢"教育反思[1]

在执教中班数学活动"让谁先吃好呢"的过程中，形成了以下思考。

1. 活动以故事情节贯穿始终，有效地调动了幼儿主动参与的积极性。通过观察、比较、操作、验证，多数幼儿能按照动物的不同特征进行排序，发现了不同特征、不同顺序的排序会产生不同的结果。寻找并贴近幼儿学习"最近发展区"，让他们在玩中建构数学经验和思维方式，是活动设计需要坚持的。

2. 让材料成为幼儿学习的"支架"。PPT中的动态吊床、操作卡都让幼儿直观感受动物的轻重，发现吊床到地面的距离与动物体重之间的关系，为后面的排序做好经验上的准备。

3. 问题是激发幼儿思考的关键。例如，怎么可以让排在最后的动物排到第一？这样的问题引导幼儿运用已有经验，通过观察、操作、比较、总结形成新的数学经验。

4. 数学活动中要多提供表达的机会。幼儿的数学学习不仅依赖操作，还可以通过语言表达反映思维的过程。今天我有意识地引导幼儿用自己的语言描述操作、思考的过程，及时发现幼儿的理解，让我的回应更有针对性。

5. 时间的分配还可以更优化。按照高矮排序，多数幼儿都有一定的基

---

[1] 本文案由四川省成都市金苹果新蒙特梭利幼稚园鄢晓燕老师提供。

础，节奏可以加快一点，多留点时间给幼儿，让他们在难点部分进行操作和思考。

6. 当幼儿表述得不够清楚时，教师急于进行补充，没有给幼儿留出足够的思考时间。今后可以帮助幼儿找到重点，然后让幼儿再重复一次，让其有整理思路的机会。

（2）教育反思应关注从幼儿那里获取的反馈信息

通过幼儿，教师可以更好地理解教育教学活动的价值；通过幼儿，教师可以摒弃自己的许多"主观假定"；通过幼儿，教师会把教育实践过程当作一项研究来对待，从而切实改进自己的行为。总之，通过幼儿，能够帮助教师改变自己针对幼儿和未来学习者的行动，帮助教师更好地把重要的学习内容和幼儿的需要与关注联系起来。

《河水引发的争吵》教育反思[1]

背景：在幼稚园"建筑艺术展"观展过程中，孩子们对迪士尼城堡、埃菲尔铁塔、埃及金字塔、水立方等建筑的造型、色彩和功能产生了浓厚的兴趣。经过投票，孩子们决定要搭建城堡。"我想修尖尖屋顶的城堡。""我想修高城墙。""还有铁索大门。"……"这么多不同意见，应该怎么办呢？"我问孩子们。最终孩子们一致决定分组修建自己想搭的城堡。对同一个搭建主题进行小组探究，无疑是发展孩子们合作能力的良好契机。

案例：河水不应该这样摆

城堡里的"桥"修好了，闪电队的孩子们对于"怎么用蓝色雪花片摆成'河水'"的问题产生了分歧，开始争吵起来。几个孩子说："河水不应该这样摆，这样像路灯一样。""随便撒一些在地上就变成河水了。"辰辰说："河水也可以这样摆的！我就要这样摆。""不能这样。""我就要。"……眼看争吵即将升级，我的脚步不自觉地向前迈进，同时也在思考着要不要介入引导。这

---

[1] 本文案由四川省成都市金苹果万科魅力之城幼稚园洪莉老师提供。

时添添走过来对我说："辰辰不听大家的，非要一个接一个地摆。我们是没有办法了。"

当添添向我表达他已经没有办法时，我知道他已经在努力沟通解决矛盾，但没有成功。我想，孩子向我求助，我应该给予他一些支持。但怎样的支持既能够推动问题的解决，又能够让孩子们建立解决问题的新经验呢？另外，辰辰为什么要这样摆河水呢？我想，还是应该听听他的想法。于是，我对添添说："他为什么要这样摆，你问过他了吗？""那我问问他吧。"于是，添添走向辰辰，开始进行沟通。

我的思考：在建构游戏中，我们常常会发现幼儿的合作会因为意见不同而产生分歧，这些分歧有时可能导致合作的中断或终止。因为在和同伴合作搭建的过程中，他们需要进行沟通与协调，但有时候他们的已有经验不足以支撑对问题的解决。这时老师的支持尤为重要。我想，在这个游戏场景中，我应该给予幼儿一种指引——指引幼儿思考解决问题的方法。因此，我运用了问题引导策略，意在关注冲突点，引发新的沟通。我的角色也从观察者转变为支持者，用提问的方式帮助幼儿寻找方法、厘清思路，引发幼儿积极的沟通。

上面这个案例式反思从建构游戏中产生，教师对案例进行了不同角度的解读与思考，发现事件中幼儿矛盾冲突背后对于幼儿学习和发展的意义、价值，因而没有像过去一样，把幼儿分开，帮助他们协调解决，而是通过引导沟通、表达想法、问题指引等方式，支持幼儿通过自身的努力去协商解决问题。

（3）重视同伴的客观评价和建议

当一个人遇到问题和困惑时，需要来自同伴的交流与对话，因为同伴间不仅拥有共同的话语空间，他们也是有益的观察者和评价者，可以相互学习，获得更多有价值的思想碰撞。因此，幼儿教师可以多聆听同伴的评价和建议。

(4)从专家、学者、名师那里获得启发和指导

为了保持理性思考,教师需要聆听来自各个方面的声音,需要有令人耳目一新的阐释和视角来刺激和激励自己。书籍和文章可以为教师提供看待熟悉事物的多种角度。通过阅读、聆听专家讲座、观看名师教学实况录像等,教师可以就实践问题和自己感兴趣的问题,与书本和专家进行"对话",对实践问题产生新的思考和认识。

"吾日三省吾身",思之则活,思活则深,思深则透,思透则新,思新则进!如果教师能坚持反思自己的教育教学行为,就可以对隐藏在行为背后的理念获得规律性认识,从而提高自己的研究意识和能力。虽然教育反思始于某一现象或问题,但不只是就事论事,而是让教师逐渐养成"发现问题—提出问题—探究问题—讨论问题"的思维习惯,将批判的意识迁移到日常具体的工作中,并通过反思形成对问题的看法,提升教育教学实践水平和理性思维的能力。[1]

---

[1] 李铁安. 中小学教师如何开展教育反思[OL].https://www.tceic.com/l572kij028kg81i758l578lk.html.

第十章

家长工作类文案

家长是幼儿的第一任教师，承担着幼儿早期教育的重要职责。幼儿园作为专门的教育机构，不仅要为幼儿的发展提供优质的教育环境，也是开展家长教育、进行家园沟通的最为便利、高效的组织。如今，幼儿园与家庭、社区的合作共育已成为教育改革的趋势。幼儿园家长工作是幼儿园管理的重要内容之一，同时，它也是幼儿教师日常工作中重要的一部分。写好家长工作类文案可以为有目的、有计划、高效地开展家长工作奠定坚实的基础。

第一节 家长会方案

幼儿园家长会是幼儿园教师和家长围绕特定目标开展的、面对面的、以口头形式为主的群体性活动，是家园合作的主要形式之一，它在家园合作中具有特殊的价值和重要地位。那么，在日常实践工作中，如何根据实际需要灵活地设计各种类别的家长会，科学有效地撰写家长会方案呢？

一、家长会的类别与组织形式

家长会有多种类别，按照组织主体来分，通常有幼儿园家长会和班级家长会；按照内容来分，常见的有专题内容家长会和班级工作内容家长会。除此之外，家长会有多种组织形式，如介绍型家长会、讲座型家长会、座谈沙龙型家长会、体验参与型家长会、单独约谈型家长会等。每种形式各有其目的和特色。

介绍型家长会。由幼儿园或班级教师向家长介绍园所、班级活动的家长会，如幼儿园大型活动前的动员家长会、新生家长面试工作布置会、班级教师介绍班级情况和学期工作的家长会等。

讲座型家长会。一种比较常见的传统形式的家长会，旨在普及幼儿教育、家庭教育的基本知识和方法、策略，提升家长的教育观念、育儿能力。如小班家长怎样面对幼儿分离焦虑；中班家长怎样培养幼儿良好的行为习惯；大班家长怎样和幼儿一起做好入学准备工作；除此之外，还有幼儿行为解读、幼儿学习特点与方法介绍等内容的家长会。

座谈沙龙型家长会。常常针对家长关注的育儿方面的困惑，或家园共育方面的共性问题，抑或幼儿学习生活中的共性问题等召开的家长会。座谈沙龙型家长会较其他形式的家长会多了一些对话与互动交流。家长会之前，教师需收集家长的问题及案例，并对问题和案例进行梳理和归类。围绕一个或几个话题，引发家长讨论、分享经验和想法，通过主持人总结、提炼形成共识。

体验参与型家长会。这种形式的家长会通常为了让家长心态放松地进入会议角色，进一步活跃现场气氛。在体验参与型家长会中，引导家长身临其境地参与组织者精心设计的每个流程。通过游戏、操作、体验、分享感悟、交流来让家长反思自己的教育观念和教育行为，进而做出改变。这类家长会避免了教师或者园长的枯燥说教、家长呆板被动的局限。

单独约谈型家长会。这种形式的家长会通常适合在个别家长提出自己在教育过程中的困惑或家园共育过程中遇到重要问题时进行。教师根据实际需要与一个家庭预约。家长根据预约时间到园所开会，当面与教师进行一对一的有针对性的交流。这样的家长会参与对象有家庭成员，也可以让幼儿一起参加。幼儿园方面由幼儿所在班级的教师参加，必要时可邀请园方领导参加。单独约谈型家长会时间相对比较短，内容更有针对性，同时可以确保幼儿和家庭的隐私得到尊重和保护。

如果家长会的形式一成不变，势必会让家长觉得枯燥没有新意，影响家长参会的积极性，更会影响家长会的效果。教师可以根据不同的家长会内容和主题，选择适宜的家长会形式，让家长会更加多元化。但不管什么形式的家长会，教师一定要避免搞"一言堂"，需要让家长积极参与其中。

二、家长会方案的内涵与特点

家长会方案是运用书面语言表述家长会活动安排、过程实施的文案。一份完整的家长会方案应清楚地表达清楚"为什么做、做什么、怎么做"三个方面的问题。家长会方案包括活动主题、活动目标、活动地点、活动准备、家长通知、活动过程等方面内容。

与其他类别的文案比较起来，家长会方案涵盖的内容较为宽泛，但有其自身的特点，具体表现为以下几点。

1. 方案内容的思想性和方法性

家长会方案是与家长工作管理思想、理念、方法紧密相连的。古人云："文以载道。"就家长会方案而言，方案自身是"文"，既是形式又是载体。而方案中渗透的思想及所提供的方法是"道"，是内容和实质。缺乏思想性和方法性的方案是空洞的。因此，家长会方案不仅要追求形式上的规范性，更要在内容上体现深刻的思想、先进的方法。通过科学、规范的方案设计和实施，让家长从中收获科学的育儿方法。

2. 方案内容的实践性和可操作性

家长会是幼儿园比较重视的会议，但它毕竟不是随便聊聊天，是为了更好地引领家长参与、了解幼儿园工作，与家长进行沟通交流，让家长感受到教师的真诚与敬业。因此，教师需要紧紧围绕幼儿教育工作、家园共育等方面的实践问题，拟定活动主题，厘清活动目标、活动流程及活动重点，避免疏漏会议环节，为开展具体工作提供行动指南。

3. 方案撰写者的情境性和主体性

家长会方案的撰写既不是无缘无故的，也不是随心所欲的。每一份家长会方案都是以特定活动为背景，并为圆满完成特定的工作任务服务的。家长会方案将撰写者置于特定的工作情境之中。方案撰写者需事先了解园所文化、家长群体的特点和需求以及本次家长会的目标、任务、要求、实现途径等。在撰写过程中，撰写者还必须身临其境，搜集大量的一手材料，如实际生活的案例、问题等，而不能置身事外。

家长会实际上是一个达成共识、形成合力的渠道。教师与家长之间、领导与班级教师之间、班主任与班级其他教师之间，都需要充分地沟通和商议。因此，在撰写家长会方案的过程中，撰写者要充分发挥其主体作用，在广泛调查以及搜集各种信息、意见与建议的基础上，充分运用自己的专业知识、工作经验和写作能力。撰写者的主体意识、思维方式、文字表达能力等对于呈现家长会方案起着重要的作用。

三、家长会方案的写作要点与示例

在书写家长会方案时，撰写者要积极构思，拟定恰当的主题，并根据会议目标广泛收集相关信息、数据、典型案例，全面考虑、科学设计家长会活动流程，确保家长会内容的有效性和价值。那么，我们需要从哪些方面把握家长会方案的写作要点呢？

1. 主题定位精准直接

选好了一个好的主题并不意味着它有了恰当的陈述。在撰写家长会方案时，需要反复推敲主题名称，注意选择明确、具体的语言来表达。一个主题名称应能够反应活动的主要信息，可根据内容的侧重点突出主要内容。由此，不同类型的家长会其活动主题表述不同。通常单独约谈型家长会不一定要严格拟定主题名称，只需标注"与××家长约谈方案"即可。讲座型家长会、介绍型家长会的主题名称可直接以讲座专题的名称或家长会介绍的内容为题。

体验参与型家长会和座谈沙龙型家长会的主题名称常有两种结构模式：一种为"年龄班＋会议目的"，如小班体验参与型家长会主题——"小一班我们是一家人"；另一种为"年龄班＋研讨问题"，如大班座谈沙龙型家长会主题——"大一班如何做好入学准备主题家长会"。

2. 目标阐述清晰明确

撰写家长会方案时，第一步应思考并明确本次家长会的目标，即想清楚召开这次会议想要达成什么目标。目标定位一方面要结合班级实际及会议预想，不能定得太高，也不能定得太低；另一方面要引领所有内容，也就是说目标要和其后的活动过程的所有环节相关联。在日常实践中，教师很容易忽视这一点，经常出现目标表述含混不清、缺乏条理、过于笼统宽泛等问题，以致会议内容背离初衷，达不到预先设想的效果，没有真正发挥家长会的作用。

××幼儿园小班家长会

活动目标：

（1）创设温馨宽松的环境，引导家长积极参与班级会议。

（2）引领家长通过参与会议，不断更新育儿理念，携手促进幼儿的身心健康发展，搭建合作的桥梁。

上述活动目标过于宽泛，几乎适合所有家长会，我们很难从目标中了解到本次家长会的意图和预期的结果。在阐述目标时，教师应着眼于教师或者幼儿园行为目标的表述，如"引导家长……介绍……"等。其中，行为动词应清晰地描述家长的行为，并且能够预期家长通过活动能形成的、可观察的、可测量的具体行为或态度。行为条件则应表述为在怎样的条件、时间、背景等情况下产生的家长的预期行为。

修改后的活动目标如下。

活动目标：

（1）通过班级家长会，引导家长进一步了解本学期的目标、活动安排。

（2）介绍幼儿课程及一日生活环节，使家长达成共识，积极配合实施家庭教育。

（3）引导家长积极互动，畅所欲言，分享、领悟教育经验。

3. 活动准备考虑全面精细

家长会准备应尽可能地考虑周全，包括场地布置、软硬件设施设备、通知发放等。我们可用图示方式描述场地布置，直观形象地呈现座位、设施及物品摆放的方式。通知的拟定要清晰、温馨、体贴，不要用生硬的、命令式的口吻。要让家长一看就知晓家长会的活动名称、活动主题、活动时间、活动地点、注意事项（温馨提示）、回执等方面的内容。尤其值得一提的是，要准确地写明会议的时间，具体到年月日时，清楚地描述地点，为家长提供清晰的参会信息。通常来说，可以以邀请函或通知的文体呈现，亦可结合现代信息技术手段，制作图文并茂的电子邀请函或通知。

2017年上学期小班家长会邀请函[1]

尊敬的家长朋友：

您好！

"家长是孩子的第一任教师"，而幼儿园教育又是孩子成长的启蒙阶段。家长参与幼儿园教育的情况，对幼儿的发展起着重要作用。为了增进家园联系，促进孩子更好地成长，特召开本次家长会，具体内容安排如下。

活动名称：小一班体验式家长会

活动主题：爱与陪伴

活动时间：2017年4月14日（周四）19:00—20:40

活动地点：小一班教室

为了确保有效沟通，请家长配合做好以下几点。

1. 请至少提前10分钟到达会场、签到。

2. 请自觉维护现场秩序，不要大声喧哗，手机调到震动或静音状态。

3. 为了保证家长会顺利进行，请您不要带孩子前来参加。

---

[1] 本文案由湖南省长沙市雨花区第三幼儿园唐凯老师提供。

"体验式家长会"活动回执

请家长填好后沿虚线剪下,于4月7日(周四)早上交班主任李老师处:

班级	幼儿姓名	家长签名	是否参加	参加人数

4. 过程突出流程和细节

家长会方案多采用提纲形式呈现会议流程。在呈现流程时,一般到三级标题(详见以下样式)即可。每级标题都要单独成行,表述时不必详细陈述,只需用一句简明扼要的话概括本流程的重点内容即可。另外,还可标注起讫时间,或者在一旁附上对应的PPT课件图片,以便开家长会时参考。此外,各级标题要与目标匹配呼应,标题之间要紧密联系、承上启下,体现层次性、条理性和逻辑性。

```
标题级别样式:
一、……………………一级标题
(一)……………………二级标题
1. ……………………三级标题
(1)……………………四级标题
①……………………五级标题
```

大班上学期"良好的习惯陪伴我们"家长会流程提纲[1]

会议时间:2018年4月21日下午19:00—21:30

会议地点:幼儿园教学楼三楼多功能厅

---

[1] 本文案由湖南省长沙市水利厅幼儿园黄花老师提供。

会议准备：

1. 会场布置：班级家长分成四个小组，桌椅摆成 4 个环形，桌上摆放水果、茶点。会场四周张贴成功人士的图片。

2. 计算机多媒体、话筒 3 个、大白纸 8 张、黑色油性笔 8 支、会议纸质资料若干。

3. 邀请家长义工到班级共商会议内容，参与会务准备。

4. 拟定通知及回执单，发放给班级家长，通知家长参加会议。

会议分工：主班老师组织开班会，商讨细节，做好分工。班主任主持家长会；副班老师制作、播放 PPT，准备大班名单，助教老师负责签到、分发幼儿档案封面和小组讨论用纸，现场拍照；保育老师负责水果摆放。

会议流程：

1. 会前观看上学期班级活动剪影。

2. 认识新朋友。

3. 游戏"船长和娘娘"。

4. 回顾七个习惯。

5. 小组话题讨论。

6. 家长齐读《家园哲章》。

7. 欣赏故事《悟出来的道理》。

家长会是一个展示教师风采的窗口，通过它进一步展现教师的知识水平、师德、为人、气质等。因此，教师除了要做好充分的准备之外，还要反复推敲，精心设计流程细节。尤其是开场白、过渡语及结束语，教师需要精心准备一段简洁且专业的书面语言。开场白设计需交代清楚参会人员、会议目的、会议基本结构等内容，还需对家长支持幼儿园工作表示感谢。过渡语起着承上启下的作用，通常可先用简短的语言概括上一环节的重点，再根据其后环节内容、设计问题或事例引出下一环节。结束语设计则可从家长参与情况、教师感受及愿景、活动内容梳理、下次活动安排等方面阐述。

值得注意的是，开场白和结束语不宜过长，最好控制在 300 字以内。此外，教师还需事先查阅相关专业资料，反复推敲一些关键概念、核心问题、参与互动要求，避免在会议中因表述错误或表达含混不清造成歧义，给家长留下不好的印象。另外，教师在撰写会议流程时，有必要对环节内容预设与临场应变策略方法加以描述。比如，要想在会议过程中设计一些参与体验小游戏，教师就要充分考虑家长群体的特点（年龄、学历、认知水平）、家长的参与感受等，有针对性地描述游戏的具体玩法、规则和要求，以及游戏中突发情况的处理。

开场白设计：亲爱的家长们，感谢孩子让我们成为相亲相爱的一家人。我是班主任 × 老师，站在我身旁的是我们班的副班主任 × 老师和 × 老师，请允许我代表全体老师欢迎你们，感谢你们在百忙中抽出宝贵的时间参加今晚的家长会。我想今天我们都是为了一个目标而来，即如何更好地读懂孩子，支持孩子更好地发展。我们愿与大家一起携手同行，相互合作、分享交流。我们真诚地邀请大家参与接下来的活动。

过渡语设计 1：亲爱的家长，我们总是很忙，大部分时间把孩子交给家中的老人和保姆，自己极少有时间陪伴孩子和欣赏孩子成长的点滴变化。作为老师和母亲，我非常理解您的心情。但是，孩子在每个时期都有自己的独特习性，过了这个时期便不再有了。因此，我们邀请您一起观赏《我们能拥有孩子多少年》，希望它能对您有所触动。

过渡语设计 2：我非常喜欢这个故事，它不仅鞭策着我为孩子们创设良好的学习环境，还鼓舞着我珍惜与孩子们相处的每一分钟。想必各位家长也或多或少有一些感触，有谁愿意分享此刻的感想呢？（如果没有家长主动分享，老师可以提示："作为家长，我们都希望孩子乐于表达自己的想法。那么，您是不是也愿意为孩子做好榜样，让孩子受到潜移默化的影响呢？"）

结束语设计：亲爱的家长们，因为您的用心和努力，孩子们会发展得越来越好！让我们珍惜和孩子在一起的每一天，尊重孩子，为他们来日自由地飞翔做好准备。衷心感谢你们的参与，接下来希望得到你们一如既往的支持、参与和帮助。今天的家长会到此结束，需要与我们进一步交流的家长请留步。再次感谢大家，并祝各位晚安！

5. 总结反思及时到位

为了帮助教师更好地写好家长会文案，幼儿园可以利用教研组，开展相关主题的教研活动，群策群力形成园本特色家长会活动方案。另外，教师也应及时做好家长会活动实录，详细地总结和反思，为下次文案写作提供参考。在总结反思的过程中，可对会议流程、基本情况、会议效果、家长建议、典型经验、存在问题、内容形式、改进措施等方面进行分析、梳理和描述。

"如何开好家长会"系列教研方案[1]

（2018年3月—2018年4月）

【研讨目的】

1. 根据本班实际情况及家长的需求，认真筛选家长会的内容，选择合适的家长会形式，提高家长会的质量。

2. 引导教师交流、讨论有关家长会的困惑，在自我反思、同伴互助、专业引领中解决存在的问题。

3. 通过各种形式的学习，提高家庭教育指导的意识与水平，增强家长工作的有效性。

【研讨形式】

案例+研讨+学习

【实施过程】

第一阶段：准备家长会，自我学习

1. 查找资料，自我学习：明确家长会的重要性；理解家长会组织的好坏对幼儿园、教师的影响；了解家长会的多种形式。

2. 各班教师撰写家长会方案。

---

[1] 本文案由湖南省长沙市湖南大学幼儿园张思雁老师提供。

3. 教师互相交流学习方案，提出建议，修改方案。

第二阶段：观摩家长会，集中研讨

研讨时间：2018 年 4 月 11 日

研讨地点：南校区幼儿园会议室

研讨形式：案例研讨

研讨准备：摄像机、手机（拍照），收集有关"家长会"的文字资料；每位班主任撰写本班的家长会发言稿。

研讨过程：

一、讨论整个研讨方案（10 分钟左右）

1. 开场白：各位老师，下午好！家长工作是我们一直在做、一直想做好却一直存在困惑的一项工作，为了使家长工作开展得更加有效，我们特策划了此次研讨活动。

2. 了解各位教师对教研方案的熟悉情况，并听取教师的意见。

二、研讨如何开好家长会（80 分钟左右）

（一）开场白

家长会是我们每个学期都要开展的一项重要工作，是较为集中的一次家长工作，相信每位老师都希望自己班级的家长会开得成功，那么如何开得成功？这正是我们今天需要同伴互助、共同探讨的。

仲老师把家长会的组织过程贡献出来，让大家观摩研讨，为了开好这次家长会，仲老师做了认真的准备，查阅了许多资料，发言稿改了又改，让我们为仲老师的勇气和自信鼓掌，并向仲老师表示感谢！

（二）针对案例进行研讨

1. 自我反思：家长会组织者 × 老师。

请 × 老师针对家长会进行自我反思，谈谈自己的一些体会。

2. 同伴互助：各位教师发表自己的看法。

（1）个别活动，自由发言。

看了仲老师组织的家长会，相信每位教师心里都有些感受与想法，请大家说出来，我们一起探讨。

（2）小组讨论，代表发言。

探讨问题一：家长会的形式有哪些？

探讨问题二：如何让家长"活"起来、"动"起来，吸引家长主动参与，而不是被动接受？

探讨问题三：组织家长会应注意哪些问题？

3. 推荐学习相关资料。

如：家长沙龙——新式家长会；互动式家长会——有效互动的平台；如何开好互动式家长会；家长会的突破；讨论式家长会；家长会活动的结构模式。

4. 同伴互助：按年龄班分组进行交流，讨论自己将如何开家长会，相互提建议。

5. 园长进行专业引领。

6. 本次研讨小结。

第三阶段：召开家长会，相互评议

1. 各园各班级分别召开家长会。

2. 为每位旁听家长会的教师发放《家长会评议表》(见表10.1)。

3. 每位班主任自选班级，至少参加两个班级的家长会，其中必须参加一个平行班的家长会。

第四阶段：反思家长会，再次研讨

研讨时间：2018年4月30日

研讨地点：南校区幼儿园会议室

研讨形式：分组讨论＋集中交流

研讨准备：

1. 参加研讨的教师旁听过其他教师组织的家长会，并填写好《家长会评议表》。

2. 各位教师及教研活动组织者分别收集有关"家长会"的文字资料。

3. 分组讨论的组织者做好组织讨论的准备。

4. 每位家长会组织者写出自己对家长会的反思。

研讨过程如下。

一、分组交流

1. 将参加研讨的教师按照年级分成4个组：

大班年级组：组织者×××　　中班年级组：组织者×××

小班年级组：组织者×××　　托班年级组：组织者×××

2. 分组交流：

问题一：你参加了哪几个班的家长会？分别有什么收获？你认为有什么需要注意或改进的地方？

问题二：通过组织这次家长会，你还有哪些困惑？

问题三：你查找了哪些有关家长会的资料，哪些资料值得推广？

二、集中研讨

1. 反馈问题一的交流内容。各组发言代表把本组的意见归纳整理后反馈给每位教师。好的经验大家要共同学习，有待改进的地方大家要引起注意。

2. 交流问题二的困惑。各组提出最主要的困惑，逐个问题进行探讨，各位教师发表自己的看法。

3. 推广问题三的学习资料。每组发言代表把值得向大家推荐的资料简要地说给大家听，并说说自己学习后的体会。

三、专业引领

四、小结活动

1. 对本次发言积极的教师、查找资料多的教师、家长会开展得较为成功的教师进行鼓励。

2. 指出本次活动中存在的问题，并提出希望。

3. 交代延伸内容：再次学习。

将教师推荐的、值得学习的资料进行整理，复印后发给每位班主任，请各位教师自行学习。

表 10.1 家长会评议表

班级	幼儿园　　　班	会议主持	
时间		地点	
应到家长		实到家长		到会率	

项目	评议
家长会的形式 （是否合适）	
时间的把握 （时间分配是否合理、是否留有时间给家长发言）	
内容的选择 （重点是否突出、详略是否得当）	
教师的组织能力 （是否能及时将家长引入主题、有效引导家长讨论）	
会场的调控能力 （是否能激发家长参与的积极性）	
教师的专业素质 （素质是否高，哪些地方能体现）	
教师的语言 （表达是否完整、流畅、准确、清晰）	
教师的形象 （态度、穿着打扮等是否合适）	
通过参加本次家长会，您的收获是：	

填表人：_____　　　　　　　　　　　　____年____月____日

中二班家长会小结与反思[1]

2018年4月19日上午，我班召开了题为"再忙也要当个好爸爸"主题家长会，根据《3—6岁儿童学习与发展指南》的精神和以往家长会的现状，我对本次班级家长会进行了创新。本次家长会重点为引导父亲参与孩子教育，让父亲了解其育儿角色的不可替代性以及参与孩子教育的重要性。下面从以下几个方面进行小结与反思。

一、内容的选择

1. 主题的确立。

本主题来源于对爸爸参与教育孩子现状的观察。

（1）忙，没时间陪伴。

（2）有时间陪伴，但陪伴质量不高。

（3）有个别做得好的家长，可以借由家长会分享育儿经验。

2. 内容的选择。

正是由于家长陪伴孩子的过程存在这些问题，因此在本次家长会中我们重点解决这几个问题。家长会讨论的问题也是围绕这几点展开的：工作很忙时如何陪伴孩子、如何高效陪伴孩子等。

3. 问题的设置。

罗秀娟老师曾经召开过同主题的家长会，虽然我没有参加，但她分享了一套完整的资料，给了我很大的启发。于是，我在思考：如何在现有的基础上进一步创新和提高，如何结合本班的实际情况进行有针对性的讨论。所以我反复修改家长会发言稿，对于问卷中的每一个小问题都反复斟酌，比如如何凸显爸爸在幼儿教育中的优势等，因此问卷中的问题都是爸爸可以做到的，且爸爸参与可以做得更好。

---

[1] 本文案由湖南省长沙市湖南大学幼儿园曾慧芸老师提供。

二、形式的确立

1. 让孩子、妈妈发声。

爸爸家长会当然要以爸爸为主体，但我们并不是把爸爸放在一个对立面，批判爸爸平时在幼儿教育中的缺失与不足，而是引导爸爸如何在幼儿教育中做得更好。但仅仅从教师的角度提出，说服力肯定是不够的。因此，本次家长会运用了大量视频，有效地发挥了孩子、妈妈的评价作用，摒弃了教师一言堂的形式。

2. 在自评中反思。

家长会设置了现场问卷调查这一环节，让爸爸们先进行自评，再开展他评（孩子、妈妈），这样的评价不仅全面，而且更真实、更透彻。

3. 多样化的形式。

视听说的结合、自由发言与小组讨论的结合、自评与他评的结合，这种多样化的形式很好地活跃了家长会的气氛，也不会给家长造成太大的压力。

三、层次的推进

暖心的开头与结尾，中间穿插反思，避免了让爸爸们觉得尴尬。问题的设置也体现了层层递进——先认识到爸爸参与教育孩子的重要性，再到爸爸如何参与孩子的教育，让爸爸们在讨论中发现问题、解决问题。

四、细节的处理

1. PPT背景图和背景音乐都紧扣"当个好爸爸"这一主题。

2. 无论是视频还是PPT，都兼顾到了所有孩子的亮相。

五、团队的合作

虽然今天是我一个人组织家长会，但背后付出的远不止我一个人，还有我们中二班的全体教师，特别是两位青年教师承担了制作视频和PPT的重任。在此感谢班级教师的支持，感谢园领导对我们班家长会的关注与指导。

第二节 家长开放日方案

《幼儿园工作规程》指出,"幼儿园应当建立家长开放日制度。"当前,幼儿园家长开放日已受到普遍重视,已成为幼儿园和家长有效沟通的方式之一,同时也是幼儿园要做好的一项重要的常规工作。在幼儿园工作中,什么属于家长开放日的范畴?家长开放日主要有哪些类型?幼儿园教师应怎样撰写家长开放日方案呢?

一、家长开放日的类别与组织形式

家长开放日是指幼儿园定期或不定期地邀请家长来园参观,了解幼儿在园的生活、学习、游戏状态及教师保教工作的一种家园沟通形式。此类活动能直观、自然地向家长展示幼儿园的教育理念、方法和策略,让家长在观摩、体验、参与中感受幼儿园教师的专业和用心,并逐步引导家长理解、掌握早期教育的理念和策略;也有助于家长进一步了解幼儿的学习态度、行为、习惯及发展水平,增进家长与教师之间的交流、了解和合作。幼儿园可根据园所或班级家长工作的需求,酌情安排开放日频次。幼儿园家长开放日通常有每月一次开放、学期末开放、节日开放等。

在幼儿园工作中,常见的家长开放日有两种形式:一种是单独以主题内容为主的开放活动形式,还有一种是将家长开放活动渗透、安排在其他家长活动中。根据活动内容来分,家长开放日有以下几种类型。

半日生活类家长开放日。家长把幼儿送到幼儿园后,十分关注幼儿在园的一日生活,也充满好奇。俗话说"百闻不如一见",因此幼儿园或班级可根据家长工作的需要,定期向家长展示幼儿在幼儿园的生活情况,让家长真正感受到幼儿在集体生活中"长大了"。

亲子参与类家长开放日。为了更好地激发家长和幼儿一起参与体验幼儿园活动,幼儿园经常组织以亲子游艺、亲子运动会、手工制作、集体采摘

为主题的家长开放日活动，引导家长在共同参与中增进亲子感情，提升教育策略。

节日庆祝类家长开放日。每年的主要节日，都是幼儿园举办家长开放日活动的良好时机。这类家长开放日主要是引导家长参与节日庆祝活动，与幼儿共同感受节日的气氛，了解传统节日的来历，教师可随机开展节日教育。

课程展示类家长开放日。虽然幼儿所掌握的知识并不复杂，但很多家长的教育方法、教育评价方式较为单一，选择教育内容时往往有些盲目。教师可以通过课程展示类家长开放日活动，向家长展示幼儿园的课程内容、组织方式，让家长进一步了解幼儿园教育教学内容，学习科学的教学方法，并充分展示教师专业的教学风采。

二、家长开放日方案的内涵与特点

家长开放日方案，是指撰写者为完整表述家长开放日的活动背景、活动目标、活动准备、活动过程及方法而写作的方案。家长开放日方案与日常保教计划或教研活动方案既有相同之处，也有不同之处，教师需要精心设计。

1. 方案主题形式多样，内容覆盖面广

在实际工作中，教师不能仅仅因为幼儿园的家长工作要求而被动设计方案，而要根据幼儿园班级家长工作开展所需及家长的需求主动构思、设计家长开放日活动方案。方案的主题与内容需与学期保教工作进程、幼儿发展状况及家庭教育指导思路相匹配。因此，家长开放日的主题绝不是一成不变的，而是成系列、有步骤地推进的。教师在确定家长开放日的具体活动主题后，应在活动方案设计中有机融合多种形式，比如观察记录评价、亲子手工、游戏、表演、展示等。其组织形式应不拘泥于集体活动形式，可增设小组、个别自主形式。小组、自由活动更能展现幼儿在自然状态下的习惯、个性与能力，有助于家长全面了解孩子的真实面貌。

一次家长开放日活动就是一次展示、沟通和交流的机会。因此，无论设计哪一种类型的家长开放日活动方案，教师都要尽可能考虑到内容覆盖面要广。家长通过参与开放日活动过程，可直观地了解幼儿日常在幼儿园的学习，了解幼儿在生活中的态度、行为、习惯等，便于教师广泛、集中地收集家长的意见和建议，促进家长与班级、幼儿园相互了解和沟通。

2. 方案流程实用、有趣，体现专业指导

为了确保开放日当天活动的实施效果，教师在构思和撰写开放日方案的过程中，要重视活动设计的实用性与趣味性，忌流水清单式地简单呈现流程，让开放日方案成为应付任务的无用文稿。一份好的家长开放日方案能清晰地呈现具体的流程、细节等。比如，家长开放日总会受到天气、场地等诸多不可控因素的影响，教师可在方案中详细陈述此类问题的现场应对预案。这样一来，可以克服或避免其他因素对活动实施造成负面的影响。除此之外，方案流程要体现活动的实用性与趣味性相结合，比如，大班家长开放日设计了一个亲子瑜伽活动。新鲜的亲子运动不仅能吸引幼儿的活动兴趣，而且能充分调动家长的参与热情。更深远的意义是，对于日常工作繁忙的家长来说，这种活动为他们提供了静下来、放慢脚步、用心倾听幼儿的机会。

除此之外，家长开放日方案还应体现专业指导。目前幼儿园家长开放日活动虽然很丰富，家长参与度很高，但缺乏规划性和专业指导。无论是开放日活动前的准备，还是开放日活动设计，都应有意识地将幼儿的发展特点、学前教育基础知识与理念传达、渗透其中。引导家长从专业的角度深层次地理解开放日活动的初衷，客观、科学地评价开放日活动，让家长体会到有形的教育。

三、家长开放日方案的写作要点与示例

一套完整的家长开放日方案应该包括活动目标、活动准备、活动过程、活动延伸等几个部分。教师在写作过程中，务必把握好以下几个要点。

1. 目标导引，体现"三位一体"

活动目标对活动开展、家长深度参与起着指导作用。不同时期、不同形式的开放日活动，有不同的目标和侧重点。教师应立足幼儿园的教育目标，

结合本班家长工作的开展需求、幼儿的发展现状及当下教育热点问题等，思考开放日活动的侧重点。然后，根据家长开放日活动的侧重点和活动目的，思考本次活动希望达到的具体目标。

在撰写活动目标时，教师需注意两个方面：第一，不要将目标仅仅锁定在幼儿发展方面。家长开放日活动不同于幼儿园教育教学活动。幼儿园教育教学活动直接指向幼儿的身心和谐发展，而家长开放日活动面向的是幼儿和家长。它一方面承担了促进幼儿健康发展的任务，另一方面承担了改善家长的认识与育儿理念的任务。同时，教师通过设计方案、组织活动，能提升自己的专业素养和能力。因此，在撰写活动目标时，应将"三位一体"理念融入其中，从幼儿、家长和教师三方面的成长、提升效果方面展开。

第二，目标应具体化、可衡量。比如：在集体活动时，幼儿能认真专注、积极思考和大胆表达；在游戏时，幼儿能积极主动地投入其中。这种目标设定从表面上看是开放日的行动指南，实质上是让家长明确，在学前阶段，游戏是幼儿主要的学习方式。幼儿习得的是全面发展的基础能力，而非知识的学习能力。这样，对家长也是一种专业指导。

亲子参与类家长开放日方案的活动目标

活动目标：

（1）积极与家长交流，向家长宣传新的教育观、儿童观，让家长了解孩子在园的生活学习情况和幼儿园的教育工作。

（2）增进亲子间的情感，激发幼儿、家长参与游艺活动的兴趣和热情，感受节日的氛围，体验节日的快乐。

（3）幼儿积极参与活动，并能在成人面前大胆地表现自己。

迎新年主题家长开放日方案的活动目标

活动目标：

（1）幼儿在活动中了解当地过新年的习俗，并敢于在集体面前大胆展示自己，提高自信心和成就感。

（2）家长积极参与节日庆祝活动，了解并记录孩子在活动中的参与状况，发现孩子的特长和个性特点；进一步了解并理解班级教师工作，增强家园共育意识。

（3）通过开放日活动，塑造教师的专业形象，提升教师设计、组织活动的能力，锻炼教师的临场应变能力和表达能力。

2. 准备精细，凸显"统筹规划"

教师需要从活动前的人员准备、资源准备、经验准备三方面进行阐述。家长开放日是一项综合活动，教师应统筹规划，通盘考虑活动参与的人员，充分调动家长志愿者和家长委员会人员参与制定方案。在描述人员准备时，可建立活动准备工作的权责、分工图表，具体将任务落实到个人，权责分工清晰明确，避免重复性工作与劳动力浪费；在资源准备方面，需要交代场地安排、相关物质准备（道具、设备设施、文稿材料、活动辅材、通知、签到表、反馈表等）；在经验准备方面，需要详细阐述幼儿、家长参与活动前需要了解的相关事项或学习内容。当然，教师也可以根据时间节点，分阶段罗列相关准备内容。

亲子马拉松主题家长开放日方案的活动准备[1]

组名	负责人	主要成员	承担工作
决策领导组	×××	×××	活动的整体决策与领导；颁奖。
活动项目组	×××	×××	项目策划；各准备阶段的管理督促和落实监督。
服务护航组	×××	×××	负责每个服务点的观察工作和路线指引。
场地联络组	×××	×××	负责联系场地（上午进行马拉松时间段需要进行车辆和人员管制）。

---

[1] 本文案由湖南省人民政府直属机关第三幼儿院彭思仪老师提供。

（续表）

组名	负责人	主要成员	承担工作
宣传组	×××	×××	活动通知；家长告知书；微信报道；宣传制作；赛场布置。
医务组	×××	×××	负责全程突发事件的处理工作；每个人负责一个年级组。
后勤保障组	×××	×××	后勤服务与保障；奖品奖牌筹备；终点奖品发放场地布置；材料购买；场地运动员喝水；现场安全；印章等。
裁判组	×××	各班班长	在终点线上进行人员登记；按照班级幼儿先后顺序进行名次登记。
摄影摄像	×××	×××	现场活动拍照、摄像。
音响设备组	×××	×××	起点音响设备和终点音响设备。
活动横幅，航吊及加油站，路线牌印刷	×××	×××	活动横幅；航吊及加油站；路线牌印刷。
运动员号码布及运动员文化衫，志愿者文化衫定制	×××	×××	负责购买制作幼儿运动号码布；运动员文化衫和志愿者文化衫定制。
卡通玩偶服租借	×××	体育组老师	负责租借卡通玩偶服。
沿途加油站，分叉路指示，活动场地，路标布置	家长委员会	家长志愿者	沿途指示路线；加油站食物饮水传递；活动场地的路标布置。
场地踩点，路线确定	×××	体育组老师	场地踩点；路线确定。
烈士公园场地联系协调	×××	×××	烈士公园场地联系协调。
礼物购买	×××	×××	元旦及马拉松奖品购买。
奖牌定制	×××	×××	金牌、银牌的定制。
气球订购	×××	体育组老师	气球订购，运送至比赛场地。

（一）前期准备

1. 宣传准备：各班提前召开家长动员会，向家长介绍活动时间和流程，公布亲子马拉松的规则及要求，家长和幼儿可以提前去马拉松比赛场地进行练习。家长志愿者报名。

2. 前往马拉松比赛场地进行路程图的绘制（起点、终点）和服务点踩点（水和急救包）。

3. 马拉松起点和终点集合规划。

4. 家长志愿服制作。

5. 音响、话筒、音乐的准备。

（二）中期准备

1. 马拉松比赛环境布置，项目材料准备。

2. 主持人串词练习。

3. 奖品组负责将奖品归类包装。

4. 保障组负责将保温桶和急救包按照服务点顺序编号包装。

5. 裁判组负责熟悉终点运动员登记流程。

6. 教师会议，熟悉活动流程。

（三）当日准备

1. 活动场地（起点、终点）的布置、服务点准备及安全检查。（横幅、各班场地划分）

2. 各班教师引导家长进行赏识教育，在活动中理解自己孩子的表现，相信自己的孩子是最棒的，为孩子加油助威，积极肯定孩子的表现；别的家长和孩子比赛时也要热烈鼓掌加油；提示孩子要遵守游戏规则。做到友谊第一、比赛第二。

3. 提示参赛人员遵守会场秩序，不丢垃圾，不到处走动，照相或录像的家长不影响正常比赛。

（四）班级老师活动前期准备

1. 幼儿名单统计表制作：幼儿姓名＋幼儿签到＋幼儿运动编号＋运动名次。

2. 班旗。

3. 签字笔。

4. 大班班长负责：小运动员发言词和家长发言词。

5. 大班黄子睿家庭：家长委员会会长带大家一起宣誓。

6. 各班班长准备新年祝福纸条，全班练习比赛口号，分发食物、号码牌及比赛服装。

表 10.2　幼儿园半日活动家长观察记录表[1]

日期：		班级：	
幼儿姓名：		家长姓名：	
观察的项目		评价	
1. 您的孩子在活动过程中与教师积极互动、主动参与。【学习方式、倾听意识】		是（　）	否（　）
2. 对比本次活动目标，您的孩子有所收获。【发展目标】		是（　）	否（　）
3. 在蒙氏教具操作过程中，您的孩子能独立完成一个工作，得到收获。【学习方式、发展目标】		是（　）	否（　）
4. 您的孩子解便能在成人帮助或者提醒下将衣服整理到位。【自理能力】		是（　）	否（　）
5. 您的孩子能排队等待如厕。【行为习惯】		是（　）	否（　）
6. 您的孩子能主动取放喝水杯。【自我服务】		是（　）	否（　）
7. 您的孩子能在要求时间内完成喝水。【时间观念】		是（　）	否（　）
8. 您的孩子在教师的指导下外出或下楼过程中能排队有序行走。【安全意识】		是（　）	否（　）
9. 教师组织餐前趣味性游戏，减少孩子的等待时间。【适宜环境】		是（　）	否（　）
10. 您的孩子能用正确的方法搬椅子并遵循教师的指令分组上位。		是（　）	否（　）
11. 您的孩子伴随轻音乐愉悦进餐，并能主动或者在提醒下保持桌面干净。【适宜环境、爱惜粮食】		是（　）	否（　）
12. 您的孩子在餐后能主动或在提醒下分类送碗、擦嘴并将椅子归位。【卫生习惯、行为习惯】		是（　）	否（　）
请写下您对孩子的关注点，班级教师了解后会为您的孩子制定更有针对性的教育措施。			

[1] 本表由湖南省长沙市雨花区教育局第二幼儿园刘媛卓老师提供。

家长半日开放活动通知[1]

尊敬的家长朋友：

您好！

孩子在幼儿园的成长离不开您的密切配合与支持。为了您更好地了解孩子在幼儿园的学习、生活情况，使您完整地体验一次幼儿园的班级工作，进一步了解我园的办园理念、课程特色、教育教学过程，促进家园共育，本周我们将开放温馨快乐的半日活动。相信在活动中，您一定会被孩子的快乐感染，会为孩子的表现而喝彩。我们盛情邀请您的参与，期待与您共同分享孩子的快乐！具体时间敬请关注本班通知。

注意事项：

1. 在家里告诉孩子，开放日那天您会到幼儿园，一起参加幼儿园的活动，并鼓励他（她）要独立表现。

2. 在老师组织集体活动时，请尊重老师的建议。如果活动建议家长共同参与，请予以配合；如果活动建议孩子独立完成，请相信您的孩子。

3. 在活动中，每个孩子完成的情况不一样，请家长不要着急，每个孩子都有他（她）的优势，每个孩子都会用他（她）自己的方式理解与表达。只要他（她）积极参与，就是最好的表现，就一定能获得发展。

4. 为了不影响孩子的学习和活动，请将您的手机调为震动，在活动中不要随意走动、交谈，以免影响孩子。

5. 这次半日活动机会难得，希望爸爸妈妈们能亲自参加。

6. 活动前，我们将发给您活动反馈表，活动结束后请将反馈表交给本班老师。

您的到来是您孩子的荣幸，也是我们的荣幸！感谢您的支持！

---

[1] 本文案由湖南省长沙市国防科技大学第四附属幼儿园蹇婷老师提供。

2018 年上学期小五班家长开放日活动签到表

序号	活动主题及时间	第一次开放		第二次开放		第三次开放		第四次开放	
		幼儿姓名	家长姓名	幼儿姓名	家长姓名	幼儿姓名	家长姓名	幼儿姓名	家长姓名
1									
2									

（备注：将全学期家长开放日签到情况统计在一张表格上，能清楚地反映家长参与活动的情况。同时，也能反映班级家长开放日活动的进程。）

3. 过程清晰，明晰"行动指南"

在家长开放日活动中，合理、正确地定位教师和家长角色很重要。在撰写家长开放日方案时，教师要注意设计其角色行为方式和内容。教师既是引导者，又是观察者和组织者，一方面要引导家长在开放日活动中掌握观察幼儿、观察环境、观摩活动的方法，参与活动。另一方面，还应按照活动预设组织推进活动，并根据现场所需，观察并及时调整组织策略。同时，家长在活动中既是参与者又是评价者，需通过亲身参与活动，更加全面地了解幼儿的发展现状和教师的工作特点，学习并尝试科学的评价方法。

因此，在阐述活动过程时，务必要标注各个环节的时间、地点及负责人，写明具体的工作内容和要求，交代清楚每个环节中教师、幼儿、家长要做什么、怎么做。另外，还要在个别环节写清楚不同情境下的应变措施。总之，教师要注意环节自然流畅、步步深入，环节之间衔接紧凑，避免内容重复或表述不清晰。

亲子参与类家长开放日方案的活动过程[1]

1. 教师向家长交代具体的活动安排及要求。
2. 具体活动流程：

---

[1] 本文案由湖南省长沙市雨花区教育局第五幼儿园周源老师提供。

8:00—8:10 入园及晨间活动：看书、玩桌面玩具

要求：
1. 老师热情接待幼儿，师生、同伴相互问好。
2. 检查幼儿的服装，特别是鞋带是否系好。
3. 教育幼儿友好玩玩具、相互谦让。看图书时要一页一页地翻着看，边看边讲。

8:10—8:50 早餐

要求：
1. 餐前组织幼儿洗干净小手。
2. 教育幼儿安静进餐，帮助吃饭慢的幼儿进餐。
3. 爱惜粮食，保持桌面干净，将掉的饭粒放入盘中。
4. 将碗、筷轻轻放入篮子里，擦干净嘴。

9:00—9:20 早操活动

要求：
1. 在老师的带领下认真做好两套操，动作尽量正确。
2. 排好队伍，不相互碰撞，注意安全。
3. 轻拿轻放哑铃。

9:25—9:50 语言活动：滑稽的脚先生

【活动目标】
1. 感受脚先生走路时的滑稽有趣，体验与同伴演一演、说一说的乐趣。
2. 在猜猜、做做、说说中学习、理解儿歌内容（活动重点）。
3. 能看图谱大胆、完整地表达儿歌内容（活动难点）。
【活动准备】
图画 PPT；图谱 PPT。
【活动过程】
1. 出示图画 PPT，引导幼儿看图标，尝试探索用脚的不同部位走路。
（1）指导语：孩子们，今天我们一起来看看图片上分别标示了脚的什么地方？（幼儿观察图片说一说。）
（2）引导幼儿看图标、学一学，尝试探索用脚的不同部位走路。
（3）教师再次讲述故事，要求幼儿听清楚小动物们的对话。
小结：原来小动物们都跟丁丁说了一句同样的话：我有角，丁丁也长角啦！

2. 出示电子白板，通过猜图游戏进一步学习故事。

老师只讲故事的开头，然后请两位小朋友通过猜图游戏，将黄牛、绵羊请出来并学说动物和丁丁的对话；最后一个梅花鹿，由老师用手指触摸白板请出来，激发幼儿的学习兴趣。

要求：第一，先看看是什么动物，但是不要说出来。第二，要把这个动物的声音和动作表现出来，让小朋友猜！第三，要学说动物和丁丁的对话。

3. 情景游戏，鼓励幼儿分角色进行故事表演。

（1）自选角色：请幼儿自主选择一个自己喜欢的角色头饰戴在头上，和同伴打招呼。

（2）分组表演：在老师讲述完之后，幼儿根据角色和老师合作表演游戏，学说故事中的对话。

（3）点评游戏后，请一个幼儿扮演丁丁，和朋友们再次游戏。

4. 拓展提问，鼓励幼儿继续发散思维。

还有什么动物也像它们一样有两个尖尖的角？我们回家后再找爸爸妈妈、找好朋友玩一玩、说一说吧！

9:55—10:15　吃点心、喝豆浆

要求：
1. 安静吃点心，保持桌面干净。
2. 提醒幼儿不要把豆浆弄洒了。
3. 将杯子、盘子轻轻放入篮子里。

10:20—10:45　科学活动：小小服装设计师

【活动目标】
1. 复习几种几何图形（圆形、半圆形、梯形、三角形、长方形）。
2. 学习将服装进行分类，能按规律进行排序。
3. 大胆想象，动手操作，并愿意在集体面前表达自己的想法。

【活动准备】
各种几何图形卡片（圆形、半圆形、梯形、三角形、长方形）、胶水、棉签、白纸每人一份。

【活动过程】
一、故事导入，激发兴趣

教师讲述故事《图形宝宝来聚会》，并引导幼儿说出图形宝宝分别变成了什么。

二、寻找规律，进行排序

1. 教师出示图形，如：一个三角形、两个圆形……幼儿说出自己的发现。

2. 幼儿用图形卡片排出有规律的毛巾、花边、领带……
三、想象探究，设计服装
1. 请幼儿和家长一起用各种图形拼衣服，看看谁的衣服设计得漂亮。（提供的材料应该丰富，如四季服装材料。）
2. 幼儿边思考边动手操作。（可以小组合作，也可以请教家长。）
3. 服装展览会。将幼儿设计的衣服展示出来。
4. 请幼儿把自己设计的衣服按照性别或分季节进行分类。

10:50—11:15　亲子游戏：螃蟹运球

【活动目标】
1. 加强手臂肌肉力量。
2. 提高协调能力，培养合作游戏的能力。

【活动准备】
1. 活动场地：走廊、起点与终点的记号。
2. 纸球若干、筐子5个、皮球4个。

【活动过程】
游戏一的玩法：
1. 家长和幼儿面对面站立，幼儿与家长相距3米。
2. 每3组家庭进行比赛，听到口令后，幼儿开始抛纸球（每人5个纸球），家长手持小筐接球，在规定时间内接纸球数量多的家庭为胜。
规则：幼儿与家长必须站在线外，家长必须用小筐接球，否则为犯规，不记成绩。
游戏二的玩法：
1. 所有家庭分为4组，按照纵队站好进行比赛。
2. 游戏开始时，家长与幼儿十指相扣、手心向上，将一个皮球放在上面，身体侧向迅速前进，绕过终点的记号，再将皮球运回来交给下一组家庭，用时最短的一队为胜。
规则：家长和幼儿在运球时身体必须侧向前进；两人必须都回到起点后，再交给下一组家庭继续运球。
（如天气下雨将游戏改为室内音乐游戏《找小猫》。）

11:15—11:30　如厕、盥洗、餐前准备

要求：
1. 提醒幼儿有序如厕，检查幼儿的裤子是否穿好。
2. 教育幼儿认真洗手，不玩水，不把衣服弄湿。
3. 指导幼儿用肥皂洗手，搓干净心手背并用毛巾擦干净手。
4. 餐前带领幼儿做音乐律动。

11:30—12:00　午餐

要求：
1. 安静、愉快地进餐，要求幼儿吃饭不挑食，不洒饭菜。
2. 引导幼儿饭后擦嘴，并把自己的椅子收好。

4. 延伸拓展，倡导"后拓启思"

家长开放日活动是为了帮助家长通过参与、观摩，获得科学的育儿理念和教育方法，它应与班级其他活动、家庭活动紧密联系，互相补充、促进。教师可在其后设计拓展、延伸活动，通常以"温馨提示"或"家庭亲子作业"等形式呈现，如亲子环保主题家长开放日活动结束之后，布置家庭亲子作业，请家长和幼儿一起制作一个环保手工作品，或图文并茂地记录环保行动小故事，或搜集环保小儿歌、故事。

家长开放日活动后，教师可收集家长参与的感想、建议，并针对整个活动过程的各个方面，较全面地撰写活动反思，如活动目标定位、活动准备、幼儿表现、家长参与、组织策略实施、突发事件应对、成功经验与不足之处等。当然，亦可针对其中一个或几个方面进行重点反思与总结，切忌面面俱到而不深入。

表10.3　幼儿园家长开放日活动反馈表[1]

（　　）班　　幼儿：_____　　家长：_____　　活动时间____年____月____日

说明：请根据教师的教育教学情况和幼儿的发展情况在选项处打"√"。

半日活动	活动主题： 执教教师：							
本次活动中教师的指导情况及教师与幼儿之间的互动情况评价								
教师的教育教学情况				幼儿的发展情况				
	满意	较满意	不满意		优	良	中	差
1. 教师活动前准备充分，教具学具充分且实用，操作性强。				1. 幼儿参加活动情绪高，兴趣浓厚。				
2. 教师教态亲切。				2. 幼儿在活动中体现出良好的行为习惯。				
3. 教师能为幼儿提供恰当的动手、动脑的机会。				3. 幼儿在活动中能体现出良好的生活习惯、卫生习惯。				
4. 教师能关注每位幼儿，照顾幼儿的个性差异。				4. 在活动中，幼儿能够仔细观察，大胆创造，积极地思考。				
5. 教师能当好幼儿活动的引导者、合作者、支持者。				5. 在活动中，幼儿能大胆地表述自己的观点，体现良好的语言表达能力。				
6. 教师与幼儿在活动中互动气氛好。				6. 幼儿的整体发展情况。				
7. 教育活动效果好，达到教学目的。								
请家长提出合理的建议。								

---

[1] 本表由湖南省人民政府直属机关第一幼儿院侯莉老师提供。

万千教育 学前教育类书目

书号	书名	著、译者	定价(元)
幼儿园教师专业成长指导			
2547	认识婴幼儿的游戏图式	张晖 等译	48.00
2113	做会沟通的幼儿教师	胡剑红 等 主编	38.00
2236	幼儿园文案撰写规范与技巧	刘敏 等 著	52.00
2311	幼儿园探究性环境创设（四色）	康丹 等译	48.00
2056	小脑袋，大问题（四色）	孟晨 译	48.00
2309	破解幼儿园教师的90个工作难题	杜长娥 徐钧 主编	52.00
2112	幼儿园优质教研活动设计方案	朱清 等 著	38.00
1781	给青年幼儿教师的建议	吴邵萍 著	40.00
8470	答新手幼儿教师120问	刘洪霞 主编	28.00
1798	幼儿园新手教师指导手册	王芳 等 著	48.00
1783	从新手到骨干——幼儿教师专业成长故事	尹坚勤 编著	42.00
1780	幼儿教师追求幸福的方法	余胜兰 著	42.00
9111	做个幸福快乐的幼儿教师——为你的专业成长支招	莫源秋 著	28.00

9047	幼儿教师临场应变技巧60例	冯伟群　著	25.00
8930	幼儿教师易犯的150个错误	伍香平　编著	32.00
0070	幼儿教师必知的礼仪规范	向多佳　编著	38.00
9611	幼儿园教师必知的60条教育政策与法规	洪秀敏　编著	34.00
幼儿园教师专业成长指导系列合计			681.00
幼儿园教师教学技能与活动指导			
2727	从头到脚玩绘本（全彩）	董旭花　张海豫　主编	78.00
2253	理解儿童心理从绘画开始（全彩）	陈侃　著	38.00
0760	幼儿园备课·说课·听课·评课	俞春晓　等　著	42.00
9499	幼儿教师必须修炼的10项教学技能	俞春晓　著	25.00
9454	幼儿园教学诊断技巧与对策58例	王春燕　等　著	38.00
9612	幼儿园综合主题活动 ——设计技巧与优秀案例	赵旭莹　等　主编	42.00
1235	幼儿园绘本美术活动创意设计（全彩）	郭莉萍　赵福云　主编	68.00
9323	幼儿园美术活动创意设计（全彩）	罗梅　赵福云　主编	56.00
0180	给幼儿教师和家长的81条美术教育建议（全彩）	李力加　著	62.00
9150	幼儿园节日活动精彩设计方案	刘洪霞　主编	35.00
9590	幼儿园语言活动创新设计	郭咏梅　著	32.00

……
欲了解更多图书信息，请登录：www.wqedu.com
联系地址：北京市西城区三里河路6号院2号楼213室　万千教育
咨询电话：010-65181109，65262933

*本目录定价如有错误或变动，以实际出书为准。